KB260304

이공계에게 들려주는 행복 이야기

행복 프레임워크

행복 프레임워크

초판 1쇄   2014년 8월 7일

지은이   류동기
발행인   김재홍
디자인   이호영, 박상아
마케팅   이연실

발행처   도서출판 지식공감
등록번호   제396-2012-000018호
주소   경기도 고양시 일산동구 견달산로225번길 112
전화   031-901-9300
팩스   031-902-0089
홈페이지   www.bookdaum.com

가격   20,000원
ISBN   979-11-5622-036-7 13300

CIP제어번호   CIP2014021923
이 도서의 국립중앙도서관 출판시 도서목록(CIP)은 e-CIP 홈페이지(http://www.nl.go.kr/ecip)에서 이용하실 수 있습니다.

● 류동기 지음 ●

HAPPINESS
FRAME-WORK

지식공감
도서출판

contents

　천지인 한글이 세상에 나온지 20년이 되었다. 삼성전자와 특허소송을 통해서 보상금을 받은지도 10년이 되었다. 2004년, 나는 그 보상금으로 사업을 시작하여 대부분의 돈을 다 날리고, 우리 가족이 위험에 빠진 상황에 빠졌었다. 한번의 실패 때문에 나락으로 빠지고, 벗어나기가 힘든 한국 사회에서 우리 가족들은 협심 단결하여 이 위기를 7년 만에 극복하였다. 그 과정에서 우리 가족은 강해졌고, 그 결실로 우리 가족은 행복을 되찾을 수 있었다. 그 과정에서 나는 행복에 대하여 많은 생각을 하게 되었다. 그 행복가치를 만드는 방법을 독자들과 공유하고 싶다.

　행복에는, 가치를 만들어가는 과정에 느끼는 행복이 있고, 가치를 소비하는데서 느끼는 행복이 있고, 생각으로 하는 행복이 있다. '행복은 생각하기 나름이다'하는 말로 표현되는 생각으로 하는 행복은 위기관리가 되는 환경에서는 유효하다. 그러나 사망, 사고, 실직, 자녀로 대표되는 위험에 대한 방어 대책이 없는 상황에서 한번의 사고로도 생각하는 행복은 순식간에 날아가 버릴 수 있다.

　가치를 소비하는 행복은 누구나 다 쉽게 누릴 수 있다. 건강과 주위 사람과의 관계가 원만하고, 자산만 충분히 있으면…. 그러나 소비로 행복을 누릴 만큼 자산을 충분히 보유한 가정은 그리 많지 않다. 대부분의 가정은 가치를 소비할 수 있는 자산을 만들어야 한다.

　그래서 이 책에서는 가치를 만드는 방법과 그 과정에서 행복도 만드는 방법을 제시하고자 한다.

　1장에서는 행복 프레임워크가 무엇인가에 대해서 설명하고, 행복의 필요조건과 행복가치 활동과 이를 위한 자세를 이야기한다.

　2장에서는 행복가치 교육활동에 대하여 설명한다. 인간이 태어나서 실행하는 첫 번째 단계의 가치활동이며, 건전한 사회인으로서 성장해가고, 사회진출을 위한 준비 과정인 학습활동과 이를 지원하는 부모의 교육활동에 대하여 이야기한다.

교육활동의 성과는 워낙에 장기적으로 나타나며, 그 과정에서 너무 많은 자원이 투입될 위험이 있고, 투입하는 자원에 비해서 그 성과가 불확실한 가치 활동이기 때문에 나는 사회 진출과 연계한 교육활동을 중심으로 이야기하면서, 자원 소모를 최소화하면서, 성공적인 사회 진출을 위한 교육 방법을 제시한다.

3장에서는 화폐 가치로 환산할 수 있는 사회의 가치를 만들어내는 행복가치 경제활동에 대해서 이야기한다. 자신이 하고 싶은 일보다는 사회의 수요가 큰일을 찾을 것을 권하며, 한국사회에서는 무슨 일을 하느냐보다 어디에서 일을 하느냐가 중요하다고 이야기한다.

가치있는 직장에 취직하는 방법과 거기에서 오래 일할 수 있는 방법을 제시한다.

4장에서는 근로소득으로 만든 자산을 투자소득으로 불려나가는 행복가치 재산활동에 대해서 이야기한다. 가치투자, 생활투자, 포트폴리오 투자로 위험을 분산시키고, 수익률을 적정하게 끌어올리는 방법을 제시한다.

5장에서는 가족 행복의 터전이 되는 보금자리와 내 집 마련을 위한 행복가치 거주활동에 대해서 이야기한다. 행복가치 활동을 위한 베이스캠프인 보금자리와 가족의 핵심 자산인 내 집 마련과 그것을 꾸미는 방법을 제시한다.

6장에서는 이 행복가치 활동과 성과와 이를 통한 만족을 지수화하여 표로 관리하는 방법인 행복 프레임워크 사용방법을 이야기한다. 행복가치 성과표와 평가표를 작성하는 방법과 이를 이용한 행복 관리 방법을 제시한다.

아무쪼록, 이 책이 독자들로 하여금 행복에 대해서 다시 한 번 생각하게 하는 계기가 되었으면 좋겠고, 제가 제시하는 방법으로 독자들의 행복이 증진되었으면 하는 바람으로 글을 시작합니다.

happiness
frame
work

1장

어떻게 살아야
행복할 수 있을까?

행복의 필요조건

행복가치 행동의 원천, 생각

생각의 전달함수, 자세

행복한 삶을 설계하라

인간은 누구나 행복을 추구하고자 하지만, 그것은 희망일 뿐이다. 행복한 삶을 추구하기 위하여서는 반드시 구체적인 삶을 계획하고 실천해야 한다. 행복은 인류의 역사를 보면, 인류가 항상 추구하는 궁극의 가치이다. 우리는 행복해지기 위해서 활동하고, 생각하고 고민한다. 그렇다면 어떻게 하면 행복할 수 있을까?

올바른 위치에서 올바른 자세와 올바른 방향으로 행복의 가치를 얻기 위한 활동을 하면 되지만 '올바른' 활동이란 쉽게 할 수 있는 일이 아니다. 바로 인간의 욕심과 착각, 남의 탓이 가장 큰 요인이다. 그렇다면 어떻게 하면 이 장애물을 제거할 수 있을까?

[그림 1]은 행복가치 활동 그림이다.

행복은 크게 세 가지로 구분해 볼 수 있는데 첫째, 가치 생산 과정에서 얻는 행복. 둘째, 가치 소비 과정에서 얻는 행복. 셋째, 생각으로 하는 행복이 있다. '행복은 생각하기 나름이다'라는 말로 표현되는 '생각으로 하는 행복'은 위기관리가 되는 환경에서는 가능하다. 그러나 사망, 사고,

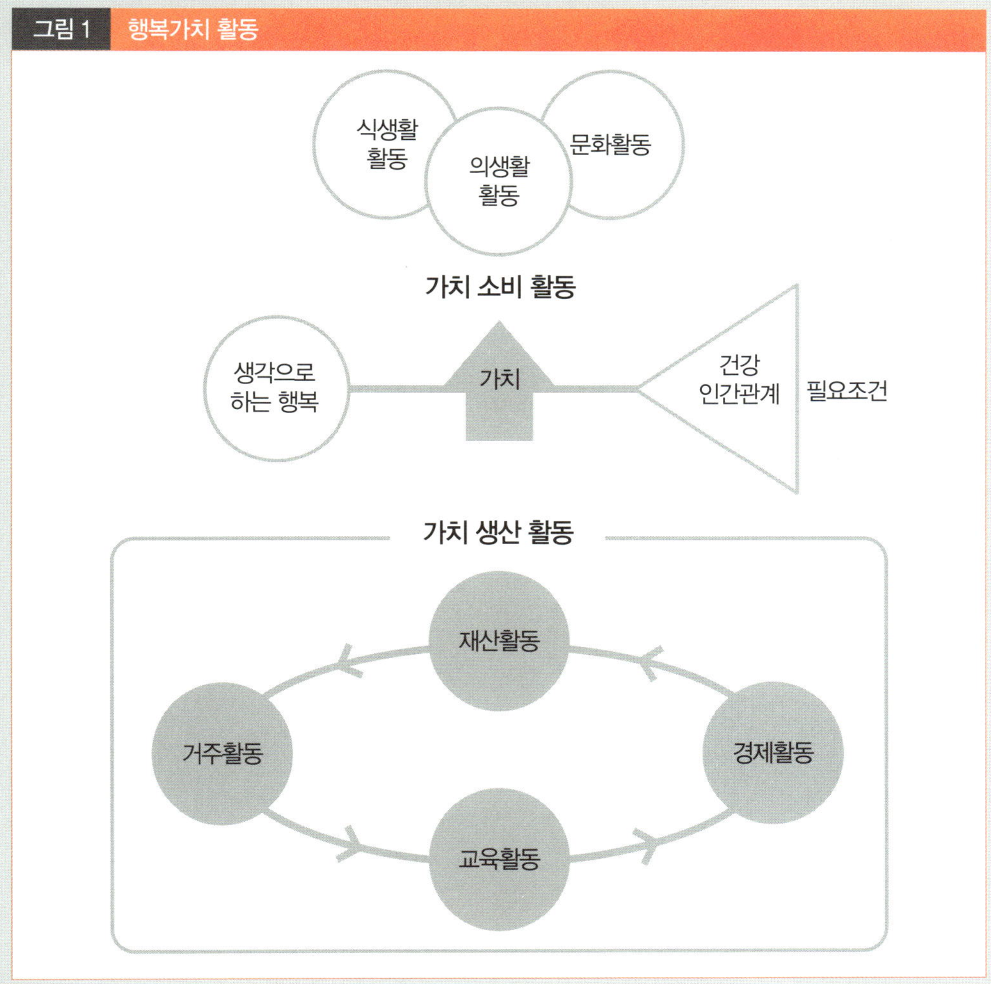

실직, 자녀 양육으로 대표되는 위험에 대한 방어 대책이 없는 상황에서 단 한 번의 사고로도 '생각하는 행복'은 순식간에 날아가 버릴 수 있다.

돈을 들여서 맛있는 것을 사먹고, 좋은 옷을 입고, 여행이나 문화 활동을 하는 과정에서 얻을 수 있는 '가치를 소비하는 행복'이 있다. 이런 행복은 건강과 주위 사람과의 관계가 원만하고, 자산만 충분히 있으면 누구나 다 쉽게 누릴 수 있는 행복이다. 그렇기 때문에 우리는 가치를 소비할 수 있는 자산을 반드시 만들어야 한다. 이 책에서는 가치자산을 생산하는 과정에서 얻는 행복을 "행복 프레임워크"를 통하여 이야기하고자 한다.

우리는 잠자는 시간, 밥 먹는 시간을 제외하고는 80% 이상의 시간을 교육, 경제활동, 재산, 거주활동에 투입한다. 이것들을 가치 활동이라 한다. 즉, 가치를 얻기 위한 활동이다. 여기서 행복을 얻기 위한 가치 활동을 '행복가치 활동'이라 한다.

이 '행복 가치 활동' 순환 구조는 생애 주기 단위로 이루어지며, 약 30년 단위로 다음 세대에 의해서 새로이 생성된다. 이 행복 가치 활동의 성과는 아주 서서히 만들어지고 쌓여서 후대에 상속까지 된다. 따라서 행복 가치 활동은 평생을 걸고 하는 게임이며, 그 성과는 평생 동안 만들어야 하는 것이다. 이 성과들에 의해서 사회적 지위와 보수, 역할과 계층까지 결정된다. 따라서 조급하게 생각하지 말고, 가치 중심으로 사고해야 한다.

[그림 2]는 행복 프레임워크의 구조도이다.

그림과 같이 행복 프레임워크는 '생각'이 '행복 가치 자세'를 통해서 '행복 가치 활동'으로 실행되고, 이 '행복 가치 활동'에 의해서 '행복 가치 성과'가 만들어지고, 그 성과에 의해서 '만족'이 만들어지고, 그 '만족'이 쌓여서 '행복'하게 되는 구조이다.

따라서 '행복'이란, "생각이 자세에 의해서 활동으로 실행되고, 그 활동의 성과를 행복 프레임워크에 채워 넣는 과정"이다.

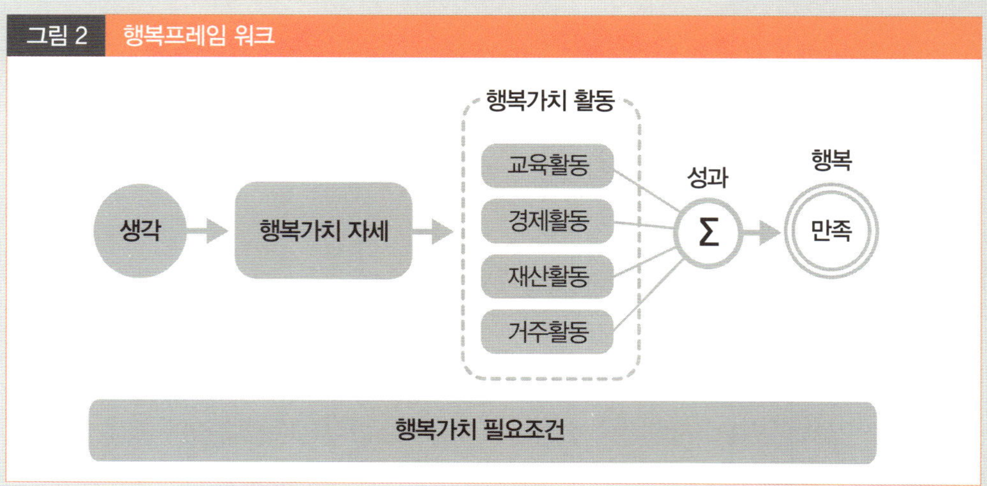

이 행복 프레임워크의 의미는 지금까지 추상적이고, 주관적인 '행복'을 가치 생산 활동을 중심으로 '정량화', '구체화', '객관화'하여 관리할 수 있는 구조와 방법으로 만들었다는데 있다. 이 프레임워크를 이해하고, 거기에 맞추어 가치 콘텐츠를 만들고 채워 넣다 보면 누구나 다 행복해질 수가 있다.

이 책은 행복한 삶의 가치를 추구하기 위한 행복 프레임워크에 대한 설명서이고, 그 프레임워크에 콘텐츠를 채워 넣는 방법을 이야기한다.

행복해지지 못하는 이유

사람은 누구나 행복해지기 위해서 고민하고 노력한다. 그런데 왜 많은 사람들이 힘들어하고 만족하지 못하며 불안해할까? 그것은 [그림 3]의 불행 메커니즘과 같이 잘못된 위치와 자세, 방향과 균형에 의해서 만들어지는 욕심이 조급한 마음을 갖게 한다. 조급함이 요행수와 착각,

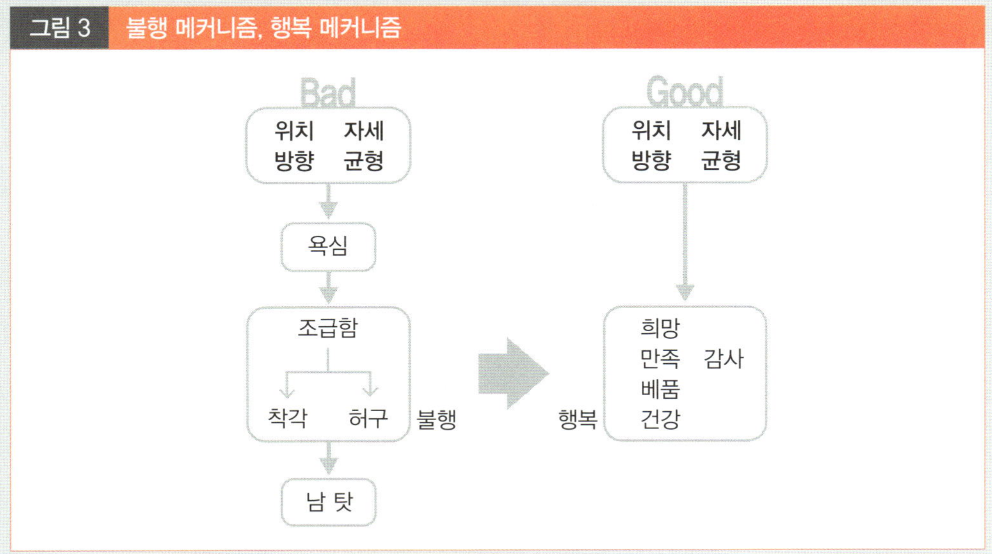

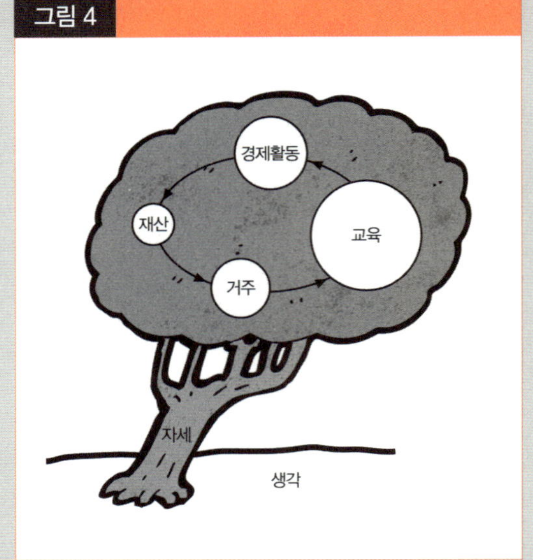

허구를 만들어 내고, 그에 따른 활동의 결과에 만족하지 못할 때 남의 탓을 하는 악순환 구조를 만들어 왔다. 이 잘못된 악순환 구조를 오른쪽의 행복 메커니즘으로 개선하여, 올바른 자세로 자신의 위치와 나아갈 방향을 균형 있게 설정하여 희망, 만족, 감사, 베풂, 건강으로 만들어낼 수 있다면 우리 모두가 행복해질 수 있다.

그러면, 우리가 행복해지지 못하는 이유 4가지를 살펴보자.

첫 번째, 생각하고 행동하는 자세를 잘못 잡는다.

말과 행동은 자세에서 나온다. 아무리 행동을 잘하려고 해도 자세가 제대로 잡혀있지 않으면 가치 있는 말과 행동으로 실행되지 않는다.

[그림 4]은 자세가 잘못 잡혀있는 나무를 그린 그림이다. '자세'는 나무의 줄기이다. 생각의 영양분을 '교육', '경제', '재산', '거주' 활동의 잎으로 보내서 영양분을 만들고, 그 영양분으로 '성과'라는 열매를 맺게 하는 전달매체이다.

주 줄기가 잘못 기울어져 있으면, 영양 분은 한쪽으로 쏠려, 한쪽 열매는 비대해지고, 다른 열매들은 부실해진다. 우리 행복 프레임워크도 '행복가치자세'가 제대로 잡혀있지 않으면, 제대로 된 가치 활동이 이루어질 수 없고, 가치성과가 제대로 나오지 않는다. 따라서 자세를 잘 잡아야 한다.

두 번째, 활동하는 위치와 방향을 잘못 잡는다.

잘못된 위치에서 아무리 노력해도 성과는 나오지 않는다. 위치가 잘못 되었다면 빨리 그 위치에서 빠져나와야 한다. 그리고 활동하는 방향을 잘 잡아야 한다. 극단적인 예로 똥밭에서

뛰어서도 안 되고, 똥밭으로 가서도 안
된다. 현재 머무르고 있는 곳이 똥밭이면
거기서 빨리 벗어나야 한다.

세 번째, 허구(虛構)를 만들고 그것을 쫓
아간다.

인간은 교육활동, 경제활동, 투자활동,
거주활동 과정에서 스스로 만든 허구를
쫓아가거나, 남들이 만들어놓은 허구를 쫓
아가는 경우가 많다. 그 허구를 쫓아가지
않으려면 본연의 가치를 잘 찾아야 한다.
거기에는 목표의식이 가장 중요하다.

네 번째, 가치의 균형을 잘못 잡는다.

[그림 5-1]은 엔진 균형을 잘못 잡은
로켓을 그린 그림이다. 4구 로켓에서 한
쪽의 엔진 출력만 너무 세면 그 로켓이
제대로 궤도로 올라가지 못한다. 따라서
4개 로켓의 크기와 출력 균형을 잡든지
아니면 [그림 5-2] 같이 가운데에 고성능
출력의 로켓을 놓고, 주변으로 3개의
로켓을 배치하는 것이 좋다.

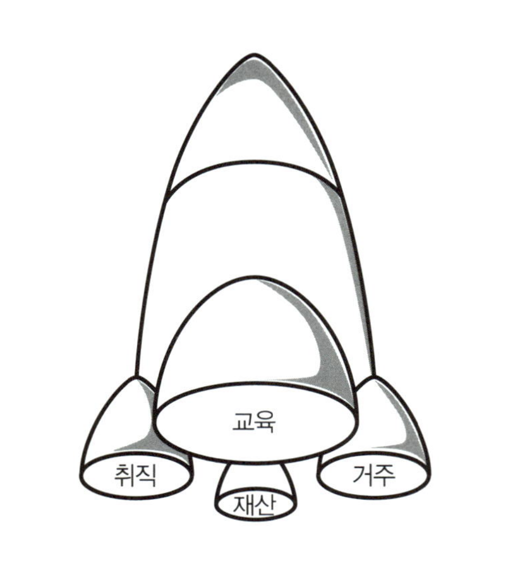

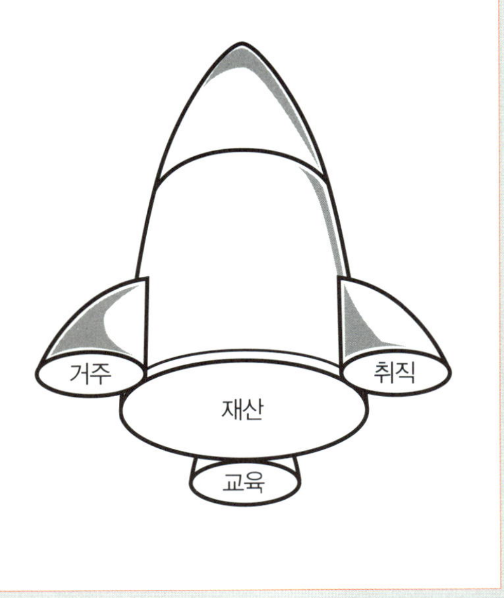

행복해지는 방법

행복해지지 못하는 이유를 알면, 행복해지는 방법을 찾을 수 있다. '행복은 마음먹기에 달린 것'이 아니다. 행복은 평생 동안 행복 프레임워크에 행복 콘텐츠를 채워 넣는 과정이다. 그리고 나의 성과물은 후대에 상속된다. 즉, 내가 어떤 자세로 어떻게 살아가는지에 따라서 나에 가족들에게 큰 영향을 미치기 때문에 올바른 방법으로 가치 활동을 하여야 하고, 그 성과물을 잘 만들어야 한다.

이러한 가치 활동의 방법으로 먼저, 행복의 필요조건을 최소한 충족시켜야 한다. 행복의 필요조건은 '건강', '관계', '만족할 준비', '희망'이다.

그 다음은 '행복가치자세'를 잘 잡는 것이다. 자세가 제대로 되어있지 않으면, 아무리 열심히 노력해도 제대로 성과가 나오지 않는다. 예를 들어 우리가 볼링을 칠 때 볼링공을 들고 내리는 팔의 각도가 조금만 빗나가도 10개의 핀을 쓰러뜨릴 수 없다. 팔의 각도가 조금만 틀어진다면 스트라이크가 나올 수 없다. 그만큼 행복 가치 자세는 중요한 삶의 자세이다.

그 다음은 '행복 가치 활동 '을 열심히 하는 것이다. 이 가치 활동에 의해서 '가치성과'를 만들고, 그것들을 '행복 프레임워크'에 채워 넣는다. 이 과정에서 중요한 것은 '상황판단'이다. 'Context Awareness'라는 이 용어는 우리의 생각이 행동으로 옮겨지는 과정에서 올바른 상황판단이 되어야 올바른 자세에 의해서 올바른 행동으로 옮겨질 수 있다.

이렇게 가치성과를 채워 넣는 과정과 그 결과에 의해서 만족이 쌓이고 그 만족에 의해서 행복해지는 것이다. 어느덧 욕심, 착각, 남의 탓 희망, 감사, 베풂, 건강으로 변하여 쌓여갈 것이다. 먼저, 행복해지기 위한 행복의 '필요조건'부터 먼저 살펴보고, 다음은 가치 활동이 이루어지기 위한 입력 값인 '생각'에 대해서 살펴보고, 그 '생각'이 '가치행동'으로 옮겨지는 전달함수인 '자세'에 대해서 살펴볼 것이다. 그리고 마지막으로 그 '가치'와 '성과'를 만들어내는 '가치 활동'에 대해서 살펴봄으로써 어떻게 '행복'을 위한 적절한 '가치 활동'을 할 것인가를 알아보고자 한다.

행복한 삶은 우리 인생에서 게임과도 같다고 생각할 수 있다. 이러한 행복게임은 평생 즐기면서 할 수 있어야 한다. 현재 활동 선택의 결과가 10년, 20년 후에 나타날 수도 있고, 다음 세대에 나타날 수도 있기 때문에 항상 부단하게 행복 게임에 임해야 한다.

[에피소드 #1] 똥밭의 귀신

옛날에 한 소년이 살고있었다. 집이 이사를 갔는데, 학교에서 집으로 큰길로 가면 1시간이 걸리고, 공동묘지를 질러서가면 10분이 걸린다. 고민을 하다가, 조금 무섭더라도 공동묘지를 가로질러가기로 했다. 해는 떨어지고, 어둑어둑한 공동묘지길을 질러가고 있는데, 뒤에서 떨리는 목소리가 들려왔다.

귀신 : "학생~~" 그 소년은 뒤를 돌아보지도 못하고 얼어버렸다. 귀신을 계속 말했다.

귀신 : "좌로 삼보" (학새은 좌로 3보 갔다.)

귀신 : "뒤로 삼보" (학생은 뒤로 3보 갔다)

귀신 : "똥 밟았는데~ 똥 밟았는데…." 그리고는 그 귀신은 사라져 버렸다.

다음날도 고민하다가 또 공동묘지 길을 택했다. 이번에는 귀신말을 듣지 않기로, 귀신말에 반대로 하기로…. 공동묘지 길을 걷고 있는데, 드디어 그 귀신이 나타났다.

귀신 : "학생~~" 그 소년은 귀신말에 반대로 하기로 생각했다.

귀신 : "좌로 삼보" (학생은 우로 3보 갔다.)

귀신 : "뒤로 삼보" (학생은 앞으로 3보 갔다.)

귀신 : "그리 가면 똥밭인데…."

소년은 똥을 밟아 버렸다. 그리고 또 귀신은 사라져 버렸다.

다음날, 소년은 오기가 생겼다. 이제는 완전히 귀신을 무시해버리기로…. 다시 공동묘지 길을 걷고있는데, 또 귀신이 나타났다.

귀신 : "학생~~" 그 소년은 귀와 눈을 막고 그 자리에서 막 뛰었다. 소리가 들리지 않자, 소년은 귀에서 손을 떼었다. 귀신은 소년의 귀에다 대고 속삭였다.

귀신 : "똥밭에서 뭐하노?" 그리고 귀신은 사라져 버렸다.

행복의 필요조건

우리가 살아가는데 있어 행복의 필요조건은 개인의 행복가치를 어떻게 설정하느냐에 따라 필요조건은 다양할 수 있지만, 행복가치의 자세, 생각, 활동에 의하여 성과가 나타나는 필요조건으로 가장 우선되어야 할 것은 건강이다. 건강을 잃으면 모든 것을 잃은 것과 같다고 한다. 이러한 건강 삶을 통하여 나눔과 만족 그리고 희망을 가질 수 있다.

우리가 건강을 이야기할 때에는 주로 육체적인 건강을 위주로 이야기하는데, 육체적인 건강과 더불어 중요한 건강들이 정신적인 건강, 경제적인 건강 그리고 가족의 건강이다. 나의 육체적인 건강이 아무리 좋더라도, 이들 정신적 건강, 경제적 건강, 가족의 건강이 나쁘면 나의 육체적인 건강은 언제든지 나빠질 수 있다.

나눔은 나눌 수 있는 관계를 의미한다. 우리는 주변에 수도 없이 많은 사람들과 더불어 관계를 맺으면서 살아가고 있다. 아무리 교육, 직업, 재산, 거주에서 많은 성과를 얻어냈다 하더라고 나눌 사람이 없거나, 주변 사람과 좋은 관계를 갖지 못한다면 느낄 수 있는 행복은 제한적일 것이다. 나눔은 주위 사람과의 관계에 애정과 신뢰가 부여될 때 생성될 수 있다. 또한, 나눔에 의해서 주위 사람과의 관계에 애정과 신뢰가 생성된다.

즉, 나눔은 주위 사람과의 사랑의 실현이요 관계이다. 또한, 나눌 수 있는 행복만이 진정한 행복이다. 따라서 나눔은 '행복'의 필요조건이다.

만족은 활동의 성과에 대해서 얼마나 감사할 준비가 되어 있는가 하는 것이다. 이 만족은 사람에 따라 많은 편차가 있다. 어떤 사람은 '물이 절반이나 채워졌다'고 만족하는 사람이 있는 반면에 '물이 절반밖에 채워지지 않았다'고 불만족하는 사람이 있다. 중요한 부분은 '사소한 성과에 대해서도 만족할 준비가 되어 있느냐'하는 것이다. 이처럼 사람마다 만족의 가치가 다르지만 작은 것부터 만족하고 감사할 줄 아는 그런 자세가 더 큰 만족을 가져올 수 있다. 감사하지 못하고 만족하지 못하는 사람은 행복해질 수가 없다.

각 가치행동이 제대로 성과를 못 내서 만족하지 못한다고 다 불행한 것인가 "현재의 만족한 삶보다는 미래의 희망이 있는 삶이 더 행복하다." 여기에 대해서 생각해 볼 필요가 있다. 우리가 행복을 추구해가는 과정에서 많은 장애와 불확실성 그리고 그에 따른 불안감과 불만을 느낄 수 있다. 이러한 장애, 불안감, 불만을 극복하는 힘이 희망이다. 희망은 백만 가지 행복해지지 못할 이유를 극복하고 행복으로 가는 길이다.

행복을 찾기 위한 조건 건강

건강은 정신적 건강, 육체적 건강, 경제적 건강, 가족의 건강이 있다.
영국의 경제학자이자 철학자 애덤 스미스는 '인간은 경제적 동물' 이라고 했다. 인간의 경제활동은 자기애에서 비롯된다고 보았다. 이러한 이기적인 모습은 철학에서 말하는 이기주의와는 다른 것으로, 체계적인 계획과 합리적인 판단에 기초하여 목표 달성을 위해 최선을 다한다는 의미에서 '경제적 인간'으로 표현되기도 한다.

많은 사람들이 '건강'을 이야기하면 육체적인 건강을 위주로 생각하는 경향이 있다. 물론, 육체적인 건강, 정신적인 건강 두 가지 다 중요하다. 정신적, 육체적 건강은 우리가 살아가는데 있어 매우 중요하다고 누구나 알고 있는 사실이므로 행복 프레임워크에서는 경제적 건강을 중점적으로 설명하고자 한다.

육체적, 정신적, 경제적, 가족의 건강 사이에는 인과 관계가 성립한다. 경제적으로 건강해야 육체적인 건강을 챙길 수 있고, 육체가 건강해야 정신적 건강도 생긴다. 가정이 경제적으로 건강해야 가족들도 스스로의 육체적, 정신적 건강을 챙길 수가 있다.

많은 사람들이 '가진 것 없고, 잘 나지 못했지만, 몸이라도 건강해야지 행복을 얻을 수 있다'는 생각에 운동들을 열심히 한다. 그런데 열심히 운동한다고 건강해지는 것은 아니다. 물론, 운동을 하면 체력도 좋아지고 근력도 향상된다. 그렇지만, 체력, 근력과 육체적인 건강은 구분된다. 운동 많이 해서 건강해질 것 같으면, 운동선수나 특공대 출신들은 모두 100세 넘어 살았을 것이다. 체력 좋은 것과 건강한 것과는 별개이다. 따라서 운동은 육체적 건강관리를 위한 필요조건이지 충분조건은 아니다.

정신적인 건강도 마찬가지다. 남들이 볼 때는 품성이 너무 좋고, 남에게 싫은 소리 못하고, 법 없이도 살 것 같은 사람이 의외로 정신적인 스트레스를 받아 건강을 망치는 사람도 많이 보았다. 저렇게 사람 좋고, 남들에게 칭찬받고, 존경받는 사람이 무슨 스트레스를 받겠느냐 라는 생각도 꼭 맞는 것은 아니라는 말이다.

정신 건강에 가장 해로운 것이 '스트레스'이고 이것은 품성과는 관계없다. 누구나 다 스트레스는 받고 누구나 다 나름대로 스트레스를 풀고 관리하는 능력이 필요하다. 인간에게 가장 무서운 것이 바로 '스트레스'이다. 이것은 육체적 건강과 인성, 재산과는 별로 관계가 없어 보인다. 성인 질병의 대부분이 스트레스에 의해서 온다는 것은 의학적으로도 충분히 검증되었다.

혹자는 정신적인 행복을 추구하려고 나름대로 수양이나 수행을 통해서 정신적 건강을 추구한다. 본인은 경제적으로 어려워도, 정신적으로 행복하다고 생각하면서 살아가는데 이것을 '자기 최면'이라고 생각한다. 평생 죽는 순간까지 이 최면에서 깨어나지 않고 죽을 수 있다면 더 없이 행복하겠지만, 어떤 계기로 그 최면에서 깨어나 버리면 그 사람은 엄청난 고통에 빠지게 될 것이다. 마취된 상태에서 서서히 깨어나는 것이 아니라, 수술 중간에 갑자기 깨어난 상황을 상상해 보라.

행복은 자기 최면에서 오는 것이 아니다.

육체적 건강, 정신적 건강보다도 더 중요한 것이 경제적 건강이다. 육체적, 정신적 건강도 소중하지만, 경제적 건강이 더 중요하다. 소중한 것과 중요한 것이 뭐가 다른가? 라고 반문할 수 있다. 그러나 분명히 다르다. 소중한 것은 주관적이고, 중요한 것은 객관적이거나 보편적이다. 경제적인 건강은 다른 건강에 영향을 미친다. 경제적으로 쫓기기 시작하면, 정신적 스트레스를 받고, 정신적 스트레스를 받으면 육체적 건강도 잃게 된다. 가족이나 주위 사람과의 관계도 끊어지고, 극단적인 경우에는 희망도 잃게 된다.

그런데 그 경제적 건강도 소득 액수와는 큰 관계없다. 돈을 많이 버는 사람은 경제적인 스트레스를 적게 받고, 돈을 적게 버는 사람은 경제적인 스트레스를 많이 받을 것이다. 그때그때 사람에 따라 다르다. 결론은 '저축하는 사람'이 경제적으로 건강하다는 것이다.

한 가지 안타까운 것은, 금리가 떨어지면서 저축의 가치를 제대로 못 느끼는 사람들이 많더라는 것이다. 금리가 물가상승율보다 낮다고 말하면서, 저축을 폄하하고, 그냥 소비해 버리든지 무리한 투자를 하여 재산을 날리는 경우가 많다. 다음에 이야기하겠지만, 저축은 희망이며, 기회를 잡기위한 최소한의 준비이다. 저축 금액이 많으면 큰 기회를 잡을 수 있고, 저축 금액이 적으면 작은 기회밖에 못 잡는다 하더라도, 저축이 없으면 작은 기회도 잡을 수 없다는 것이다.

또한, 경제적 건강은 정신적 건강, 육체적 건강의 필요조건이다. 경제적으로 여유가 있어도 육체적으로, 정신적으로 병든 사람은 얼마든지 있다. 반면, 아무리 정신적으로, 육체적으로 건강하더라도, 경제적으로 궁핍하면 다른 건강을 놓치게 된다.

가족들의 건강과 행복은 물론 가족 구성원 본인 스스로가 찾고 만드는 것이다. 그렇지만, 가족 간에는 워낙 상관관계가 강하기 때문에 각자 별개로 놓을 수가 없다. 내가 아무리 건강해도 가족 중에 누가 건강하지 않으면 가족 구성원 모두가 행복해질 수 없다. 따라서 가족 간에 서로의 건강을 챙겨야 주는 것은 본인의 행복을 위한 것이다.

행복을 찾기 위한 조건 나눔

우리는 살아가면서 주위의 수많은 사람들과 관계를 맺고 살아간다. 가장 가까이 있는 가족, 그리고 친척으로 이루어진 혈연, 지역 사회나 지역 출신으로 이루어지는 지연, 학교 동문들로 이루어지는 학연, 사회에 진출하여 직업 활동을 하면서 이루어지는 지연 등이 관계에 의한 나누이라고 할 수 있다.

아리스토텔레스(Aristoteles)는 '인간은 사회적 동물'이라고 했다. 이는 인간이 개인으로서 존재하고 있어도 그 개인이 유일적(唯一的)으로 존재하고 있는 것이 아니라, 끊임없이 타인과의 관계 하에 존재하고 있다는 것이다.

우리는 살아가면서 경쟁만 하는 것이 아니다. 물론 경쟁도 하지만, 협력도 하고, 그 과정에서 정도 나눈다. 어려울 때 도와주기도 하고, 도움을 받기도 한다. 그런데 이러한 관계가 무척 어렵다. 생각이 달라 오해가 일어나기도 하고 서로 감정이 상하거나 기분이 나쁜 경우도 있고 이해관계에 의해서 갈등이 생기기도 한다.

집단 간에는 경쟁하는 과정에서 싸움이 일어나기도 하고, 우리 집단이 상대방 집단에 피해를 주기도 하고, 상대방으로부터 피해를 받기도 한다. 행복을 찾기 위한 두 번째 조건으로 '나눔'이라고 한 이유는 행복은 나눌 수 있는 관계라는 것이다. 우리는 경제적 활동을 통하여 부를 축적한다. 하지만, 모든 것을 나 혼자만 소유할 수는 없다. 우리는 사회적 동물로서 공동체 속에서 지속적으로 경쟁을 통하여 상호 협력한다. 이러한 협력과 경쟁관계에 있어 나눔이 없다면 우리 사회는 분열만이 있을 것이며 행복가치는 추구할 수 없다.

다시 말해서 경제적인 것만큼 어려운 것이 인간관계이다. 좋은 관계를 맺고 있는 사람보다 나쁜 관계를 맺고 있는 사람이 더 많다. 정신적 스트레스는 인간관계에서 경제적인 스트레스만큼 스트레스가 크다

인간관계를 논하는 책은 서점에 가면 수없이 많다. 주위 사람들과 어떤 관계를 어떻게 맺을 것인가? 그러려면 어떻게 해야 하는가? 어떻게 상대방에게 좋은 이미지와 호감을 줄 것인가? 등의 이야기를 인간관계를 논하는 책에서 공통적으로 인식하고 논하는 문제이다. 바로 인간관계에서 가장 가치 있는 관계는 나눌 수 있는 관계이다. 기쁨을 나눌 수 있고, 슬픔을 나눌 수 있고, 고통을 나눌 수 있고, 그러면서 나쁜 것에 같이 대응할 수 있는 관계!

이 '관계', '나눌 수 있는 관계'야말로 행복의 필요조건이다.

행복을 찾기 위한 조건 만족

우리가 하는 행위와 그 결과에 대해서 우리는 정말로 다양한 만족을 얻으면서 살아간다. 결과가 만족스러우면 즐겁고, 기쁘고, 결과가 만족스럽지 않으면 슬프거나 기분이 나쁘다. 우리는 한편으로는 이런 크고 작은 만족에서 행복을 얻어 가는지도 모른다.

그러면서도, 우리는 쉽게 만족하기가 쉽지 않다. 왜 우린 만족보다 불만족을 쉽게 느낄까? 만족하는 것에 대해서는 별로 느끼지 못하기 때문이다. 인간의 행동은 많은 욕구를 채우기 위한 행위로 채워진다. 당연히 필요한 만큼의 행위를 했을 때, 기대하던 결과가 나오면, 만족, 불만을 느낄 겨를도 없다.

더구나, 없던 것을 얻기 위해 더 많은 노력을, 안 하던 노력을 했는데 기대했던 결과나 성과가 나타나지 않으면 불만족해진다. 더 중요한 것은 '불만족'이 남의 탓으로 돌려 순간적인 회피를 통하여 '관계'를 끊어놓고 '조급함'을 불러와 '욕심'을 생기게 하거나 심한 경우에는 '희망'까지 꺾어 놓는다는 것이다.

따라서 '만족할' 자세와 준비가 중요한 것이다. 기대하는 성과가 나오지 않더라도, 작은 성과에 감사할 줄 알고, 그 성과를 키울 방법을 고민하며, 일이 되는 방향으로 생각할 '만족할 준비'가 필요하다. 사소한 성과에도 만족할 수 있고, 감사할 수 있는 자세가 중요하며 이러한 만족의 자세는 우리에게 희망과 행복을 가져다줄 것이다.

행복을 찾기 위한 조건 희망

현재의 만족한 삶보다는 미래의 희망이 있는 삶이 더 행복하다. 그렇기 때문에 인생은 공평하다. 희망은 대부분 부족할 때, 좌절할 위기에 직면했을 때 찾아오는 경우가 많다. 꿈을 가지는 것과 희망을 가지는 것의 차이는 무엇일까? 미래의 꿈을 이야기하는 용어로는 야망, 소망, 포부 등 다양한 용어가 있다. 그 중에서도 나는 희망을 가장 좋아한다. 성인으로 추앙하는 아우구스티누스에 따르면, "희망은 선한 것, 미래에 있는 것, 희망을 소중히 여기는 사람들에게 어울리는 것과 관련될 뿐이다."

과연 만족한 사람은 희망이 없을까? 부자들은 희망이 없을까? 희망은 선한 것이라고 했다. 선하지 않은 사람은 선해지는 자체가 희망이 될 수 있다.

대부분 중산층들에게 현재의 경제적인 상황이 만족스럽지 못하다면, 누구나 희망을 가질 수 있다. 특히, 원하는 대학을 못가서, 원하는 직장에 취업을 못해서, 결혼을 못해서, 집을 마련 못해서, 하우스푸어가 되어서 등 중산층들은 한 가지 이상의 불만이 있다. 그러면서도, 중산층들은 적어도 한 가지 이상의 희망을 가지고 살아갈 것이다. 모든 것이 만족스럽다면 상류층일 것이다.

모든 것이 만족스러운 상류층도 꼭 행복한 것은 아니다. '천석꾼에게는 천 가지 걱정이 있고, 만석꾼에게는 만 가지 걱정이 있다'는 말이 있다. 경제적으로 만족스러운 상태에서도 다양한 고민과 걱정이 있을 수 있다. 이것들을 해결하는 것이 상류층들의 희망이 될 것이다.

　모든 인간은 희망 앞에서는 공평하다. 모두가 희망을 가질 수 있기 때문에 모두가 행복해질 수 있다. 희망을 행복으로 만드는 것은 각자의 몫이다.

행복가치 행동의 원천, 생각

행복은 생각하기 나름이다? 아니다. 행복은 마음먹기 달렸다? 아니다.

생각은 말과 행동의 원천이다. 인간의 말과 행동은 생각에서 나온다. 생각은 '자세'에 의해서 말과 행동으로 실행된다.

생각은 어렵다. 정·신·혼·백·령·심·감이 복합적으로 복잡하게 얽혀있어, 언제 어떻게 변할지 모른다. 상황에 따라, 언제, 어디에 있느냐에 따라, 누구를 대하느냐에 따라, 시기별로, 무엇을 보느냐에 따라, 어떻게 보느냐에 따라 언제든지, 얼마든지 바뀔 수 있다. 정신, 혼백, 영혼, 심리, 감정 등 구분도 안 되는 많은 정신, 생각에 대한 용어들도 정신세계가 얼마나 복잡한지를 말해준다.

또한, 희(喜)·로(怒)·애(哀)·락(樂)으로 정리되는 감정에 의해서도 생각을 얼마든지 변할 수 있고, 말과 행동이 달라질 수 있다.

그래서 나는 '생각을 믿지 말라'고 말하고 싶다. 대신에 '자세'를 잘 만들어서 어떤 생각도 말과 행동으로 옮겨질 때에 적절한 말과 행동이 나올 수 있도록 끊임없이 노력해야 한다고 말하고 싶다.

돌아가신 성철 스님이나 김수환 추기경 같이 높은 인격과 인품을 가진 분들도 상대에 따라 상황에 따라서 때려주고 싶거나, 욕해주고 싶은 생각이 드는 사람이 왜 없었겠는가? 그런 분들은 '자세'를 잘 잡고 있어서, 어떤 상황에서도 우리에게 감동을 주고, 도움을 주고, 희망을 주는 말과 행동을 하지 않았을까?

우리는 이렇게 자세가 잘 잡히고, 그 말과 행동이 적절하며, 일치하는 사람들을 ‘성인’이라 한다. 우리 모두가 성인이 될 수 없다. 아는 것과 깨닫는 것과 실천하는 것은 다르다. 우리는 말과 행동이 일치하는, ‘말한 대로 실천하는’ 성인은 되지 못하더라도, 올바른 자세에 의해서 올바른 행동을 하려고 노력하다 보면 행복은 얻을 수 있다.

따라서 자세가 중요한 것이다. ‘행복가치행동’을 위한 ‘행복가치자세’에는 생각하는 자세 ‘마음자세’와 행동으로 옮기기 위한 ‘행동자세’가 있다. 이러한 자세에 의해서 생각은 말과 행동으로 옮겨진다. 이것들에 대해서 살펴보자.

생각의 전달함수, 자세

긍정적인 자세

1. 일이 되는 방향으로 생각하기

'일이 되는 방향으로 생각하기'의 반대말은 '일이 안 되는 방향으로 생각하기'가 아니라 '자기 편한 대로 생각하기'이다. 세상에 일이 안 되는 방향으로 생각하는 사람은 아무도 없을 것이다. 그런데 자기 편한 대로 생각하는 습관은 일이 안 되는 방향으로 생각이 빠지게 되는 부분이라는 것을 간과하는 사람이 다수일 것이다.

자기 편한 대로 생각하다 일이 생각하는 대로 잘 안되었을 때 대부분 '남의 탓하기'와 '핑계 찾기'를 하게 되는 것이다.

중요한 것은 가치 판단이다. '가치가 있다고 판단'되는 대상에 대하여 '일이 되는 방향으로 하는 생각'은 그것을 되게 하기 위해서 고만하게 만든다. 일이 되는 방향으로의 생각은 긍정적인 사고를 넘어 적극적인 사고를 필요로 한다. 남들이 열 가지 이유를 대서 안 된다고 해도, 되었을 때 그만한 가치가 있다고 생각되면 되는 방법을 찾아 고민하게 된다.

일이 안 되는 방향으로 생각할 때에는 '핑계'가 많이 생긴다. 일이 되는 방향으로 생각할 때에는 '원인'을 발견하려 애쓴다. 여기서 '고민'과 '걱정'의 차이가 드러난다.

일이 되는 방향으로 생각할 때에는 일이 안 되는 원인을 찾고, 그것을 해결할 방

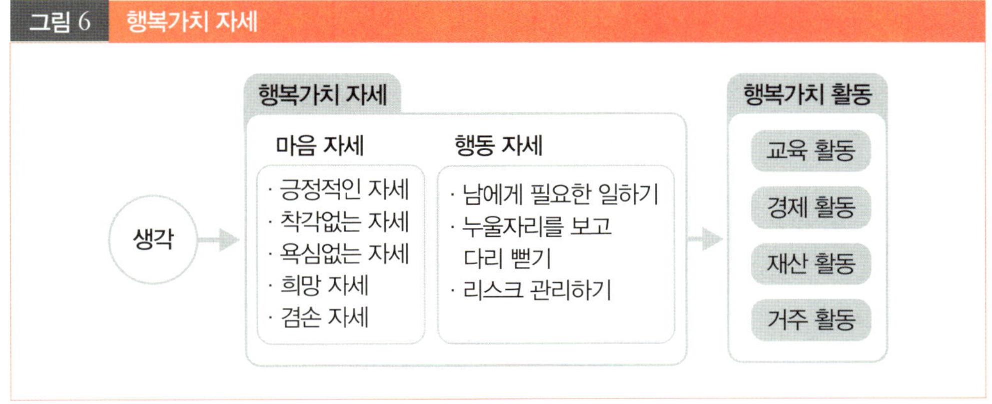

법을 찾는다. 그것이 '고민'이다. "왜 일이 안될까, 일이 안 되는 원인이 뭘까?"가 고민이다. 일이 안 되는 방향으로 생각할 때에는 온갖 핑계가 나온다. 반면에 되게 할 방법, 방안, 대책이 나오지 않는다.

즉, 일이 되는 방향으로 생각하는 사람은 '일이 된다'고 생각하고, '일이 되게 하는 방법'을 찾는다. 반면에 편한 대로 생각하는 사람은 '일이 안 된다'고 생각하고, 일이 안 되는 핑계만 찾는다.

그 결과는 엄청난 차이를 초래한다. '일이 되는 방향으로 생각'한 사람은 만약에 일이 안되더라도, '실패'에서, '시행착오'에서 많은 경험과 노하우를 얻는다. 반면 '일이 안 되는 방향으로 생각'한 사람은 핑계를 대는 방법과 경험만 쌓인다.

그래서 '일이 되는 방향'으로 생각하는 것이 중요한 것이다.

2. 걱정할 시간에 고민하기

앞에 '일이 되는 방향으로 생각하기'에서, 일이 안 되는 방향으로 생각할 때 '핑계'가 만들어지고, 일이 되는 방향으로 생각할 때 '방안'이 만들어진다고 언급하였다.

걱정과 고민의 차이도 결과에 엄청난 차이를 초래한다. '걱정'은 미래에 일어날 것 같은 안 좋은 결과에 대해서 '걱정'하는 것이고, '고민'은 '미래에 일어날 안 좋은 일에 대해서 어떻게 대처하고 극복할 것인가' 또는 '미래에 좋은 결과를 얻기 위해서' 어떤 '행동'과 '대처'를 할 것인가를 생각하는 것이 '고민'이다.

즉, '고민'은 항상 '행동'을 동반한다. '걱정'은 부정적인 사고에 기반 한 것이고, '고민'은 긍정적인 사고를 넘어 적극적인 사고에서 나오는 것이다. 걱정은 결과가 안 좋을 때, 남의 탓 할 근거를 찾기 쉽고, 고민은 결과가 안 좋은 때, 결과를 다시 좋게 할 방법을 고민하게 한다. 걱정은 상황을 정체시키거나 후퇴시키고, 고민은 상황을 발전시킨다. '고민'은 가치 '마음자세'의 핵심 요소이다. '고민'에 의해서 '가치행동'이 만들어질 수 있다.

'고민'은 과거의 '지식'이나 '경험'과 큰 관련이 없다. 많이 알고, 많이 경험했다고 해서 '가치행동'이 나오는 것이 아니다. '지식'과 '경험' 조차도 '가치행동'에 의해서 '가치지식'으로 쌓일 수 있다. 부정적인 '경험'과 '지식'이 쌓이면 독이 될 수도 있다.

따라서 '걱정'할 시간에 '고민'을 하자. '행복가치'를 만들 방법을 '행복가치행동'을 할 방법을….

착각 없는 자세

3. 아닐 수 있다고 생각하기

−착각에 빠지지 말자.

앞에 '행복해지지 못하는 이유'에서 '위치와 방향을 잘못 잡아서', '허구를 쫓다가', '가치의 균형을 잘못 잡아서'라는 이유로 설명했다. 이것들이 대부분 착각 때문에 일어나는 경우가 대부분이다. 즉, 가치판단을 잘못한 것이다.

우리가 빠지는 대표적인 착각이 사람에 대한 착각, 상황에 대한 착각 그리고 집단 착각이다.

사람에 대한 착각에서는 본인에 대한 착각과 자녀에 대한 착각이 가장 크다. ‘나는 뭘 잘할 수 있어’, ‘내 적성은 뭐야’ 등 나와 내 배우자, 자녀에 대해서 착각하는 경우가 많다. 사람의 적성이나 능력이라 하는 것은 평생 탐색하고, 노력해야지 발현되는 것이지 몇 번의 적성검사나 단기간의 관심에 의해서 만들어지는 것이 아니다. 따라서 현재 상황에서 내가 할 일에 최선을 다하면서, 꾸준히 찾아가는 것이지 함부로 판단해서는 안 된다.

예를 들어 학생이 수학공부를 하기 싫다면 국어·영어 공부를 열심히 하고, 수학공부를 등한시한 후에 나온 성적을 가지고 국어·영어 점수가 높고, 수학점수가 낮으니 ‘난 문과 적성이야.’ 이렇게 성급하게 판단해서는 안 된다는 것이다.

그렇기 때문에 공부든, 일이든 현 상황에서 할 일은 다 하면서 새로운 적성을 찾아 끊임없이 탐색하고, 시도를 해야지 지금의 기분이나 단기간의 성과로 적성을 판단해서는 안 된다.

익히 많이 알려진 “행복은 즐거운 일을 하는 것이 아니라, 주어진 일을 즐겁게 하는 것”이라는 말은 행복가치추구에 있어 매우 중요한 자세라고 할 수 있다.

다음으로, ‘상황에 대한 착각’이다. 이는 ‘사고 관성의 법칙’이라고 하는데 과거의 지식, 경험 및 남들로부터 듣는 정보, 매스컴의 기사를 가지고 많은 상황에 대한 착각을 할 수 있다는 것이다. 이 상황에 대한 정확한 판단을 위해서는 정확한 ‘가치 판단’을 하여야 하는데, 그것이 쉽지 않다. 그것을 잘 판단할 수 있는 능력을 기르기 위해서 ‘가치 자세’를 잘 잡아야 한다.

개인의 이런 ‘사람에 대한 착각’, ‘상황에 대한 착각’이 집단으로 모이면 ‘집단착각’이 된다. 과거의 20세기 초 유럽대륙을 전쟁으로 빠지게 했던 파시즘뿐 아니라, 한국 현대사회의 학벌주의, 부동산 투기 바람, 증권파동 등도 대부분 ‘집단착각’에 의해서 일어난 현상들이었다.

이렇게 ‘행복가치’에 대한 정확한 가치와 본질을 파악하고, 그것을 얻는 ‘가치행동’을 하는 방법을 찾아서 정확하게 대응하여야 ‘착각’에 의한 피해를 줄일 수 있다.

－신념도 착각일 수 있다.

많은 사람들이 '자신의 양심에서 우러나는 신념'이라면서 어떤 주체적인 행동을 하는 경우가 많다. 특히, 신규 사업을 시작하면서 '이것이 세상에 꼭 필요하고 성패에는 관계없이 나의 양심을 걸고 이 사업을 한다' 는 이야기를 가끔씩 듣는다. 맞을 수도 있고 틀릴 수도 있다. '신념'의 반대 개념은 '교만'이 될 수 있다. 대부분은 이 차이를 결과로 판단하는데, 결과가 실패로 끝나고 '교만'이라고 판단되면 돌이킬 수 없는 상황이 되는 경우가 대부분이다. 따라서 일을 시작하기 전에 아래 두 가지 관점에서 점검해보았으면 좋겠다.

첫 번째, 내가 지금 조급하지 않은가?

두 번째, 내가 지금 겸손한가?

자신감이 자만심이 될 수도 있고, 신념이 오만함이 될 수도 있고, 추진력이 무모함이 될 수도 있다. 세상은 신념과 교만을 결과로 판단한다. 잘되면 자신감과 신념을 가지고 추진력 있게 실행했더니 성공했다. 자만심과 오만함으로 무모하게 추진했다가 실패했다.

결과를 예측할 수 없는 상황에서 신념인지, 교만인지는 아무도 알 수 없다. 그렇지만, 대부분의 경우 여유를 가지고 겸손하게 접근하면 결과가 나오지 전에도 답을 찾을 수 있다. 확인하고, 확인하고, 확인하면서 진행하다 보면 미리 결과를 예측할 수 있다는 것이다.

앞만 보고 달릴 것이 아니라, 옆도 보고, 뒤도 돌아보면서 여유를 가지고 진행하는 것이다. 옆을 본다는 말은 남의 이야기도 듣고, 주변 상황을 파악한다는 의미이며, 뒤를 돌아본다는 말은 자기 성찰, 자기반성이다. 즉, 파노라마비전 과 메타비전을 갖고 실천하라는 것이다. 파노라마 비전은 360도 돌려볼 수 있는 안목이다. 메타비전은 자기 자신이나 자기 자신이 있는 상황을 위에서 객관적으로 내려다볼 수 있는 안목이다.

실패하고 나서 자기 반성하면 너무 늦고, 그것을 되돌리기에는 중간에 포기하는 것보다 몇 배의 노력이 필요하다.

실패가 결코 나쁜 것만은 아니다. 그렇지만 실패를 하려면 빨리하고, 실패한 이유를 정확하게 파악하는 것이 중요하다. 그래야 실패도 자산이 될 수 있다. 그리고 실패를 하더라도, 어떤 경우에도 남의 탓을 하여서는 안 된다. 남의 탓을 하는 순간 재기의 기회조차 사라져 버린다.

- 집단착각에 빠지지 말자

인류는 집단 지성에 의해서 발전해 왔다. 하지만, 집단 착각에 의해서 모두가 불행해진 역사도 수없이 많다. 어떤 집단에서 다수가 맞다 생각하는 것이 실제로는 잘못된 생각인데도 옳다고 착각하는 경우가 많이 있다. 이것이 '집단착각'이다.

이 집단착각을 방지하거나, 여기에 빠지지 않는 방법 중 가장 현명한 방법이 '아닐 수 있다'는 생각이다. 고급 정보를 접할 기회가 별로 없는 중산층이나, 고급 정보를 가끔 접하는 중상층들도 새로운 고급 정보가 내게 왔을 때, '아닐 수도 있다'는 생각부터 먼저 해야 한다. 그 다음에 할 행동은 그 정보를 확인하는 것이다. 다양한 방법과 방식으로 확인을 해야 한다. 신문, 인터넷 등의 매체와 자신의 인맥을 통해서 다양한 정보 분석을 해야 한다. 10명 중에 1명이 아니라고 해도 아니라고 하는 1명의 의견에 대해서 의미를 깊게 파악해야 한다.

2013년 개봉한 브래드 피트 주연의 영화 '월드워 Z'를 보면 어느 날 갑자기 창궐한 좀비 바이러스가 온 세계에 급격히 퍼져 인류는 종말의 위기에 처한다. 순식간에 세계 모든 나라에 좀비 바이러스가 창궐할 때, 이스라엘에는 좀비 바이러스가 침투하지 못했는데, 바로 이스라엘 정보부에서 세운 '반대하는 1인'이라는 제도의 역할 덕분이었다. 이스라엘 정보부의 각종 회의에서는 모두가 찬성할 때 반드시 '반대하는 1인'을 임명해서 모두가 찬성하는 의견에 반대하는 의견과 그 대안을 제시하게 하였다. 그래서 좀비 바이러스 대책을 세울 때 9명은 안일한 대책을 제시했으나 '반대하는 1인'은 그 대책에 반대하며 이스라엘은 엄청나게 높은 성벽을 만들고 출입

국심사를 엄격하는 의견을 제시하였다. 아예 이스라엘에 좀비 바이러스의 접근을 차단시켜버린 것이다. 이렇듯 다수의 의견과 다른 소수의 의견도 제대로 검토하여, 소수의 의견도 존중해야 한다. 존중해야 한다.

10명이 맞다 할 때에는 과거 경험이나 지식으로 검증된 사실이며, 아니라는 의견을 매체에 내는 사람은 엄청난 부담감을 가지고 의견을 낼 수밖에 없다. 다들 맞다 할 때, 나도 맞다하면, 그것이 나중에 아님이 드러났을 때, 다수에 섞여 나만 비난받을 일이 별로 없기 때문이다. 반면, 바람잡이들은 다수 대중이 동의하는 상황에서 남들보다 조금 더 많이 아는 척, 잘 아는 척 잘 표현을 하면 그쪽 분야에서 스타가 될 가능성이 높아진다. 반면, 반대의견을 내는 사람은 의견이 틀렸을 때에도, 맞았을 때에도 다수 의견에 묻혀 사라져 버린다. 맞아도 본전, 틀리면 손해인 밑지는 상황에 빠진다. 그렇지만, 신문이나 인터넷을 보면 항상 소수 의견은 나온다. 그것들을 잘 잡아서 잘 분석해야 한다는 것이다.

그러기 위해서는 가치를 분석, 파악할 능력이 있어야 하고, 소수 의견을 수집할 능력이 있어야 하고, 따라서 가치를 다룰 준비가 되어있어야 한다. 예를 들어, 부동산, 주식 등의 가격이 하락하여 남들이 관심을 안 가질 때, 그때부터 관심을 갖고 공부하고, 조사해야 한다는 것이다. 신문이나 방송에서 대서특필할 때의 뉴스는 정보 가치가 없다고 봐야 한다. 만약에 여유가 있어 투자할 생각이 있다면. 조금 투자해서 빨리 이익을 내고 빠져나와야 한다. 그때는 대중들의 탐욕에 의해서 거품이 부풀려지고 있는 상태이고, 가치투자를 한 사람들은 빠졌든지, 빠질 준비를 하고 있는 경우가 많기 때문이다.

－사고 관성의 법칙에 빠지지 말자.

집단 착각에 빠지는 가장 흔한 이유는 '사고 관성의 법칙'에 빠지는 것이다. 사람은 과거의 지식과 경험을 근거로 지금까지 그래왔듯이 앞으로도 그럴 것이라고 생각하는 경향이 강하다.

물리학에만 관성의 법칙이 있는 것이 아니다. 생각에도 관성이 있다. 사고 관성에 따르는 것은 쉽다. 고민 안 해도 되고, 남들이 다 그렇게 하니까, '안 되도 같이 안 된다'고 생각한다. 그러나 이 사고 관성의 법칙에 따르는 것은 너무 위험하다.

우리는 편한 방향으로 생각하는 경향이 있다. 고민하기 싫어하는 방향으로 생각하는 경향이 있다. 믿는 구석이 있으면, 설령 그것이 잘못되었다고 생각하더라도 거기에 따르는 경향이 있다.

한국은 수도 없이 격동의 세월을 겪었지만, 고도 성장기에는 실패를 해도 회복할 기회가 있었다. 이제는 침체기로 가는 징후가 사회 곳곳에 나타난다. 한국은 장기간의 침체에 빠져 있는데, 해외는, 세계 시장은 또 급변하고 있다. 이 세계의 변화가 한국에도 해당된다고 생각했다가 낭패를 보는 경우도 많다. 즉, 세계가 이렇게 바뀌고 있으니, 한국도 이렇게 갈 것이라 생각하고 미리 투자하거나, 준비했다가 낭패를 보는 경우 말이다. 이 침체기에는 실패의 결과를 회복할, 극복할 기회가 좀체 주어지지 않고, 한번 내려가면 거기서 결정되어버리는 경향이 강하다. 따라서 과거의 경험으로 미래를 예측하는 것은 상당히 위험하다.

그러면, 그 대안은 무엇인가? '가치' 중심으로 생각하는 습관을 들여야 한다. 그 가치는 어떻게 판단하느냐? 수없는 고민과 노력을 해야 한다. 그런데 이 책에서 이야기하는 '행복가치' 4가지의 의미를 잘 이해하면 큰 문제는 없을 것이다. 교육, 경제, 재산, 거주의 4가지 가치 생산 활동, 이들의 본연의 가치를 생각하라는 것이다. '교육'을 '간판'으로 생각한다든지, '직업'을 권력으로 생각한다든지, '재산'을 '자랑거리'로 생각한다든지, '거주'를 '투기 수단'으로 생각하는 등 본연의 가치나 목적으로 생각하지 않고 '욕심'을 채우기 위한 수단으로 생각하면 불행해질 가능성이 크다.

욕심 없는 자세

세상의 삼라만상은 인연에 의해서 관계가 만들어지고, 업보가 쌓인다. 이 업보는 채권형 업이 있고, 채무형 업이 있다. 원인보다 많은 득을 얻으면 채무형 업이 만들어지고, 원인보다 작은 득이 만들어지면 채권형 업이 만들어질 가능성이 높다. 우리가 하는 남탓도 원인이 본인에게 있는 경우가 대부분이다.

원인보다 많은 결과나 성과를 바라는 것이 욕심이며, 이 욕심에 의해서 요행수를 바라고, 조급해지고, 나뿐 아니라 남들까지 힘들게 만든다. 이 욕심 없는 자세는 자신이 만든 원인만큼만 바라는 것이다. 설령 내가 노력한 만큼 결과가 안 나더라도, 채권형 업으로 적립되었다고 생각하고 받아들이는 것이다.

4. 남의 탓 안하기

남의 탓만 안 해도 인생의 절반은 성공이다. 한국인을 불행하게 하는 사자성어 두 가지가 '남들같이'와 '남 때문에'이다. 이것들은 남의 탓에서 나온다. '자기 편한 만큼 생각하면 남의 탓으로 돌리기 쉬워진다'.

남의 탓 안하기를 하려면 기본적으로 욕심을 버리고, 긍정적이고 적극적인 사고를 해야 하며, 착각에 빠지지 말아야 하며, 겸손해야 하며, 일이 되는 방향으로 생각하고 고민해야 한다. 그만큼 남의 탓 안하고 살기가 어렵다.

하지만, 성공하면 남의 탓을 할 일이 별로 없다. 성공하면 자기 덕분이든 남 덕분이든 '덕분'을 이야기하게 될 것이다. 성공하려면 욕심을 버리고, 적극적인 사고를 해야 하며, 착각에 빠지지 말아야 하며, 겸손해야 하며, 일이 되는 방향으로 고민해야 한다. 그런다고 꼭 성공하는 것이 아니다. 실패할 가능성이 조금 낮아진다는 것이지 성공할 수 있다는 것은 아니다. 그러나 실패하더라도 일이 잘 안되더라도 남의 탓을 하면 안 된다. '내 탓이요'를 하든지 어떻게 하면 다시 잘할 것인가를 고민해야 한다. 남의 탓을 하는 순간 거기서 정지해 버린다. 남의 탓하는 순간부터 성공 가능성은 점점 낮아진다.

나는 2004년도에 사업을 했다가 큰 실패를 한 적이 있다. 사업 실패로 판단하고, '사업 정리'를 결정하는 순간에, 이상하게도 남들을 원망하거나 탓하거나 미워하는 생각이 안 들었다. 대신에 '지금까지 내가 너무도 이기적으로 살아왔구나!'하는 생각이 들었다. '사업을 성공하기 위해서 노력하는 것이 나쁜 아니라, 우리 가족들, 내 주위의 많은 사람들에게 도움을 줄 수 있다는 생각에서 사업을 한다'는 생각이 착각이라는 것을 깨달았다. 사업 실패시의 우리 가족과 주위 사람들에게 주어질 손실에 대해서는 너무도 생각을 안했다는 반성을 하게 되었으며,

'앞으로는 가족들만을 위해서, 가족들만 생각하면서 살자'는 결심을 하게 되었다.

이것이 사업실패를 극복하고, 가정을 정상화시키고, 사회적으로도 내 자리를 정상화시키는 원동력이 되었다. 만약에 주위 사람들이나 사업 관계자들을 원망하기 시작했으면, 나와 내 가족들은 아마 크게 망가졌을 것이다.

행복가치를 추구하기 위해서 남의 탓을 하지말자.

5. 운명 받아들이기

사람은 태어날 때 부모의 유전자 조합에 의해서 '명'이 결정되고, 뱃속에서 나오는 시점에 우주의 기운에 의해서 '운'이 정해진다.

우리는 과연 살아가는 동안 얼마나 자신을 알고 살아갈 수 있을까요. 운명이 다하는 날까지 가장 알기 어려운 것이 자신을 알아 가는 것이라고 생각합니다. 여기서 운명은 이미 결정된 결정체가 아니라 부단한 자신의 노력에 따라 운명은 바뀔 수 있습니다. 신이 인간을 창조하면서 다른 동물과 다른 사고력, 불을 사용하는 능력과 함께 '욕심'을 넣는 순간 인간의 행동 결과는 신의 영역을 벗어나 버렸다.

한 가지 예를 들어보자. 경부고속도로 시작하는 지점의 휴게소에서 태어난 마티즈와 소양호 근처의 산골 밭고랑에서 태어난 벤츠가 부산 태종대를 향해서 경주를 한다 생각해보자. 고속도로 휴게소에서 태어났느냐? 산골의 밭고랑에서 태어났느냐 하는 것은 '운'이다. 마티즈로 태어났느냐? 벤츠로 태어났느냐는 '명'이다.

명은 한번 타고나면 결정되는 것이다. '운'은 시시각각 바뀐다.

'명'도 노력과 자기 계발, 교육에 의해서 개선될 수 있다. 마티즈도 끊임없이 잘

관리하고, 튜닝을 하면 최선의 성능을 발휘할 수는 있다. 그렇지만 800CC로서 최선인 것이다. 사양을 더 이상 높일 수 없다면 주행 환경을 좋게 해주면 된다. 마티즈도 짐을 싣지 않고, 에어컨을 켜지 않고, 고속도로에서 달리면 시속 150km로 달릴 수 있다. 5,000CC 벤츠도 시골 언덕배기 돌길에서는 시속 40km로 주행하기 어렵다. 그런 길에서 성능 믿고, 시속 100km를 내면 사고가 나든지 차가 망가진다.

위 예를 정리하자면, 고속도로에서 태어나 부산으로 가려는 마티즈는 주행 환경을 최적화하여 효율성을 높여야 하고, 강원도 산골 논두렁에서 태어난 벤츠는 빨리 성능을 발휘할 수 있는 포장도로를 찾는 것이 가장 중요하다. 벤츠는 포장도로에 들어서면 운이 바뀐다. 명은 바뀌지 않지만, 운은 항상 수시로 바뀌기 때문이다. 마티즈로 태어난 것을 원망할 것도, 벤츠는 논두렁에서 태어난 것을 원망할 필요도 없는 것이다. 자신에게 주어진 운과 명을 받아들이고, 최적의 환경을 만들고, 최고의 성능을 발휘하도록 노력하면 된다.

결국, 운명이 결과를 결정짓지는 않는다. 운명과 함께 인간의 자세와 노력 의지가 결과를 만들어간다. 운명은 어떻게 태어났느냐가 중요한 것이 아니라, 어떻게 받아들이고, 어떻게 해석해서 노력하느냐에 달렸다.

6. 욕심 버리기

내가 가장 혼란스러웠던 말이 '욕심을 버려라'는 말이었다.

그렇다면 노름할 때도 돈을 다 잃어줘야 하고, 집도 없이 노숙하는 것이 좋고, 돈 벌려고 애를 쓸 필요도 없단 말인가? 이 말은 결코 그런 극단적인 말이 아니다.

명절에 가족들이 모여서 고스톱을 칠 때에도 룰을 지키면서 최선을 다해서 따려고 노력해야 한다. 잃어주려고 치면 판이 재미가 없어진다. 안면몰수, 낙장불입, 끗발유지의 3대 원칙을 지켜서 최선을 다해서 치면 된다. 땄을 때, '개평을 얼마 줄 것인가?', '뭘 사 먹을까?', '조카들에게 용돈으로 줄까?' 고민하면 되는 것이다. 룰을 어겨가면서, 꼼수를 써서, 상대방을 기분 나쁘게 해가면서까지 돈을 따려 하는 것이 욕심이라는 것이다.

‘욕심을 버려라’는 말을 ‘인과응보’, ‘업보’와 연결시키면 해석이 아주 쉬워진다. 삼라만상에는 인연이 있고, 이런 인연을 만드는 업이 있고, 이러한 업은 ‘인과응보’에 의해서 연결된다. 즉, ‘욕심을 버려라’하는 말은 원인만큼만 결과를 기대하라는 의미이다.

누구는 재주가 뛰어나 조금만 노력해도 좋은 성과를 얻고, 누구는 아무리 노력해도 좋은 성과를 못 얻는 경우가 있다. 장사를 똑같은 시기에 시작했는데, 누구는 운이 좋아 큰돈을 벌었고, 누구는 운이 나빠 돈을 못 벌었다. 그렇지만, 노력하고도 좋은 성과를 못 낸 사람, 운이 나빠 돈을 못 번 사람이 돈을 번 사람이나 세상을 원망하거나 탓을 해서는 안 된다. 돈 번 사람은 남이 모르는 노력을 했든지, 고민을 했을 수도 있다. 똑같이 노력하고 고민했다 하더라도 다른 원인이 있어 성공할 수도 있고, 운이 좋아서 돈을 벌었을 수도 있다.

원인은 만들지 않고 결과만 바라고 노력하지 않고 좋은 결과를 바라는 것이 욕심이라 할 수 있다. ‘혹시나’하는 요행수로 남이 이만큼 하니까 나도 그만큼 해야 되겠다는 결과만을 보고 남과 같은 정신 상태로 남을 속이거나 피해를 줘서라도 이익을 챙기려는 것이 바로 ‘욕심’이다.

최선을 다했다면, 그 결과가 바로 나타날 수도 있지만, 채권형 업보로 남아 후에 돌아올 수도 있고 다음대로 넘어갈 수도 있다. 대신에 그 최선은 진실 하고 가치 있는 최선이라야 한다. 이를 우리는 ‘정진(精進)’이라 한다. 정진의 사전적인 뜻은 ‘정성을 다하여 노력해 나아감’이다.

우리가 할 일은 원인을 만드는 것이 중요한 것이고, 그 결과는 하늘의 뜻에 따르는 것, ‘진인사 대천명’하면 된다.

7. 채권형 업보 쌓기

업보(業報)에는 채권형 업과 채무형 업이 있다. 이 두 가지 업은 인과응보, 시필귀정과 맥락을 같이 한다. 채무형 업은 노력에 비해서 많은 보상이 주어질 때 발생하고, 채권형 업은 노력에 비해서 적은 보상이 주어질 때 발생하는 것이다. 그러나 무조건 열심히 했다고 채권형 업이 만들어지는 것은 아니다. 가치 있고, 진실 된 노력이어야 한다. 이것을 우리는 '정진'이라 정의한다.

운이 좋아서 노력에 비해 많은 보상이 주어져 채무형 업이 만들어졌다면 이 채무형 업을 '베풂'을 통해서 털어내야 한다. 운이 나빠서 노력한 만큼 보상이 주어지지 않았다고 억울해할 필요는 없다. 음덕으로 남아 자손에게 상속된다. 업보는 당대에서 끝나는 것이 아니라 후대에 상속된다.

아마도 뉴스나 신문에서 많은 재벌 2세, 3세 자산가들이 교도소에 가고, 소송에 휘말리는 것을 보았을 것이다. 선대가 채무형 업을 털지 않고 물려주었고, 당대의 후손이 상속받은 후에도 채무형 업을 털지 않았기 때문에 발생하는 불행이다.

채권형 업은 걱정할 필요가 없다. 세상이 날 알아주지 않고, 보상이 적어도 나 스스로 진실하였고, 나 스스로 만족한다면, 내 평생 그 보상을 못 받더라도 내 후손이 받을 수 있다면 다행이다. 채무형 업이 문제입니다. 내가 잘살았고, 내게 문제가 없었다고 후손이 안전한 것은 아니다. 따라서 채무형 업은 당대에서 해결하고 가야 한다. 그러지 않으면 후손에게 문제가 생긴다.

채무형 업보는 만들어지는 징후를 빨리 파악해야 한다. 주위 사람들과의 관계가 소원해지고, 질시하는 사람들이 늘어날 때 채무형 업이 만들어진다고 파악해야 한다. '사촌이 논을 사면 배가 아프다'고 무시해서는 안 된다.

성공할수록 주변 사람과 관계를 더 좋게 유지해야 한다. 성공하면 주변에서 바라는 것도 많고, 요구하는 것도 많을 것이다. 적절히 잘 조절하면서 관계를 이어가야 한다.

채무형 업은 빨리 털고, 채권형 업을 쌓아 가야한다. 세상이 불공평하다고 불평하지 말자. '내가 쌓은 공덕은 언젠가는 되돌아온다'고 생각하고 하루하루 감사하면서 살자.

8. 천상천하 유아독존

‘욕심을 버려라’는 말과 함께 어려웠던 용어가 ‘천상천하 유아독존’이었다. 나 혼자 존재해야 한다느니, 고로 나는 고독해야 한다느니 또는 독불장군이 되어야 한다는 고전속의 말은 도무지 이해가 되지 않는 말이었다.

그런데 그 앞뒤로 ‘인과응보’라는 말과 ‘자업자득’이라는 말을 끼워 넣어 보면 이해가 된다. 즉 모든 현상이나 사건에는 ‘원인’이 있다. 그 원인은 자신이 만든 원인일 수도 있고, 이전의 인연에 의한 원인일 수도 있다. 그 원인은 스스로 풀어야 한다는 의미이다. 지금 하는 사람의 행위는 미래의 ‘업보’또는 ‘원인’으로 남는다는 것이다.

지금 행한 행위가 노력 이상의 결과를 얻었다면 즉, 요행수가 통했다면 그것은 반드시 채무형 업보로 남아서 스스로 그것을 풀지 않으면 후에, 또는 후세에 풀어야 한다. 이 업보는 채권형일 수도 있고, 채무형일 수도 있다. 즉, 다음에 돌려받은 수도 있고, 후에 갚아야 할 수도 있다.

기회를 얻어서 다행히 큰돈을 벌었다면, 일정 부분은 노력의 대가고, 일정 부분은 이전 업보에 의한 것이고, 나머지는 다시 채무형 업보로 남는다. 이것을 풀지 않으면 이 업보가 다음에 나에게 또는 내 후손에게 시련을 줄 수도 있다. 내가 노력한 만큼 보상이 없거나, 세상이 알아주지 않는다면, 그리고 그것이 진정 가치 있는 것이라면 그 채권형 업보는 미래에 보상으로 돌아온다.

따라서 이렇게 원인 이상으로 얻은 이익은 베풂으로 풀어야 한다. 즉, 기부, 봉사 등의 선행은 내가 착해서, 내가 세상에 인정받고, 칭찬받기 위해서 행하는 것이 아니라, 미래의 업보를 풀기 위해서 필요한 필수 사항인 것이다.

천상천하 유아독존은 이 업보를 스스로 풀어야 한다는 의미로 받아들여야 한다. 나는 착하게 살았고, 열심히 살았는데, 왜 불행이 닥쳤느냐고 하늘을 원망할 것이 아니라, 가족이나 국가, 사회가 풀어주기를 바랄 것이 아니라, 나 스스로 그것들이 풀기위해서 노력하다 보면 과거의 업보를 풀고 보상을 받거나, 그 보상은 후대에 이월되게 된다.

결과는 원인 행위에 대하여 바로 결과로 나올 수도 있지만, 대부분의 결과는 한참 후에 나타나는 경우가 많다. 가치가 높을수록 당대에 인정받기보다 후대에 인정받는 경우가 많다. 예술 거장들의 작품이 그렇고, 국가나 민족 간의 분쟁들도 대부분 그렇다.

내가 개발한 핸드폰 '천지인' 한글 입력방식은 5년 후에 상용화가 되었으며, 9년 후에야 보상을 받았다. 그러나 그 보상금도 사업 실패로 나에게 주어진 보상금이 흔적 없이 사라져버렸다. 이렇게 돈이 남지 않았다고 원점으로 돌아간 것은 결코 아니다. 나 자신을 반성하고, 성찰하면서 나 스스로 겸손할 기회를 얻었으며, 가족들의 도움으로 가족들의 소중함을 다시 한 번 깨달았고 하우스푸어를 극복하는 과정에서 재테크 노하우와 직업의 경쟁력까지 얻게 되었다. 하나를 잃음으로써 나머지 것들을 얻게 되었고 결국은 잃었던 재산까지 회복할 수 있게 되었다.

지금 하우스푸어로 고통 받고 있는 분들, 세상을 원망하고 사회가 어떻게 해주기를 바라기 전에 먼저 내가 뿌린 씨를 내가 거두어들인다는 생각으로 노력하면 현재의 위기 상황을 극복할 수 있다. 그러면 반드시 지금 잃어버린 것 몇 배의 보상이 있을 것으로 기대한다.

9. 염치 챙기기

사전에는 염치(廉恥)를 '체면을 생각하거나 부끄러움을 아는 마음'으로 정의되어 있다. 우리가 제일 미워하는 사람들이 '얌체들'이다. 염치와 얌체는 어떤 관계일까?

세상에는 가치를 만드는 사람과 남이 만든 가치를 뺏어 먹는 사람이 있다. 남이 만든 가치를 사소하게 뺏어 먹는 사람을 '얌체'라하고, 남이 만든 가치를 크게 빼앗아 먹는 사람을 '도둑'이라 한다. 남이 제공한 베풂에 대해서 고마움을 모르는 사람을 '염치없는 사람' 또는 파렴치(破廉恥)라 한다.

우리는 '얌체'부터 먼저 살펴보아야 한다. '얌체'들은 사소한 이익이나 편리를 위해서 끝없이 잔머리를 쓰게 된다. 대신에 '얌체'들에게 이익을 뺏기는 사람들은 뺏긴 이익을 채워 넣기 위해서 더 노력하고 고민하게 된다. 결과적으로는 '얌체'에게 뺏긴 사람이 더 많은 가치를 채우게 된다. '얌체'들은 가치를 만들 시간에 남의 가치를 뺏는데 머리와 노력을 쓰기 때문에 결국은 크게 남는 것이 없다. 즉, 남의 것을 사소하게 뺏는 것에 잔머리를 쓰는 것보다도 뺏긴 것을 채워 넣는 것에 더 노력하는 것이 장기적으로는 더 이익이다.

다음은 염치를 모르는 사람 즉, 파렴치한 이야기다. 염치가 있는 사람은 남에게 베풂을 받으면 미안해하고 그래서 그 사람에게 다시 보답하려 한다. 그 베푼 사람에게 보답할 상황이 못 되면 다른 사람에게 자신이 받은 은혜를 다시 베풀려고 하면 베푸는 행위가 확대되고 재생산된다. 그런데 염치를 모르는 사람은 하나를 받으면 두 개를 요구하고, 두 개를 받다가 하나로 줄이거나 못 받게 되면 주던 사람도 원망한다.

그래서 우리 스스로도 염치를 챙겨야 하지만, 염치를 모르는 사람은 가급적이면 피하고, 베풀더라도 염치가 있는 사람에게 베풀어야 한다. 베푼 사람이 나에게 은혜를 갚기를 기대는 할 필요가 없고, 그 사람이 다시 잘 되어서 다른 사람에게 베풀 수 있기를 기원해주고 도와주면 된다. 아울러, 우리는 얌체가 되어서도 안 된다. 사소한 이익을 위해서 잔머리를 쓰다가는 큰 이익을 놓치고, 가치행동으로 나아갈 수도 없다.

10. 불확실한 것은 없다고 생각하기

행복해지지 못하는 4가지 이유
- 생각하고 행동하는 자세를 잘못 잡는다.
- 활동하는 위치와 방향을 잘못 잡는다.
- 허구(虛構)를 만들고 그것을 쫓아간다.
- 가치의 균형을 잘못 잡는다.

우리가 가치활동을 하면서도 행복해지지 못하는 이유가 위와 같은 잘못된 생각과 행동을 범하고도, '혹시나' 하면서 거기에 머물러 있는 경우가 많기 때문이다. '혹시나 하다가 역시나'한다는 말이 있다. 인과응보, 사필귀정의 자세로 불확실한 것은 없다고 생각해야 한다. 자세든, 위치든, 방향이든, 허구든 균형이든 잘못되었다고 판단하는 순간 빨리 그 위치에서 빠져나오거나 바로 잡아야 한다.

그리고 가치 판단의 가장 큰 기준을 '취업'과 '재산'에 두면 큰 문제는 없다. 전공이 취업을 결정짓고, 취업이 재산을 결정짓고, 재산이 거주를 결정짓고 또 이것들이 가정의 행복을 결정짓는다면 결국 취직 잘해서 돈 잘 벌고 열심히 저축하는 것이 가장 확실한 가치의 실체이기 때문이다.

희망 자세

11. 현재의 만족한 삶보다는 미래의 희망이 있는 삶이 더 행복하다

모두가 4가지 행복가치성과를 만족할 만큼 얻는 것은 아니다. 모두가 다 그 가치행동을 위한 올바른 위치에 있을 수 있는 것도 아니다. 그렇다고, 성과를 충분히 못 얻고, 내가 원하는 위치에 있지 못하다고 해서 불행해질 이유도 없다.

누구나 다 활동의 성과나 결과에 대해서 불만을 가질 수 있다. 이 불만을 상쇄시키고, 행복 코드로 만드는 것이 희망이다. 특히, 교육, 사회진출, 재산, 거주의 4가지 행복가치는 본인의 능력뿐 아니라, 부모의 역량, 주위의 환경에 따라서 지금 당장 어쩔 수 없는 경우가 많다.

인간 활동의 70% 이상을 가치활동에 투자하는 만큼 노력한 기대치에 못 미칠 경우에 불만이 생길 것이다. 특히, 남과 비교하거나 비교될 때에는 그 불만이 더 증폭된다.

이것을 극복하는 방안이 '개선'이다. 나 자신이 좋은 대학을 못 나왔더라도 나 스스로 꾸준히 공부하는 자세, 나보다는 내 자녀가 보다 나은 교육을 받을 수 있게 하는 교육에서의 개선. 비록 내가 기대하는 회사에 취직은 못 했더라도 회사 임직원이 합심 단결해서 더 좋은 회사를 만들겠다는 개선, 하루하루 열심히 저축하여 종잣돈을 만들고 그 돈으로 투자를 하거나 집을 사서 그 자산 가치가 올라가고 더불어 저축액도 늘어나는 재산에서의 개선, 사는 집을 가치 있고, 기분 좋게 꾸미는 거주에서의 개선, 이런 개선 활동들이 우리에게 희망을 주고, 우리 삶에 행복감을 더해 줄 수 있다.

오늘보다 나은 내일 올해보다 나은 내년 당대보다 나은 후대들의 행복한 삶을 우리는 희망한다.

이러한 행복추구 희망 코드는 자신의 행복 워크프레임을 통하여 개선하여 나갈 수 있다. 이 희망이 만족보다도 더 큰 기쁨과 행복을 줄 수도 있다. 1등 하던 사람이 2등 하면 불만이지만, 10등 하던 사람은 5등만 해도 만족한다. 더불어 4등 할 수 있다는 희망도 얻을 수 있다.

그래서, 희망은 우리의 삶에 큰 의미를 주는 것이다.

겸손 자세

12. 잘난 자에게 필요한 것은 겸손이요, 못난 자에게 필요한 것은 용기이다

90년대 말 IMF 외환 위기가 생기고, 전자업계에는 대량 감원 사태가 있었다. 다시 2년 후 벤처 버블이 생길 때에는 대규모 퇴직 사태가 있었다. 그때 나온 말이 "못난 사람은 잘리고, 잘난 사람은 제 발로 기어 나온다."는 말이 있었다. 그런데 결과는 똑같다. 잘린 사람이나 기어 나온 사람이나 기회는 똑같았다.

잘난 자의 가장 큰 적은 자기 자신이며, 못난 자에게 가장 큰 적도 자기 자신이다. 자기 자신보다 못났다고 생각하는 사람이 자기보다 이익을 얻으면 못 참고, 특히 회사에서 상사와 걸핏하면 갈등을 일으키거나, 조직을 뛰쳐나오는 잘난 자들의 가장 큰 적은 자만심과 오만함이다. 무엇이든 안 된다고 생각하고, 안 되는 핑계를 찾는 못난 자들의 가장 큰 적은 피해의식과 열등의식이다.

잘난 자에게 가장 필요한 것은 겸손이다. 자기보다 잘 난 사람은 얼마든지 있을 수 있다는 생각 자기 자신보다 못한 사람도 자신보다 잘하거나 나은 점이 있다는 생각, 그래서 자신보다 못났다고 생각되는 사람에게도 자세를 낮출 수 있는 겸손이 필요하다. 자기 자신이 노력한 만큼 지금 평가나 대접을 못 받더라도 이것은 저축해놓은 것이라 생각하고 이자 늘어나듯이 나중에 더 큰 보상이나 성과로 돌아올 것이라는 믿음을 가지고 기다릴 수 있는 겸손이 필요하다. 적극적으로 생각하며 일이 되는 방향으로 행동하고 도전하는 자세가 용기이다.

절대적으로 잘난 사람도, 절대적으로 못난 사람도 없다. 우리 모두가 잘났을 수도 있고, 우리 모두가 못났을 수도 있다. 따라서 우리는 겸손하면서, 용기 있게 살아야 한다.

13. 돈 앞에서 겸손하기

돈 앞에서 겸손 하라. 돈을 사랑하고, 돈을 무서워하라.

돈은 나와 내 가족을 지켜주는 보호막이 될 수도 있고, 가족의 보금자리를 마련하게 해줄 주택자금이 될 수도 있고, 내가 하고 싶은 일을 하게 할 에너지가 될 수도 있고, 돈을 벌게 해주는 투자금이 될 수도 있다.

반면, 남에게 해를 끼칠 도구가 될 수도 있고, 나를 나쁜 곳으로 끌고 갈 안내자가 될 수도 있다.

돈은 창과 방패이다. 돈은 위험으로부터 우리를 보호해주는 방패가 될 수도 있고, 기회가 생겼을 때 그 기회를 얻게 해주는 창이 될 수도 있다.

돈은 4가지 가치성과를 얻게 하는 도구가 될 수 있다. 공교육으로 대입 평가를 받을 수 있는 사회라면 모르겠지만, 사교육에 의해서 대학 입시 점수가 결정되는 현재의 상황에서, 돈이 없으면 교육에 있어서도 많은 기회를 제약받는다. 취업이 대학 교육만으로도 되는 공대라면 문제가 없지만, 나머지 스펙을 쌓아야 하는 여타 대학이나 과라면 돈이 취업에도 상당한 영향을 미친다. 재테크나 머니게임은 기본적으로 돈이 있어야 하는 것이다. 거주지와 거주형태, 거주평수도 결국 돈에 의해서 결정된다.

돈은 행복을 위한 4가지 행복 필요조건 즉, 건강, 베풂, 만족, 희망의 필요조건은 될 수 있다. 육체적인 건강, 정신적 건강, 경제적 건강, 가족의 건강의 건강과 나누고 베풀 수 있는 관계, 행복가치 취득 과정에서의 만족, 취득하지 못한 불만족을 상쇄하는데 필요한 희망도 돈이 필요조건이 될 수 있다. 돈은 행복을 위한 필요조건이다. 돈은 보금자리를 만들고 유지하는 가정의 경제 기반이면서, 저축하면서 희망과 보람을 느낄 수 있는 과정이기도 하다. 돈을 숭배해서도 안 되지만 무시해서도 안 된다.

돈을 사랑하면서, 돈이 없음을 두려워해야 한다.

한편으로는 돈을 학대하는 사람들도 세상에 참 많다. 도박으로 돈을 날리는 사람, 술과 여자를 좋아해서 돈을 날리는 사람, 애들 사교육이나 조기 유학으로 거액을 날리는 사람이 있다. 게다가 어설프게 재테크를 한답시고 부동산이나 주식의 고점에서 과감하게 투자하여 과감하게 깨지는 사람도 있다.

돈은 우리에게 기회를 주면서 한편으로 돈을 남용하거나 확대하면 피해를 줄 수도 있다. 따라서 돈 앞에서 겸손하고, 돈을 두려워하여야 한다.

행동자세

14. 남에게 필요한 일 하기

이미 앞부분에서 남의 탓만 안 해도 절반은 성공이다'는 말을 언급 했다. 직업 선택에 있어서는 '내가 원하는 만큼 받고 싶으면 남이 원하는 일을 하고, 내가 하고 싶은 일을 하고 싶으면 내가 받고 싶은 만큼의 절반을 기대하라.'라고 말하고 싶다.

세상에 직업의 귀천이 어디 있고, 필요 없는 직업이 어디 있을까만, 인력시장도 수요·공급이 있다. 인력의 수요가 많은데 공급이 적으면 몸값이 올라가고, 수요가 적은데 공급이 많으면 몸값은 떨어진다.

학부모들이 자녀 진학지도, 진로지도를 함에 있어서 자녀의 적성과 하고 싶은 것에 큰 비중을 둔다. 물론, 자녀의 적성과 관심사를 존중하는 것은 맞다. 그런데 그 자녀가 하고 싶은 일을 하려는 사람이 워낙 많다면 어떤 결과가 나올까? 수요 인력은 제한되어있고 공급 인력이 많으면 경쟁은 치열해서 하고 싶은 일을 하지 못하거나, 하더라도 대접을 제대로 받지 못할 가능성이 크다. 즉, 진입장벽이 높으면 들어가기가 어렵고, 진입장벽이 낮으면 처우가 확 떨어져 버린다.

학생들에게 장래 희망이 무엇이냐고 물어보면, '일이 수월하면서 재미있을 것 같은 직업'을 꼽는 경우가 많다.

특히, 여학생들 경우에는 대부분 교사, 공무원, 약사, 간호사, 유아 교사, 디자이너를 꼽는다. 교사, 공무원, 약사는 진입 장벽이 엄청나게 높다. 원한다고 쉽게 되는 것이 아니며, 정말 열심히 해야 될 수 있다. 운도 따라야 한다. 간호사, 어느 정도 잘하면 될 수는 있다. 그런데 취업 후 중도 포기하는 사람들이 아주 많다. 생각하는 것만큼 일이 쉽지 않다는 것이다.

유아 교사 – 일이 힘든 것만큼의 보수를 받지 못하다 보니 중도 포기하는 사람들이 많다.

패션 디자이너 – 아주 좋은 직업이다. 반면, 40대까지 살아남은 디자이너는 대학 졸업생 중에서 1% 이내일 것이다. 경쟁에서 이기기보다도 살아남기 자체가 어렵다.

고등학교 남학생은 문과냐 이과냐에 따라서 확연히 달라진다. 이과는 의사 아니면 엔지니어이고 문과는 막연한 경우가 많다. 대학교에서, 이공계 경우에는 학년이 올라갈수록 진로가 점점 구체화되는데 문과는 점점 추상화된다.

세상에 쉬운 일은 없다. 힘들지 않은 일은 없다. 열심히 하지 않아도 되는 일은 없다. 세상 직업이 다 어렵지만 장기적으로 안정적이고 적절한 보수를 받을 수 있는 직업은 대학 공부하기가 어려운 전공의 직업들이 많다. 대표적인 것이 기계공학과, 전자공학과, 화학공학과이다. 직업 자체가 어렵기 때문에 전공을 공부하기도 어렵고, 어렵게 공부해서 어려운 일들을 하기 때문에 세계적인 경쟁력을 갖추게 되는 것이다.

세상의 모든 직업은 세상이 필요로 하니까 만들어진 것들이다. 그런데 아무리 세상이 필요한 직업이라도 인력 공급이 너무 많으면 대우는 떨어진다. 즉, 한국 사회가 절실히 필요로 하는 직업 중에서 남들이 하기 싫어하는 직업과 다년간의 숙련이 필요한 직업이 안정적으로 오래갈 수 있는 직업이다. 이런 직업을 선택하는 것이 성공을 위한 바른 선택이다.

이러한 직업선택을 하려면 어렸을 때부터 자신의 삶의 방향을 설정하는 일이 가장 중요하다. 앞서 언급했듯이 우리나라 교육구조의 모순이라고도 볼 수 있지만, 고등학교 교과 과정부터 자신의 진로 방향을 결정하여야 한다.

이러한 상황에서 행복 프레임워크를 통한 자신의 삶을 추구하는 일은 매우 중요하다.

15. 누울 자리를 보고 다리 뻗기

'누울 자리를 보고 다리를 뻗어라'는 말 뒤에는 '떡줄 사람은 생각도 안하는데, 김 칫국부터 마신다'는 말이 있고, '소문난 잔칫집에 먹을 것 없다'는 말도 있다. 즉. 상황 판단의 문제이다. '떡줄 사람'과 '소문난 잔칫집'은 수요자이고 시장이다. 떡줄 사람이 생각하지 않거나, 잔칫집이 먹을 음식 없으면 갈 이유가 없다. 혹시나 하고 가면 역시나 하고 온다. 상황 판단을 잘못하면 엉뚱한 행동을 하거나 남의 탓을 하게 된다. 떡줄 사람과 그 잔칫집을 비판하거나 비난한다. 떡줄 사람과 잔칫집은 줄 만한 사람에게 준다. 줄 이유가 없는 사람에게는 안 준다. 스스로가 받아먹을 준비가 되어있어야 한다.

제품도 수요와 공급에 의해서 가격이 움직이지만, 생산자와 유통자도 수요와 공급에 의해서 수익이 움직인다. 현대 사회는 정보 통신망을 타고 전 세계가 하나로 묶였기 때문에 국내 1위는 의미가 없다. 국내 1위라도 세계 10위이면 대접을 못 받는다. 국내 3위가 세계 3위이면 세계 시장에서 대접을 받을 수 있다.

시장은 내가 얼마나 잘하고, 그 일을 하고 싶으냐가 중요한 것이 아니라, 시장의 경쟁관계가 중요한 것이다. 호랑이 없는 굴에는 여우가 왕 노릇을 할 수 있지만, 사자와 호랑이가 있는 초원이나 밀림에서는 여우가 왕 노릇을 할 수 없는 것은 자명하지 않은가.

바로 상황이 중요한 것이다. 상황의 흐름을 순간적으로 읽고, 그 상황 변화에 자신이 얼마나 효과적으로 대처하느냐에 일의 성패가 좌우된다. 탁월한 사람도 상황의 변화를 제대로 읽지 못하면 구시대의 사람이 된다. 주위에서 주목받지 못하던 사람도 상황의 변화를 제대로 읽으면 새로운 시대의 흐름을 만드는 사람이 된다.

"콩 심은데 콩 나고 팥 심은데 팥 난다" 이 말이 괜히 나온 말이 아니다. 삼성전자에 가고 싶으면 전자과에 진학하면 되고, 현대자동차 가고 싶으면 기계과 나오면 가능성이 훨씬 올라간다. 현대자동차 입사하려면 울산대 진학하는 것이 가장 유리하다.

정말로 내가 호랑이를 잡는 것이 목표라면 호랑이굴에 가라. 토끼 굴 앞에서 서성대봐야 호랑이는 오지 않는다. 어쩌다 토끼를 쫓아 오는 호랑이가 있을지는 모르지만, 그러나 토끼를 잡으러 오는 호랑이를 보기는 무척 어렵다. 호랑이를 잡는 목표를 세웠다면, 당연히 호랑이 굴로 가는 과정으로 옮겨가야 한다.

떡줄 사람은 생각도 안 하는데 김칫국부터 마시지 마라. 나는 학벌 괜찮고, 학점 괜찮고, 영어 잘하고, 각종 스펙 좋다고 뽑아 달라 하지 마라. 회사가 원하는 인재는 전공자 중에서 학벌 좋고, 영어 되는 사람이다. 즉, 기업이 원하는 인력은 영어를 잘하는 필요 전공자인 것이다. 이공계 인력은 영어를 잘하는 졸업생이 워낙 희소하기 때문에 더더욱 선호하는 것이다.

소문난 잔칫집에 정작 먹을 음식이 없는 경우가 의외로 많다. 소문나기 전에 가서 미리 자리를 잡는 방법과 아니면 VIP로 초대받아가는 방법이 있다. 소문 듣고 가봐야 100% 대접받지 못한다. (소문나기 전에 잔칫집을 찾는 것보다는 VIP로 초대받아가는

16. 리스크 관리하기

인생을 살아가는데 큰 네 가지 리스크가 있다. 사망, 질병/사고, 실직, 자녀이다.

사망– 사망은 모든 것을 다 잃는 리스크이다. 사망하는 본인은 물론 가족들에게도 큰 상처와 손실을 입힌다. 사망은 발생하지 않도록 조심해야 하지만 운명적인 면도 많아서, 운명적으로 발생하는 사망은 사람이 어쩔 수 없는 면도 있다.

질병/사고– 질병/사고는 노동력을 잃는 질병 사고의 경우를 의미하는 것이다. 이런 질병/사고는 본인과 가족들에게 세 가지 손실을 안긴다. 수입 감소, 치료비 부담, 간병을 위한 가족의 노동력 투입이다. 질병/사고가 실직을 야기할 수도 있다. 그만큼 질병/사고는 본인의 고통으로 끝나는 것이 아니라 가족들의 고통과 경제적인 비용을 유발시킨다.

실직– 실직은 가정 경제에 가장 직접적인 영향을 주는 리스크이다. 월 400만 원을 벌어 월 100만 원을 저축하는 가정이 두 달 동안 소득이 끊기면 몇 달분 저축을 소멸시킬까? 6개월분 저축을 소멸시킨다. 즉, 6개월 열심히 일해도 두 달일 안하면 6개월분 저축을 없앤다는 뜻이다. 그만큼 실직이 가정 경제에는 심각한 영향을 줄 수 있고, 안정적인 직장이 중요한 것이다.

자녀– 자녀가 왜 주요한 리스크인가? 왜냐하면, 자녀가 불확실하기 때문이다. 사망, 질병, 사고에 대한 리스크는 모든 가족이 같지만, 장래성에 있어서는 불확실하다는 것이다. 지금은 공부를 잘하는데, 언젠가 성적이 떨어질 수도 있고, 원하는 대학에 못갈 수도 있고, 원하는 직업을 갖지 못할 수도 있고, 대학을 가도 4년 만에 졸업을 못 할 수도 있고, 결혼을 언제 할지는 정말 모르는 것이고, 등등. 한 가지 확실한 것은, 부모에게는 내 자식이고, 스스로 독립할 수 있을 때까지는 책임지고 돌봐줘야 할 대상이라는 것이다. 그리고 이렇게 장기적인 투자 대상도 없다. 태어나서부터는 최소한 25년, 대학에 들어가도 최소한 4년, 결혼까지 감안하면 6년 이상은 보살펴줘야 할 대상이다.

왜 자식문제를 이렇게 장황하게 설명 하냐면, 자식에 대한 투자는 너무 장기적이고 투자대비 효과가 불확실하기 때문이다.

리스크를 관리하는 도구는 크게 보험, 저축, 교육이다. 보험이 사망, 사고, 질병이 어느 정도는 이 리스크를 대비해주지만, 실직 손실분에 대한 보상은 잘 못 해준다. 따라서 저축이 중요한 것이다. 저축은 재산 증식을 위한 수단이기도 하지만, 리스크 대비를 위한 수단이기도 하다. 자세한 내용은 4장, 5장에서 다시 한 번 살펴보도록 하자.

자식에 대한 리스크 관리는 현재 부모의 교육 투자 역량을 몰빵 투자하지 않는 것이 중요하다. 부모가 자녀에게 할 큰 역할은 동기 부여, 기회 부여, 비전 제시이다. 그 중에서도 기회 부여는 비용이 들어간다. 자녀가 재수한다든지, 대학 입학을 하고 나서도 다시 시험을 보겠다든지, 편입을 하겠다든지, 해외 연수를 가겠다든지, 학원에서 과외 학습을 받겠다든지 등, 대학에 들어가서도 등록금과 기본적인 생활비 이외에 추가 비용이 소요될 요소는 얼마든지 있다.

이런 것들까지 감안을 해서 자녀의 교육비용에 투자하라는 당부를 하고 싶다. 그리고 부모의 노후 대비 자금까지 끌어다 자녀 교육에 쏟아 붓는 무리수를 두지 않아야 한다. 경제활동기의 노동 가치와 노후의 노동 대가는 5배 이상의 차이가 나고, 소비 가치도 3배 이상 차이가 난다. 즉, 200만 원이면 경제활동 기에는 한 달 자녀 사교육비지만, 노후에는 한 달 생활비가 된다. 과외비를 지불하면서 노후의 한 달, 한 달 생활비가 소모된다고 생각하면 된다.

평균 수명이 늘어난 100세 시대를 준비하는데 있어 자녀의 교육에 투자비용은 거의 회수 불가능하다고 본다면 자녀에게 모든 것을 투자한다는 것은 매우 큰 리스크가 따른다. 시대의 변화에 따른 자신에 대한 장기투자 관점에서 노후를 준비할 필요가 있다.

리스크를 관리하는 방법은 '점검', '진단', '확인'의 과정을 통해서 이루어진다.

1단계 : 점검

– 앞에서 이야기한 '가치자세'와 '행복 필요조건'들을 점검하는 것이다. 나와 내 가족들의 '마음자세'와 '행동자세'를 표를 만들어서 점검한다. 나와 주변의 '행복 필요조건' 즉, 건강(육체적 건강, 정신적 건강, 경제적 건강, 가족의 건강)을 점검하고, 주변 사람들과의 관계를 점검한다. 나눌 수 있는 관계의 사람들이 얼마나 되는가? 그 다음으로 가족 구성원들의 '만족'에 대한 정성적인 특성을 파악한다. 가족 구성원들이 가치객체들에 대해서 주관적으로 어느 정도 만족을 하고, 어느 정도 불만을 가지고 있는가를 점검한다. 만족도가 낮다면 '희망도'를 점검한다. 만족하지 못한 것에 대해서 그것들을 보완할 '희망'은 무엇이라고 생각하는가?

2단계 : 진단

– '가치행동'과 '가치성과'를 진단한다. 가치 활동은 적절했는가? 그 가치행동의 성과물의 가치는 적절했는가를 진단한다. '교육', '경제활동', '재산', '거주'에 대한 '가치성과'를 내기 위해 어떤 활동을 하였고, 어떤 성과가 나왔는가를 진단한다.

3단계 : 확인

– '가치 활동'이 올바른 '가치자세'에 의해서 수행되었는가?
– '가치 활동'과 '가치성과'가 만족스러운가?
– '가치 활동'과 '가치성과'가 4대 리스크(사망, 질병/사고, 실직, 자녀)에 의해서 침해받거나, 향후 이 4대 리스크가 발생할 위험은 없는가?

이 리스크 관리는 꾸준히 지속적으로 수시로 이루어져야 한다.

끝으로 내가 체득한 세상의 이치 중에서 다음 두 가지를 꼭 강조하고 싶다. 아쉬운 사람이 우물을 판다는 것과 목표와 선택은 다르다는 것이다. 아무리 가치 활동을 잘해도 관계에 있어서는 아쉬운 입장에 서면 무조건 손해를 보게 된다. 또한, 목표를 향해 정진하는 것과 기회가 왔을 때 선택하는 것은 다르다. 한 가지씩 살펴보자.

아쉬운 사람이 우물을 판다

세상을 사는 이치 중에서 가장 중요한 이치가 '아쉬운 사람이 우물을 판다'는 것이다. 아쉬운 사람과 아쉽지 않은 사람이 거래나 협상을 하면 아쉬운 사람이 백전백패이다. 진 사람은 항상 상대방이 부당하거나, 불공평하다고 욕하거나, 세상이 잘못되었다고 비난한다. 그럴 필요가 없다. 조건이 맞지 않으면 거래하지 않으면 되고, 맞지 않는 조건과는 거래하지 않아도 살아가는데 아무 지장이 없는 것이 가장 이상적이다.

그런데 그렇지 않은 경우가 대부분이다. 특히 비즈니스 관계에서는 대부분 불리하다고 생각할 수밖에 없다. 불리한 조건을 참으면서 극복하는 것, 이것이 덕을 쌓는 것이다. 개인 생활에서는 아쉬운 입장에 서지 않는데 첫 번째는 돈이 아주 중요하고, 두 번째는 미리 준비하는 것이다. 돈이야 당장, 단기간에 저축되지 않겠지만, 내가 미리 준비하기에 따라 아쉽지 않은 경우에 서지 않을 방법은 많이 있다. 교육에 있어서는 어릴 때부터 꾸준히 독서와 대화를 많이 하고, 수학을 미리 준비하면 영어도 큰돈을 들이지 않고 잘할 수 있다. 취업도 사회가 원하는 직업을 미리 파악하여 관련 학과를 들어가서 열심히 하여 좋은 학점을 따면 취업에 유리한 입장에 설 수 있다. 돈도 취업 시부터 미리 꾸준히 저축하면 필요할 때 큰 힘이 될 수 있다. 거주도 자녀가 고등학교 입학하기 전까지는 정해야 한다. 자녀가 고등학교 입학하면 이사하면 많은 손해를 감수해야 한다. 결혼 후 10년에서 15년을 꾸준히 준비하면 원하는 지역에 진입할 수가 있다. 꾸준히 저축하고 미리 준비하는 것이 아쉬운 입장에 서지 않는 방법이다.

목표와 선택은 다르다

목표와 선택은 다르다. 목표를 향해 정진을 하다 보면 결과는 따라온다. 그 결과에 따라 우리는 평가를 받는다. 우리는 살아가면서 크게 세 번의 평가를 받는다. 첫 번째 평가는 대학입시이고, 두 번째 평가는 취업이고, 세 번째 평가는 결혼이다. 그런데 우리는 그 평가결과에 따라 상대방으로부터 많은 '선택'을 받으면 우리도 '선택의 기회'가 많아진다. 항상 '평가받을 기회'와 '선택할 기회'는 같이 온다는 것이다. '대입 평가'는 '대학 선택 기회'와 같이 오고, '입사 평가'는 '회사 선택 기회'와 같이 오고 '맞선 평가'는 '배우자를 선택할 기회'와 같이 온다.

항상 '가치'활동 과정에는 '평가'가 동반하게 되는데, 이 평가의 결과에 따라 선택의 기회가 결정되고, 그 선택을 잘했을 때 가치 활동의 결과물과 만족도가 달라진다. 그래서 '평가'는 중요한 것이고, 그 평가를 잘 받아야 한다. 인생은 30년 배우고, 30년 일하고, 30년 누리는 삶을 살게 된다. 이 중에서 가장 중요한 기간이 '일하는 30년'이다. 이것에 의해서 경제적인 자산과 거주 자산뿐 아니라, 자녀들의 역량까지 영향을 받는다. 배우는 30년도 중요하다. '배우는 30년' 기간에 있는 두 번의 큰 평가가 이루어진다. '대입 평가'와 '입사 평가'가 그것인데, 그것들에 의해서 일하는 30년의 시작을 '어디에서', '무슨 일'을 할 것인가가 정해진다. 나머지 30년은 '누리는 30년'이다. '일하는 30년'에 제대로 성과를 저축해두지 않으면 누릴 것도 별로 없다. 많은 자산을 저축해 두었으면 '누리는 30년'에 누릴 것이 많다. 누리는 30년도 중요하다. 왜냐하면, 우리에 인생은 유한하기 때문에 열심히 일하고 열심히 누리는 것 또한 행복한 삶이라고 할 수 있다.

'배우는 30년'은 올라가기가 쉽다. 변경하기도 쉽다. '일하는 30년'은 올라가기는 어렵고, 떨어지기는 쉽다. 그래서 조심해야 하고, 위치와 자세가 중요하다. '누리는 30년'은 올라갈 데는 없고, 떨어질 데는 많다. 그래서 '일하는 30년' 동안에 '성과의 저축'도 중요하지만, '떨어지지 않는 지혜'도 갖추어 놓아야 한다. '목표'와 '선택'은 배울 때에 가장 많고, 나이가 들수록 점점 줄어든다. 그래서 '청춘은 아름답고 라고 했다.

'목표'를 높게 잡고, '목표'를 초과 달성할수록 '선택'의 기회는 많아진다. 대학진학의 경우 의대에 갈 성적이 되면 선택 못 할 대학, 선택 못 할 학과가 없다. 의사가 되면 취업 못할 직장이 없다. 올라섰을 때 올려다보면 선택할 것이 별로 없다. 올라섰을 때 내려다보면 선택할 것이 너무도 많다. 여기서 잘 선택해야 한다. 올려다 보이는 것이 항상 최고는 아니나. 내려다보이는 것 중에서도 가치 있는 것이 많다. 내려다볼 수 있는 위치에 올라설 수 있는 것, 내려다보면서 진정한 가치를 판단하여, 선택할 수 있는 안목과 능력, 이것이 메타 비전, 메타 생각이다.

'목표–정진'과 '선택–기회'는 쌍으로 움직이면서 인과관계를 이룬다. 따라서 좋은 선택과 기회를 위해서는 목표를 세우고 정진하는 것이 중요하다. 잊지 말아야 할 것은 올바른 위치에 있어야 하고, 올바른 자세를 갖추어야 하고, 올바른 방향의 목표와 정진을 해야 한다.

그래서 행복하려면?

올바른 자리에 있어야 하고, 올바른 자세가 되어있어야 하고, 올바른 가치 활동을 해야 하면서 동시에 기회가 왔을 때 올바른 선택을 해야 한다. 올바른 선택을 위해서는 당연하게도 행복의 필요조건을 만족시켜야 한다. 바로 가장 중요한 자세는 행복하겠다는 목표의식과 행복에 대한 희망이다.

2장

행복가치 교육활동

이 책에서 가장 많은 분량을 할애할 만큼 교육은 한국 사회에서 이미 뿌리 깊은 문제이면서 동시에 한국 사회를 살아가야 하는 사람에게 중요하다. '교육활동'은 부모의 입장에서는 '경제활동'의 중간과정에 만들어지는 활동이지만, 자녀의 입장에서 '학습활동'은 세상에 나와 처음으로 하는 '가치 활동'이다. 부모의 자산이 자녀에게 처음으로 상속되는 과정이기 때문에 더 중요하다.

나는 2003년 사업에 실패하고, 3년간 우리 자녀들을 사교육을 못 시킨 경험이 있다. 그런데 마침 2004년도에 어렵게 온라인 교육 사업을 준비하는 회사에 취직하게 되어 교육문제와 취업 문제를 동시에 깊숙이 조사할 기회가 생겼다. 전문적인 연구를 하면서, 한국에서 교육문제, 취업문제가 생각보다 심각하다고 판단하게 되었고, 그때부터 이 문제를 심도 있게 고민하게 되었다.

내 주위의 학교와 직장의 친구와 선후배들을 봤을 때, 교육은 그리 심하게 투자할 대상은 아니며, 취업과 사회진출이 더 중요하다는 생각을 어렴풋이 하게 되었다. 그런데 놀라운 것은 사회생활을 같이 하면서 나름 건전한 가치관을 가진 사람들조차 자녀교육이 자신의 일, 자기 자녀의 일이 되니까 대부분이 객관성을 잃고 비이성적인 행동들을 하는 것을 보았다.

'내가 잘못된 건가?' 생각도 들긴 했지만, 아내도 나의 의견에 공감하고, 자녀들도 부모의 뜻에 잘 따라주어서 상식적인 수준에서 교육활동에서도 좋은 성과를 낼 수 있었다. 예를 들어 사교육을 안 시키면서 3년 동안 가계 부채를 갚았고, 일산에서 벗어나지 않았으며, 일반고에서 적당한 사교육을 시켰고, 기대하던 성적이 안 나오자, 재수라는 기회를 자녀들에게 새로 주었다.

이런 이성적인 접근으로 우리 가족은 사업 실패의 시련을 딛고 교육, 경제, 재산, 거주의 4대 행복가치를 착실히 쌓아 가면서 우리 가족들은 모두 행복하게 살고 있습니다. 그 시련을 극복하고 행복을 얻는데 10년이라는 세월이 걸렸다. 행복은 한순간에 오지 않을 뿐만 아니라, 행복을 유지하는 점에 있어서도 많은 노력이 필요하다.

먼저, 한국 사람들을 가장 많이 불행하게 만드는 교육 문제와 취업 문제를 살펴볼까 한다. 우선, 나는 자녀가 가장 위험한 투자 대상이라는 것을 주지시키고 싶다. 투자기간이 너무도 길고 그 성과도, 적어도 20~30년 이상 이후에 나온다. 그만큼 투자대비 효과가 불확실하다. 그런, 리스크가 큰 투자 대상에 집중 투자를 한다는 것은 매우 위험한 것이다. 특히 노후 대비 자금을 자녀 교육에 투입하는 것은 절대 말았으면 좋겠다. 본인 스스로 불행해질 뿐 아니라, 자녀에게도 큰 누를 끼칠 수 있다. 이런 측면에서 교육을 사회진출과 연계하여 차근차근 살펴보자.

[에피소드 #2] 공대 아빠와 아들

아들 : "아버지, 저는 문학이 좋아요."

아버지 : "그래? 그럼 공대가면 되겠네. 요즈음 제품은 기술보다 스토리텔링이야."

아들 : "아, 네~~"

아들 : "아버지, 저는 역사가 좋아요."

아버지 : "그래? 그럼 공대가면 되겠네. 역사적인 맥락에서 현재에 딱 맞는 기술과 제품을 개발하면 되지."

아들 : "아, 네~~"

아들 : "아버지, 저는 미술이 좋아요."

아버지 : "그래? 그럼 공대가면 되겠네. 현대의 상품은 디자인이 얼마나 중요한데. 디자이너와 소통할 수 있는 기술자면 금상첨화지."

아들 : "아, 네~~"

아들 : "아버지, 저는 수학이 싫어요."

아버지 : "그래? 그래도 공대는 가야지. 전쟁터에 전쟁이 좋아서 총을 잡는 군인이 몇 명이나 되겠어? 나와 가족과 지키기 위해서 총을 잡는거야. 일단, 좋은 회사 들어가려면 공대를 가야해.

들어가서 너가 하고싶은 일을 해. 기획이든, 마케팅이든, 광고/홍보든, 교육이든…."

아들 : "네."

아버지 : "공대 가려면 수학이 중요한 것 알지?"

아들 : "아, 네~~"

이렇게, 아들은 공대 가기로 했다는 전설이 있습니다.

행복프레임워크에서 교육활동의 의미

교육의 의미

교육학자들은 여러 가지 말들을 하겠지만, 행복 프레임워크에서 교육은 사회진출을 위한 준비 과정이다. 초중고교육을 통하여 대학 진학이 이루어지며, 대학에서 하는 전공학습에 의해서 직장과 직업이 결정되고, 직업과 직장에 의해서 소득이 결정되고, 그 소득이 재산 형성과 거주지 결정에 영향을 준다. 따라서 개인의 입장에서는 행복 프레임워크의 가치 순환구조에서 시작점을 이루는 것이다.

또한 독립 인격체로서의 성장과정이다. 이 과정에서 행복 프레임워크의 가치 자세가 상당히 결정되는데, 태어나서부터 사회 진출까지 교육이 개인의 '가치자세를 형성하는데 결정적인 영향을 미친다.

교육활동의 의미

교육활동은 학생을 중심으로 학부모와 교사의 상호작용으로 이루어진다. 학부모와 교사의 입장에서는 '교육'이지만 학생의 입장에서는 '학습'이다. 이 교육활동을 통해서 학생은 지식뿐 아니라, 세상을 살아가는 지혜와 방법, 자세, 인성까지 성립

하여 성장한다.

이렇게 학습한 학생들이 사회에 나와서 경제활동을 하게 되므로, 교육은 3가지 관점에서 봐야 한다. 학부모의 입장, 학생의 입장, 인력수요자(사회)의 입장이 그것이다. 그런데 현재 초중고 대입 과정의 교육은 너무나 학부모나 교육서비스 공급자인 대학 중심이다. 사회 진출 시기 인력 공급자인 학생들과 인력 수요자인 직장들의 입장이 거의 배제되어 있다.

따라서 인력 수요자의 측면에서 교육을 접근하면 사회 진출에는 다양한 방법이 있을 수 있음을 알 수 있다.

행복 프레임워크에서 교육활동은 두 가지 의미가 있다.

첫 번째는 부모의 입장에서 다음 세대에게 가치를 상속하는 첫 단계이고, 두 번째는 자녀의 입장에서 행복가치 활동을 시작하는 첫 단계이며, 사회 진출을 위한 준비 단계라는 것이다.

따라서 교육활동은 부모의 입장과 학생의 입장과 사회 인력 수요자의 입장에서 살펴볼 필요가 있다.

그릇된 교육활동과 올바른 교육활동

행복 프레임워크의 가치 활동을 하는데 있어서 잘못된 자세와 위치, 방향, 균형이 잘못된 욕심과 착각, 허구와 그에 따른 잘못된 결과와 그 결과에 대한 남의 탓을 야기한다.

욕심은 조급함을 낳고, 조급함은 착각과 허구를 낳고, 착각과 허구는 잘못된 결과를 낳고, 잘못된 결과는 남의 탓을 낳는다. 아래 표와 같이 그릇된 교육활동과 올바른 교육활동을 정리해 보았다.

표 1	교육활동 비교표		

구분		그릇된 교육활동	올바른 교육활동
교육 활동	교육비용 지출	사립고, 사교육에 과다한 교육비를 지출한다.	본격적인 교육 투자는 고교졸업 이후에 한다.
		교육에 최대한 자산을 투자하는 것이 부모의 임무라 생각한다.	자녀를 위해 자산을 남겨둬야 한다.
		자녀를 대학만 보내면 비용 문제는 해결된다고 생각한다.	자녀의 대학 진학 후에도 취업, 결혼과 부모 본인의 노후자금을 준비한다.
	학습지도	명강사, 유명학원 중심의 사교육에 의존한다.	공부는 학생에게 맡겨두고, 방향제시, 동기부여, 기회제공 3가지의 부모역할에 충실한다.
진로 지도	진학지도	정시를 제외한 다양한 진학 방법을 찾아다닌다.	수능 중심의 진학지도
	학벌중심 진로지도	– 명문대 위주로 진학한다. – 서울 위주로 진학한다. – 점수에 맞추어 진학한다. – 학벌이 희망이라고 생각한다.	– 전공 위주로 진학한다. – 사회가 원하는 전공을 선택한다. – 직업이 희망이다.
	적성중심 진로지도	하고 싶은 것을 적성이라 착각한다.	사회 수요가 많은 전공 중에 적성에 맞는 학과를 찾는다.
		내가 하고 싶은 것을 전공한다.	내가 진정으로 하고 싶은 것은 취미로 한다.
	자녀 대학진학 후 부모 자세	자녀가 대학만 들어가면 부모책임은 끝났다고 생각한다.	– 자녀는 평생 투자하고 도와줘야 한다. – 사회진출을 위한 진로를 같이 고민한다.

'행복 가치자세' 16항과 비교해 봐도 연관성이 아주 높음을 알 수 있다. 다음은 그릇된 교육활동의 사례를 들어보자.

조금녀씨는 첫째는 초등학교 3학년 아들이고, 둘째는 초등학교 1학년 딸을 두고 신도시에 살았다. 이때 조금녀씨는 '신도시에서는 자녀를 명문대에 보내기 어렵다'는 친구의 말을 듣고, 첫째가 초등학고 3학년 때 살던 집을 팔고 강남에 전세를 얻어 이사를 했다. 6년 동안 남들만큼 사교육비를 들여 첫째 아들을 사립고교에 진학시켰다.

3년간 온 가족들은 열심히 노력하여 드디어 첫째가 스카이대를 갔는데 동네방네 다니며 우리 아들 스카이대 갔다고 자랑했다. 남들은 다들 부러운 눈으로 보았다. 이런 과정을 거쳐 둘째도 사립고를 나와 스카이대를 갔다. 남들은 이 가정을 선망의 눈으로 바라보았다.

그런데 대학을 입학하니, 그 과는 취직하기 어렵다는 이야기를 자주 듣게 되었다. '아냐, 스펙 쌓기를 잘하면 취업 관문을 충분히 뚫을 수 있어', '어차피 문과는 다 같은 거야'하고 열심히 또 스펙 쌓기를 하면서, 공무원 시험과 공사 시험을 준비했다. 드디어 스펙 8종 세트를 완성하고 공무원, 공사 시험을 보기 시작했다. 그런데 졸업할 때 되니 금융, 공사가 채용 인원을 확 줄여버렸다. 대기업도 이제는 더 이상 스펙을 안보고 전공 위주로 사원들을 채용하겠다고 선언해 버렸다. 지금까지 남들이 하는 대로 다 따라한 조금녀씨의 자녀들은 정작 취직해야 되는 열매를 맺는 상황에서 진퇴양난에 빠졌다.

남편은 나이가 들어 정년도 얼마 남지 않았고, 자녀 교육에 몰방하다 보니 모아놓은 재산도 없고 팔았던 집값은 올랐지만 차익은 얻지 못했고 집 팔아서 들어온 전세는 추가로 상당한 월세를 내게 되었고, 두 자녀를 결혼시키자니 결혼 비용도 만만찮게 들어갈 것 같고, 노후대비는 국민연금과 남편 퇴직금밖에 남지 않은 형편에 이르게 되었다.

앞의 사례를 보면 '교육활동 비교표'와 '행복 가치 자세표'를 비교하며, 문제가 무엇인지 분석할 수 있다. 위의 사례는 우리 주위에서 워낙 흔한 경우라 이야깃거리도 되지 못한다.

이런 안타까운 사례가 더 이상 나오지 않기 위해서 나는 이 책을 쓰게 되었다. 아무쪼록, 교육이 가정의 불행을 초래하지 않고, 행복의 동력이 되길 기원하며 이야기를 계속해갈까 한다.

행복프레임워크에서 취업의 의미

취업의 의미

행복 프레임워크에서의 교육의 의미는 크게 두 가지라고 언급하였다. 첫 번째가 '사회진출을 위한 준비 과정'이고 두 번째가 '독립 인격체로서의 성장과정'이라 하였다. 사회진출의 첫 단계는 대학 졸업과 취업에 의해서 이루어진다. 그럼 행복 프레임워크에서의 취업의 의미는 어떤 것이 있을까.

우리는 교육 문제를 생각할 때 반드시 사회진출 문제를 염두에 두고 접근할 수밖에 없다. 우리는 취업에 의해서 경제활동을 시작하며, 그 경제활동의 위치와 장소에 따라서 소득과 사회적 지위, 역할, 관계 등이 만들어진다. 그런데 우리는 한번 시작한 경제활동을 적어도 30년 이상 지속하여야 한다. 다시 공부를 위해서 교육기관으로 들어가거나, 실직에 의해서 쉬는 기간도 발생할 수 있겠지만, 아무튼 30년 이상 경제활동을 지속하여야 한다.

이 경제활동을 기반으로 결혼을 하여 자녀를 낳고, 거주지를 마련하며, 저축을 통한 재산 형성을 한다. 이렇게 가정과 자녀를 지키기 위하여, 재산 형성을 안정적이고 지속적으로 유지하기 위하여, 삶을 풍요롭게 하기 위하여, 그리하여 행복하기 위하여 우리는 경제활동 과정에서 더 올바른 '가치자세'를 필요로 한다.

우리의 경제활동 목표를 아래 7가지로 설정할 수 있다.

1. 좋은 직장 구하기

2. 좋은 직장 만들기

3. 좋은 관계 형성, 유지하기

4. 혁신 및 위기 관리하기

5. 재산 형성하기

6. 좋은 거주지 마련하기

7. 오래 직업 유지하기

또한, 아래와 같이 경제활동 자세를 정리할 수 있을 것이다.

1. 좋은 직장을 구하기 위해서는 사회 선호도가 높고 공급보다 수요가 많은 전공을 하고, 긍정적인 자세로 취업에 임한다.
2. 좋은 직장을 만들기 위해서는 현재 직장이 더 좋은 직장이 될 수 있다는 희망을 가지고 긍정적인 자세로 열심히 일한다.
3. 직장에서 좋은 관계를 형성하고 유지하기 위해서는 남의 탓을 하지 않고, 욕심을 버리고, 염치를 챙겨서 채권형 업보를 쌓아간다는 생각으로 생활한다.
4. 회사가 장기간 유지하기 위한 혁신과 위기관리에 참여하기 위해서는 착각에 빠지지 않겠다는 자세로 끊임없이 회사에 아이디어와 정보를 제공하고, 회사의 혁신 프로그램에 참여한다.
5, 6. 재산형성과 좋은 보금자리 마련을 위해서는 돈 앞에서 겸손하며, 장기적으로 가치 투자를 한다.
7. 오래 직업을 유지하기 위해서는 상황 판단을 잘하고, 위기관리를 잘하고, 고객과 동료에게 필요한 일을 잘하여, 관계를 잘 유지한다.

한국사회 개요

그러면 우리가 행복가치 활동을 하는 '한국'이라는 사회를 한번 살펴볼 필요가 있다. 누울 자리부터 먼저 살펴볼 필요가 있다. 우리는 어떤 국가, 사회, 시대에 살고 있으며. 가치 행동이 어떤 방향으로 이루어져야 할지 가늠할 수 있을 것이다. 정치, 경제, 사회, 문화적으로 많은 환경 요인들이 있지만, 일단은 누울 자리를 행복가치 활동 중에서 교육, 경제활동, 재산, 거주 중심으로 파악할 필요가 있다.

한국은 과학기술기반의 산업국가이다

한국은 전자, 화학, 기계, 철강, 건설 산업에 세계적인 경쟁력을 갖추고 있으며, 기계에서도 조선, 중기계, 자동차산업이 강하고, 상대적으로 항공 산업은 약하다. 전자산업은 수도권을 중심으로 발달해있고, 화공, 기계, 철강 산업은 포항에서 광양까지 동 · 남해 연안으로 발달해있고, 일부는 충청남도 중심으로 발달해 있다.

서울 중심의 교육 욕구가 강하다

첨부자료 #1의 〈표2〉를 보면 2014년 현재, 전국 4년제 대학정원은 35만 명 정도인데, 서울 소재 대학은 7만5천여 명으로 20%, 경기도 소재 대학을 포함하면 12만 명 정도로 전체 4년제 대학의 35%정도를 차지할 것이다. 반면, 대입 수험생은 65만여 명으로, 50%이상이 수도권에서 공부를 하고 있으며, 지방의 상위권 학생들도 상당수가 in서울대학을 지원하다 보니, 실제로 in경기 대입수험생이 in서울 대학을 갈 가능성은 10%, in경기가 20%정도 수준이 된다.

지방 학생들은 성적이 낮으면 서울 안가면 되는데, 수도권 거주 학생들은 성적이 낮으면 집을 떠나서 지방으로 내려가야 한다는 부담이 있다. 그만큼 in서울 또는 in경기에 남으려는 수도권 거주 대입수험생들과 in서울 대학으로 진학하려는 지방 대입수험생들의 입시 경쟁이 치열한 것이다.

저성장과 양극화로 근로소득 외는 재산 증식이 어려운 상황이다

은행이자 3%대, 실질 이율 0%대의 은행 이율로는 이자로 재산 증식을 하고, 노후 생활자금을 마련한다는 것은 불가능하다. 주가도 2011년 유럽 금융위기 이후로 계속 게걸음치고 있다. 이렇게 된 가장 큰 이유가 사회의 고령화와 양극화로 저성장이 고착화되고, 모두가 투자 의지를 상실한 때문이다.

한편, 집값은 안정되어 내 집 마련은 쉬워졌으나, 전세의 급상승과 월세 전환율이 높아, 내 집이 없는 사람들은 주거비 부담이 커지는 상황이다.

취업환경 분석

전공의 미스 매치, 지역의 미스 매치

이런 전체 환경에서 취업 환경을 살펴볼 필요가 있고, 그 취업 환경과 연계해서 교육과 진로문제를 살펴보아야 한다.

한국은 과학기술 기반의 산업 국가이다. 세계적인 경쟁력은 철강, 조선, 기계, 자동차, 화학, 전자, 건설 산업에서 나온다.

전체 취업 상황을 살펴보면 문과생들이 선호하는 공무원 2만 명, 공기업+금융+대기업 합쳐서 1만 명, 변호사, 회계사 등 문과 전문직 5천 명 정도 된다. 총 3만 5천 명 정도 된다. 그런데 공무원 중 교사가 3천 명, 9급과 경찰, 소방대원 등 특수직군이 1만 명 정도 되므로, 대졸이 선호하는 공무원은 5천 명 정도밖에 안되고, 그중 절반은 지방 공무원들이다. 따라서 수도권에 대졸 대우 공무원은 2~3천 명밖에 안 된다. 공기업, 은행은 채용 인원이 날로 줄어 2014년경에는 2천명도 안 된다. 대기업은 2014년 3월에 현대자동차가 선언했듯이 '문과는 공채로는 더 이상 뽑지 않겠다'고 했다. 그 파급효과가 다른 대기업에 얼마나 영향을 미칠지 미지수이다.

이과는 대기업 중심으로 3만 명, 교사, 공무원, 교수, 변리사 등을 포함하면 3만 5천 명, 의사 3천 명, 약사 2천 명 정도로, 대학생들이 선호하는 직업이나 직장이 4만 명 정도 된다.

그런데 속을 뜯어다 보면 상황이 아주 판이하다.

문과 취업시장을 살펴보면,

첫째, 문과의 취업 경쟁률은 이과에 비해서 월등히 높다. 수능 문과 지원자가 40만 명 정도, 이과 지원자가 25만 명 정도 된다. 이 말은 문과 선호 직업 3만 5천명으로 단순히 계산하면 10:1 정도 되지만, 하위직 공무원을 제외하면 20:1이 넘는다.

둘째, 문과는 특채가 거의 없고, 전공이 큰 의미가 없다. 문과 직종은 대부분 공정한 공채 방식을 택하고, 전공을 크게 따지지 않으며, 누구나 다 지원할 수 있다. 즉, 명문대 출신들에게 크게 유리한 것이 없다.

셋째, 문과는 취업 재수생들이 너무도 많다. 졸업생만 따지면 10:1~20:1이지만 취업 재수생까지 포함하면 경쟁률은 월등히 높아진다.

이과 취업시장을 살펴보면,

첫째, 전공에 의해서 진로가 절반이상 결정되며, 전공에 따라 취업률이 판이하게 다르다. 예를 들어 전자/전산계열은 in서울 대학 졸업자가 4천 명 정도인데, 삼성그룹이 채용하는 인원 5천 명의 60%, 3천 명 정도가 전자·전산계열이다. 그런 와중에 2014년도에는 '취업 깡패'라는 말이 유행했다. 전화기 즉, 전자, 화학, 기계를 일컫는 말인데, 요약하면 '2점대의 학점과 600점대의 토익점수로 대기업에 취직하는 취업 깡패'이다.

둘째, 기계, 화학 중심의 대형 사업장은 대부분 포항에서 광양(여수 포함)까지 영남지방에 대부분 몰려있다. 그래서 수도권 학생들은 취업에 있어서, 지방 기피가 일어난다.

셋째, 의학계열은 무조건 취업률 100%이다(보건, 의용공학 제외). 의사, 약사, 간호사는 자격증만 따면 무조건 취업된다. 그 직업 세계에서는 그들 간에 학력 차별이 있겠지만, 기본적으로 취업은 다 된다. 의사, 약사가 좋은 것은 모두가 다 아니까, 내가 여기서 새삼 다룰 필요가 없다.

노동시장의 환경 변화

90년대 초반, 내가 대학원에 재학 중일 때, '과학기술의 발달'이 노동시장에 어떤 영향을 미칠지 연구를 할 기회가 있었다. 그 당시에는 자동화와 전산화로 산업 현장의 숙련 노동자들이 단순 노동자가 되고, 따라서 일자리가 줄고 처우가 악화될 것이라고 우려하였다. 또한, 지식기반 산업이 발전하여 전산 인력과 정보와 콘텐츠를 생산하는 문과 인력이 늘어날 것이라는 전망을 했다.

그런데 전망은 정반대로 갔다. 제조업체들이 공장을 90년 이후 3만개나 중국으로 옮기고, 자동화와 전산화에 집중 투자했지만, 아직도 제조 현장에는 생산 인력이 부족하여 100만여 명의 외국인 인력이 일하고 있다. 전산화와 자동화는 문과인력에게는 직격탄을 날려 90년대에 비해서 제조업체는 관리 인력을 1/5로 줄였다.

또한, 80년대에는 1,500여만 명이던 경제활동 인구가 3,000만 명 이상으로 늘어나면서, 일자리 경쟁에 있어서 세대 간의 갈등도 일어나고 있는 상황이다. 즉, 같은 일자리를 놓고 20대 아들과 50대 아버지가 경쟁하는 현상도 발생하고 있다.

취업 환경은 다음 장에서 더 자세히 살펴보겠지만, 이런 고용시장과 산업 현장의 상황을 이해하지 않고, 내가 하고 싶은 전공을 선택했다가는 낭패를 볼 수 있다. 따라서 진학을 고민할 때에는 반드시 취업과 연계한 진로를 생각하야 하며, 고2 때 문·이과를 결정할 때 진로가 거의 50% 이상 결정되기 때문에 특히 조심하여야 한다.

앞에서 취업 환경 분석을 하면서, 전공의 미스매치와 지역의 미스 매치가 일어난다고 지적하였다. 이것들이 교육문제와 취업 문제를 동시에 해결해줄 단초를 제공할지 모른다. 그러면, 교육 환경을 분석해보자.

사교육 문제의 심각성

한국 사회에 사교육 문제가 왜 이렇게 심각해졌을까? 크게 세 가지이다.

첫 번째는 서울 학생들이 서울에 있는 대학에 입학하기 너무 힘들다는 점이다.
두 번째는 좋은 직장과 그렇지 않은 직장의 대우 차이가 너무 크고, 그 격차는 점점 벌어지고 있다는 점. 그래서 다들 좋은 직장에 가려 한다는 점이다.
세 번째는 이로 인하여 강남-외고-스카이의 삼각허구에 빠져있다는 점이다.
네 번째는 대입정책이 수시로 바뀐다는 점이다.

이 중에서도 삼각 허구가 가장 문제인데, 중산층들의 재산을 빨아들여 거덜 내고도 그 학생들을 취업이 보장되지 않는 상태로 사회에 배출한다는 점이다.

네 번째는 항상 명분은 '공교육 정상화'이다. 그리고 장기간 논란을 일으키다가 또 바뀐다. 기준은 명확하다. 그 제도를 공교육이 소화해낼 수 있으면 '공교육 정상화'이고 공교육이 소화할 수 없으면 무조건 '사교육 배불리기'이다. 이 부분은 전문가에게 물을 필요가 없다. 일선 교사들에게 물어봐서 공교육이 소화할 수 없다면 무조건 사교육 배불리기이다.

이런 정책, 제도에 따라가다가는 돈 잃고 시간 낭비한다. 서민들에게 대학입시는 명확하다. 국·영·수가 70%를 차지하고, 나머지는 가변적인데, 수학능력시험 중심으로 생각하고 준비하면 된다. 나머지는 허구일 가능성이 크다.

대학 정원의 변화

여기서 80년대와 비교할 필요가 있다. 80년대에는 서울대 6천5백 명, 연고대 1만 명 정도로 서·연·고대가 1만 6천 명 정도 되었다. 그런데 2014년 현재 서울대 3천 5백 명, 연·고대 9천 명 정도로 1만3천 명 정도로 줄었다. 문제는 서울대 정원이 3천 명씩이나 줄었다는데 있다. 그리고 서울대와 연·고대의 입시 전형이 다르기 때문에, 최상위권 학생들은 미리 서울대를 목표로 할 것인지 연·고대를 목표로 할 것인지를 결정해야 하고, 그러다 보니, 연·고대의 입학 가능 수능점수가 현격히 올랐다.

예를 들자면, 서울대는 탐구영역 2를 요구한다. 반면, 연·고대는 탐구영역에 같은 과목 지원을 금지한다. 서울대 연대 둘 다 지원하려면 물리1, 화학2를 지원하면 두 학교 지원이 가능하기 때문에 선택하여 지원하면 된다.

그 외, 서울대와 연·고대를 동시 지원하는데 장애는 아주 많다. 그러나 보니, 80년대에는 서울대와 연대 동일 학과 커트라인 차이가 20점 가까이 났는데, 지금은 원점수 기준으로 5점도 채 나지 않는다. 즉, 서울대가 정원을 절반으로 줄이고, 서울대와 연고대의 전형 방법이 다르다 보니, 연고대의 입학 문턱이 서울대만큼 높아져 버린 것이다.

그래도 이과는 나은 편이다. 80년대에는 서·연·고대 이과 정원 7천여 명에 한 의약대 정원 5천여 명으로 스카이급 정원이 1만 2천 명 정도 되었고, 2014년 현재 서·연·고대 이과 정원 5천 명 정도에 한국과기대, 광주과기대, 포항공대 4천여 명, 한의예과 3천여 명 정도로 1만 2천 명 정도로 80년대에 비해서 큰 차이가 없다. 반면 문과는 서·연·고대 7천여 명 정도에서 5천여 명으로 30% 가까이 줄었다.

첨부자료1의 〈표3〉~〈표4〉를 보면 이과에서 서·연·고한성의 정원은 1만 5천 명 정도(2014년도 입시에서 의예과 입학 정원이 대폭 늘었음)이고, 문과는 서·연·고 한성의 정원이 1만 명이 안 된다.

서·연·고·한·성을 포함한 in서울 대학정원은 이과는 3만 명 정도 된다.−카· 포·광·의가 포함되었기 때문임. 대신에 문과는 in서울대의 정원이 3만6천 명 정 도이다(예술계 제외). 반면 수험생은 문과는 40만 명, 이과는 25만 명이다. 이과는 12%(3등급)안에 들면 in서울 대학을 갈 수 있고, 문과는 9% 안에 들어야 in서울대를 갈 수 있다.

또한 문과는 대기업들이 선호하는 과가 상경계 정도이므로 70%정도는 기업에서 는 인기가 없다. 반면 이과는 전자, 기계, 화공은 수도권 및 지방 국립대로 선호한 다. 따라서 이과는 4만 명 정도(대입 지원자의 15%)는 좋은 직장을 구할 수 있다. 반 면에 문과는 2만 명 정도(대입 지원자의 5%) 만이 좋은 직장을 구할 수 있다.

왜 이런 현상이 일어났는가? 부모가 선호하는 대학의 과와 사회가 선호하는 대학 의 과 차이 때문이다.

교육 현장의 변화

70년대 본고사제도 80년대 학력고사제도와 현재 입시 제도를 대비해서 비교하는 것은 사실상 어렵다. 그렇지만 현재 사교육이 문제가 되는 핵심 부문만 짚어보려

한다.

첫 번째, 사교육비의 고가화. 7, 80년대에는 과외선생과 입시학원으로 이원화되어 있었다. 과외선생이 과목당 5만 원 정도라면 학원은 1만 원으로 5~10배의 가격 차가 있었다. 과외선생은 1:1 맞춤형 학습이고 입시학원은 명강사 중심으로 교실에 따라서는 200명이 넘은 학생이 강의를 들었다. 그리고 200명 수업에서도 학생이 열심히 하면 성적을 충분히 올릴 수 있었다. 교육에서 빈부의 차가 크게 날 이유가 없었다. 1:1로 해도 열심히 안하는 학생과 200명이 모인 강의에서도 열심히 하는 학생 간의 차이는 없었다.

두 번째, 대입 시험과목의 대폭 축소. 80년대에는 학력고사 과목이 10과목이 넘었다. 전 과목을 다 과외 할 수는 없는 것이고, 국·영·수 비중이 50% 정도였으므로, 국·영·수 중심으로 과외를 해도 나머지 과목을 공부를 안 하면 좋은 대학을 못 갔었다. 그리고 음악, 미술, 체육, 교련을 제외하고는 모든 과목이 학력고사 과목이었기 때문에 수업=시험대비였다. 그런데 지금은 국·영·수가 75%의 비중을 차지하고, 고3 교실에서 입시과목에 들어가지 않는 과목을 가르치고 있다. 지역이나 강사의 질에 따라 성적은 크게 난다.

세 번째, 전형 방법의 추상화. 80년대에는 학력고사와 내신으로만 평가하므로, 전형방법과 커트라인이 명백했다. 누구나 다 본인 스스로 열심히 하면 자신이 원하는 대학에 갈 수 있었고, 안전 지원을 하면 합격도 보장되었다. 대학 서열화의 비판 속에 수능 체제로 가면서는 전형방법이 추상화되면서 붙어도 왜 붙었는지, 떨어져도 왜 떨어졌는지 모르는 상황이 되었다. 그 과정에서 누가 이익을 보는지는 뻔한 상황이 되었다. 공부해야 하는 학생의 입장에서는 전형 방법에 신경을 쓸 수도 써서도 안 되는 상황이 되었다. 나머지는 학부모와 사교육의 몫이 되었다.

네 번째, 일반 인문계 고등학교의 하향 평준화. 7, 80년대에 대도시는 인문계 고등학교를 가려면 연합고사를 거쳐 50%정도가 걸러졌고, 걸러진 50%내에서 30%정도는 공부를 포기했고, 30%정도는 공부를 열심히 했다. 그 외 지역은 대부분 비평준화 지역이라 공립학교에서도 자신만 열심히 하면 원하는 대학에 갈 수 있었다.

지금은 대부분 지역이 평준화되었고, 50%이상이 공부에 뜻이 없는 학생들이 오다 보니, 고3 때 면학 분위기를 망치는데 결정적인 역할을 한다. 왜냐? 그 50%는 공부 안 해도 갈 대학이 너무 많기 때문이다.

선택의 폭이 적은 수도권 수험생들

지방에 학생들은
- 부모가 경제력이 되고, 학생이 공부를 잘하면 : 서울 유학
- 부모가 경제력이 부족하고, 학생이 공부를 잘하면 : 지방 국립대
- 부모가 경제력이 부족하고, 학생이 공부를 잘하지 못하면 : 지방 사립대로 선택의 여지가 있다.

그런데 서울 지역 학생들은 공부를 못하면 지방대학 가야하고, 지방에 가면 등록금뿐 아니라 주거비가 별도로 들기 때문에 교육비가 서울에서 공부하는 것보다 훨씬 많이 든다. 그런데도, 졸업하고 나서 취업이 잘 안된다고 생각하기 때문이다. 서울 학생들이 서울에 있는 대학에 들어가기 어려운 또 한 가지의 이유는 지방의 우수한 학생들이 대거 서울로 유학 오는 것도 한 요인이다. 지방 학생들이 서울로 유학 오는 만큼의 수가 서울 학생은 지방으로 가야하기 때문이다. 그러다 보니, 서울에서는 교육의 목표가 'in서울대학들에 입학하기'이다. 이러다 보니 사회의 수요를 가늠할 겨를이 없다.

또한, 서울 중심의 사고가 문제이다. 서울 사람들은 지방을 알려고 하지 않는다. 산업구조가 어떤지, 지역별 특성이 어떤지, 지방에 사는 것이 어떤지, 지방에 취직하는 것이 어떤지 등등의 각 지방마다 갖고 있는 고유의 특성들이 궁금하지 않다. 차라리 서울에서 제대로 대학가고, 취업하지 못할 것 같으면 차라리 외국을 선택한다. 미국, 유럽, 여의치 않으면 호주, 캐나다, 정 안되면 동남아나 중국으로 눈을 돌리고 말지 지방에서 공부하고, 지방에서 취업할 생각을 하지 않는다. 지방대 입학

은 '서울에서 밀려났다'고 생각하지, 지방에서 새로운 기회를 찾는다는 생각은 하지 않는다. 그리고 지방에서 대학을 나오더라도 취업은 서울에서 할 생각을 하지 지방에 정착할 생각을 하지 않는다.

이 글을 읽으면서 지방에 대해서도 다시 한 번 생각할 기회가 되었으면 좋겠다.

이공계 기피는 없었다

2000년대 후반 몇 명의 카이스트와 서울 공대학생들이 다시 시험을 봐서 의예과를 가는 것을 보고 언론에서는 '이공계 기피'를 대대적으로 보도하면서, 한국 과학기술자들의 처우나 근무환경에 대하여 비관적인 의견을 내놓았다. 주 내용은 하는 일에 비해서 제대로 대접을 못 받는다는 내용이었다.

그 결과로 많은 과학고 학생들이 의대로 지원하게 되었고, 이후 의ㆍ예고 정원을 대폭 축소하면서, 의학전문대학원(이하 의전) 정원을 늘리니 갑자기 생명공학과 인기가 치솟았다. 생명공학과가 의전에 입학하기 유리하다는 이유에서였다. 그리고 '이공계 기피' 유행을 타고 만 명 가까이가 사립고로 갔다. 더불어, 언론에서는 서ㆍ연ㆍ고 진학률, 고시, 전문직 자격증 등을 사립고 출신들이 휩쓴다는 보도를 내어 사립고 입시 바람을 부추겼다.

그런데 몇 가지 짚어볼 부분이 있다.

첫 번째, 최우수 인력이 의사되는 것이 당연하다.
두 번째 , 과학기술자들이 제대로 대접 못 받는 것이 아니다.
세 번째, 인력수요자들은 이공계를 기피하지 않았다.

첫 번째, 최우수 인력이 의사되는 것은 당연하다. 인간은 병원에서 태어나서, 병원에서 돌아간다. 의사는 인간의 생명을 다루는 직업이면서, 인간의 생로병사를 책임진다. 최근에는 뇌과학, 정신의학이 발달하면서, 인간의 희로애락도 상당부분 관여한다. 이만큼 숭고한 직업이 어디 있으랴? 특히, 요즈음 의사들은 의학뿐 아니라 전자·기계장비뿐 아니라 컴퓨터까지 잘 다루어야 한다. 의학뿐 아니라, 생물, 화학, 약학, 사람을 대하는 인문학적 소양까지 갖추어야 한다. 그만큼 많은 지식과 소양, 기술을 요구하는 직업을 최고의 인력이 하는 것은 당연하다. 의사가 이공계의 통합이며 꽃인데 이공계 인력이 의사되는 것이 어떻게 '이공계 기피'인가?

최상위 5천여 명이 의약사가 되어도 과학기술 발전에는 아무 이상 없다. 의대 가는 학생은 모든 과목을 전부 다 잘하는 학생들이고, 공대 가는 학생들 중에는 수학, 과학은 천재 수준으로 잘하면서, 국어, 영어를 못해서 오는 학생들도 많다. 한국의 전자, 조선, 철강 산업이 세계 최고 수준이 된 것이 최상위 학생들이 많이 된 것이 아니다. 부산대, 울산대, 경북대 출신들이 밀어주고, 유학파 우수 인력들이 끌어줘서 성과를 낸 것이다. 그리 걱정할 문제가 아니다.

두 번째, 과학기술자들이 제대로 대접 못 받는 것이 아니다. 과학기술자들이 제대로 대접을 못 받는다는 것은 의사, 변호사, 회계사나 금융기관 종사자들에 비해서 대접을 못 받는다는 의미이다. 그런데 변호사, 회계사는 문과에서 상위 1%에 들어야 될 수 있다. 10% 이상이 대기업에 갈 수 있는 이공계와는 비교 대상이 아니다. 또한, 이공계 2%는 의사, 약사, 변호사, 변리사, 기술사, 대학교수를 한다. 매년이 변호사, 회계사만큼 교수로 진입한다.

과학기술자가 일하는 만큼 대우를 못 받는다면 기술 없는 사람은 아예 대우를 못 받는다. 아예 취직 자체가 안 된다. 금융계 종사자들도 재직 중에는 과학기술자들보다 좋은 대우를 받지만 퇴직하는 순간 재직 중 소득의 1/3도 받기 어렵다.

세 번째, 인력수요자들은 이공계를 기피하지 않았다. 오히려 글로벌 기업들의 이공계 인력 수요는 늘었고, 기술에 대한 투자도 늘었고, 이들에 대한 처우도 많이 개선되었다.

사립고 가서 명문대 나와서 전문직, 대기업 못 간 사람들은 어떻게 되었나?

사립고교 학생들 중 중상위권 학생들은 대학 진학 때 서·연·고·한·성 비 상경계를 갈 것인가? 중위권 대학의 상경계를 갈 것인가를 심각하게 고민한다. 그래서 사립고교의 재수율이 50%가 넘는 것이다. 이과에 비해 학습량이 적은데다 인기학과의 정원까지 적으니, 서·연·고·한·성대의 경영학과는 수능 정시 커트라인이 오답 5이하이다. 학력고사 시절에는 다 전국 수석감이다.

그렇게, 명문대 인기학과를 가도 좋은 직장에 가려면 다시 다 시험을 봐야 한다. 학교, 학과가 직장을 보장해주지 못한다. 대입, 사회진출 시험을 다 통과해야 좋은 직업이나 직장에 들어갈 수 있다. 4만여 명의 이공계 좋은 직장보다 나은 직장이 5천개 가량, 비슷하거나 못한 직장이 1만 5천 개 정도 된다.

그러면, 사립고교 나와서 명문대 인기학과를 못간 문과 인력들은 어떻게 될까?

이공계 기피는 없었다. 사교육 혜택을 제대로 못 받아 대입에서 본연의 성적을 받지 못한 학생들이 이공계로 가서 열심히 공부하고, 취업해서 열심히 일한 사람들이 한국의 산업 경쟁력을 떠받치고 있는 것이다.

교육 전략

교육활동의 목표

앞에서 나는 교육의 의미는 첫 번째, 사회진출을 위한 준비 과정이다. 두 번째, 독립 인격체로서의 성장과정이라고 말하였다. 그러면, 행복 프레임워크에 있어서, 행복가치 교육활동의 목표는 무엇이 되어야 할 것인가?

첫 번째는 성공적인 사회진출을 위한 위치와 자세를 마련해주는 것이고, 그러면서 두 번째는 재산 가치를 지키는 것이다.

성공적인 사회진출이 좋은 직장에 취업하는 것이라고 정의하면, "어떻게 재산을 지키면서 자녀를 성공적으로 좋은 직장에 취업시킬 것이냐"라고 정리할 수 있다. 의외로 교육활동의 목표는 쉽다.

좋은 직장 정의

앞의 '좋은 직장'의 정의에 따라서 교육 활동의 방향과 과정이 달라진다. '좋은 직장'은

첫 번째, 정년까지 직업이 안정되면서,

두 번째, 일하는 만큼 보상을 받는 직장이 될 것이다.

그러기 위해서는 그 직장이

첫 번째, 국내에서 독점적인 위치에 있거나,

두 번째, 국제적으로 경쟁력이 있는 직장이 되어야 한다.

그런 직장에 들어가기 위한 교육활동의 전략을 살펴보자.

교육활동 전략

한국 사회 환경과 한국의 산업 구조를 살펴보면서, 한국은 인력의 수요 공급이 크게 편차가 발생한다는 것을 알 수 있을 것이다.

세상이 원하는 전공을 한다. 직업 중에 세상에 필요가 없는 직업이 어디 있을까만은, '공급에 비해서 수요가 많은 일', '직업의 진입 장벽이 높은 일'을 해야 한다. 좋은 직장이 요구하는 업무 수요 중에서 인력 구하기가 어려운 전공을 해야 한다.

진학보다 진로를 고민한다. 따라서 대학 전공은 사회 진출을 위한 준비 과정이고, 적성에 맞는 일은 사회에 나가서 좋은 직장에 들어가서 찾아가야 한다. 즉, 좋은 직장에 들어갈 준비를 한다. 앞에서 이야기한 국내적으로는 독점적인 위치에 있거나, 국제적으로 경쟁력이 있는 직장이어야 한다.

재수를 감안한 학습전략을 수립한다.

대학 진학을 고3 때 이루려하니 조급하고, 많은 무리가 따른다. 재수를 감안하면 학습 방향이 많이 달라진다. 특히, 이과 공부는 고2부터 고3까지의 2년 동안에 소화하기는 대부분 학생들에게 상당한 무리가 따른다.

교육에 임하는 부모의 자세

자녀는 부부의 관계에 의해서 태어난 생명체로서, 독립적인 개체이며, 인격체이다. 부모에게 자녀는 다른 사람들과는 특수한 관계로서, 서로 상호작용에 의해서 더 많은 베풂과 기쁨을 나눌 수 있는 관계이고, 상속을 통해서 대를 이어 더 발전시킬 수 있는 관계이다.

한편, 자녀도 사회의 구성원으로서 사회의 가치 있는 역할을 맡을 의무가 있는 것이고, 부모는 그 자녀들이 그 역할을 할 수 있게 도와줄 의무가 있다. 왜냐? 우리가 세상의 수많은 혜택과 권리를 누리고 있기 때문이다.

그렇다면 부모의 자녀에 대한 임무는 아래와 같이 한마디로 정의된다.

"자녀를 사회가 원하는 인재로 키우는 것"이다. 다시, 교육에 임하는 부모의 자세를 가치행동 자세에 적용하면 아래와 같은 자세로 정리가 된다.

- 취직되는 방향으로 진학을 생각하자.
- 자녀가 어떻게 성공적인 사회진출을 할 것인가를 고민하자.
- 엄마가 하는 지금의 노력이 아닐 수 있다고 생각하자.
- 명문대가 자녀의 장래를 보장해주는 것이 아니다. 스카이대가 아닐 수도 있다.
- 학원가에서 떠도는 이야기가 사회에서는 전혀 아닐 수가 있다.
- 한국 사회는 학벌로 먹고사는 사회가 아니고, 과학기술기반의 수출 산업으로 먹고사는 사회이다.

- 남들 하니까 나도 한다는 생각은 버려라. 재산을 날릴 수 있다.
- 자녀에게서 자신의 욕심을 채우려 하지마라.
- 공부는 학생 스스로 하는 것이다. 도와주고 관망하라. 조급하지 마라.
- 성적이 기대치에 못 미친다고 낙담하거나 자녀와 싸우지 마라. 항상 기회를 열
  어 둬라.
- 공부 좀 한다고, 좋은 학교 갔다고 남들 앞에 자랑하지 마라. 음덕이 날아간다.
- 돈으로 해결하려 하지 마라.
- 취업시장을 항상 파악하고, 진출 방향을 고민하라.
- 원하는 성적이 안 나왔을 때, 원하는 대학에 못 갔을 때를 대비하라.

불확실한 것은 없는 것이라 생각하라

이들 학부모의 자세 중에서도 '불확실한 것은 없는 것'이라는 점을 강조하고 싶
다. 부모들은 자녀의 교육 문제를 생각하면 불안해지고, 지푸라기라도 잡고 싶은
생각이 생긴다. 자신의 자녀가 뒤처지는 것 같고, 사소한 데이터나 소식에 귀를 세
우게 된다. 이런 불안한 마음 때문에, 착각에 빠지게 되고 요행수를 바라게 되고 무
리한 투자를 하게 된다.
그 대표적인 경우가
- 족집게 과외
- 수시 모집
- 점수에 맞추는 대입 지원 등이다.

이 경우들은 가치 행동 자세의
- 착각에 빠지지 말자.
- 누울 자리를 보고 다리를 뻗어라.

– 리스크를 관리하라.

세 가지 항목 위반이다. 수능에 임박해서 족집게 과외를 하면 성적이 오르려나? 이리저리 수시에 넣다보면 혹시 합격하지 않을까? 성적이 나오고 나서 학과보다는 대학 레벨을 보고 지원하기 등이다.

자녀 양육이 가장 위험한 자산이다

자녀는 부모에게 가장 소중한 자산이다. 반면, 자녀 양육은 가장 위험한 자산이다. 왜냐하면, 투자기간이 너무도 길어 적어도 20년 이상, 그 결과도 30년 이상 이후에 나온다. 그만큼 투자대비 결과가 불확실하다. 그런, 리스크가 큰 투자 대상에 집중 투자를 한다는 것은 매우 위험한 것이다. 특히 노후 대비 자금을 자녀 교육에 투입하는 것은 절대 말았으면 좋겠다. 본인 스스로 불행해질 뿐 아니라, 자녀에게 도 큰 누를 끼칠 수 있다.

교육에서의 부모의 역활

크게는 세 가지 방향제시, 동기부여, 기회제공이다.

첫 번째, 방향제시. 방향을 제대로 제시하려면, 사회에 대해서 잘 알아야 한다. 대학이 아니고, 자녀가 대학을 졸업하고 사회 진출하여 살아갈 세상에 대해서 알고, 고민해야 한다. 그것은 부모의 몫이고, 역할이고, 임무이다. 공부하는 학생이 10년, 20년 후의 세상을 어떻게 알고, 고민할 수 있을까?

특히, 이 부분은 아버지들이 많이 맡아줘야 한다. 맞벌이를 하지 않는 주부들은 사회생활을 제대로 안 해 봤기 때문에, 사회 생활하는 사람들도 별로 알지 못하고, 사회에 대한 정보도 지극히 제한되었다. 아버지들이 친구, 동문, 사회 관계자들 등 폭넓은 인맥으로 정보를 수집하여 고민하여야 한다.

두 번째, 동기부여. 방향 제시가 되어야 동기부여를 할 수 있다. 방향 제시가 되고, 목표가 설정되어야지 그 목표를 달성하기위한 동기부여와 행동 방법을 제시할 수 있다. 방향제시를 제대로 할 자신이 없다면 다음의 제시하는 방법을 따르면 된다.

세 번째, 기회제공. 기회제공에 있어서 가장 중요한 것은 자금력이다. 재수를 시키기 위해서도 돈이 필요하고, 약대를 가기 위한 약대시험(PEET) 시험을 보려 해도 돈이요, 석·박사과정을 밟는데도 돈이요, 고시 준비를 시키는데도 돈이요, 전공이 안 맞아 복수전공이나 대학 재입학을 하려해도 돈이다. 더불어 부모들이 노후대비도 되어있어야 한다.

그만큼, 부모의 역할은 어려운 것이다. 학군 따라 강남으로 이사 가고, 사교육비 들여서 사교육 남들만큼 시켜줬다고, 부모의 역할을 다했다고 생각하면 착각이다. 세상이 그리 호락호락하지 않다.

그러면 앞의 세 가지 주요 부모의 역할을 기반으로 하나씩 살펴보자.

사회가 원하는 대학전공 중에 선택하라

사회적인 수요가 가장 큰 대학 전공은 전자, 전산, 기계, 화공, 식공, 간호학과이다. 물론, 의대, 약대는 두말할 필요도 없다. 수요는 큰데 비해서 공급은 제한적이기 때문에 논할 필요가 없다.

6개 과 중에서 가장 적성에 맞지 않은 전공을 먼저 선택하여 제외하고 나머지 전공에서 자신에게 맞는 전공을 선택하는 것이 후회 없는 선택이 될 수 있다.

자녀의 적성은 잊어라

[에피소드 #2]을 참고해보자. 공대 출신들이 기술직만 근무하는 것이 아니다. 제조회사나 기술회사는 기획, 마케팅, 광고, 교육 등 모든 분야에서 공대출신들이 활동한다. 심지어 대표이사들도 대부분 공대출신들이다(첨부자료 #2 참조).

대부분 학생들은 '적성에 맞는 전공이나 직업을 선택하라'하면 자기 편한 대로 생각하는 경향이 강하다. 쉬워 보이면서, 재미있어 보이는 전공을 선택할 것이다. 세상에 쉬운 직업은 없다. 재미있어 보이는 일도 취미로 하면 재미있는데 직업으로 생각하면 하기 싫다.

우리가 흔히 말하는 판사, 검사, 의사 등 직업을 갖고 일하는 사람이 부럽게 느껴지지만 그들 역시 취미생활이 아니기 때문에 쉬운 일이 아니라고 한다.

위의 6개 전공에서 벗어난 전공을 택한다면, 그 직업이나, 그 전공으로 들어갈 수 있는 직장에 대해서 훨씬 구체적인 방안이나 목표를 제시할 수 있어야 한다. 그 내용이 타당하다면 그 목표를 향해 정진할 수 있게 도와줘야 한다.

한국 사회에서는 사회진출을 하면 적어도 30년 동안은 경제활동을 하여야 하는데 적성에 맞지 않는 직업도 괴롭지만, 대접받지 못하는 직업은 더 힘들다. 따라서 사회가 원하는 직업이나 직장에 들어가서 경제적인 안정을 만들고 장기적으로 자신에게 맞는, 적성에 맞는 업무를 찾아가야 한다.

로켓은 괘도에 진입하면 사용되지 않는다

대부분 학생들은 '적성에 맞는 전공이나 직업을 선택하라'하면 쉬워 보이면서, 재미있어 보이는 전공을 선택한다.

세상에 직업의 귀천이 어디 있고, 필요 없는 직업이 있을지 모르지만 문제는, 쉬워 보이고 재미있어 보이는 직업에 수요에 비해서 너무 많은 인력이 공급된다는 것이 문제이다. 반면, 전자, 기계, 화공은 아니다. 대학에서 전공하지 않으면 직업에 진입하기 어렵고, 전공공부 자체도 어렵다. 특히 2학년 때의 전공 기초 과목들이 대학에서 전공하지 않으면 습득하기 어렵다는 특성이 있다. 식품공학과 간호학과는 조금 경우가 다르다.

그런데 더 중요한 것은 전공공부를 열심히 해도 책에서 공부한 내용이 실무에서는 별로 쓰이지 않는다는 것이다. 즉, 전자공학을 전공해도, 반도체, 핸드폰, TV, 계측기, 로봇 등 다양한 세부 분야로 나뉘면서, 그 안에서 깊게 파고들게 된다. 대학에서 배운 것을 1/10정도밖에 활용하지 않는다. 그리고 미분방정식 이상의 고등 수학을 직무에 활용하는 경우는 전체 경제활동인구의 1% 정도밖에 되지 않는다. 경제활동 인구가 3천5백만 명이라면, 고등수학을 직무에 활용하는 사람은 35만 명도 안 된다.

인공위성을 괘도에 쏘아 올릴 때, 로켓은 인공위성을 괘도에 진입시키는 데에만 이용된다. 괘도에 진입한 인공위성은 용도에 따라 과학위성, 통신위성, 군사위성으로 사용된다. 거기에서는 센서기술, 영상기술, 통신기술 등이 활동된다. 그렇지만, 괘도에 올라가기 위해서는 액체연료나 고체연료를 이용한 로켓 추진체가 필요한 것이다. 위성괘도에서는 일부 소형 핵연료를 이용하지만, 대부분의 경우는 태양광 발전으로 에너지를 충당한다. 일부 로켓 기술을 괘도를 잡고, 수정하기 위해서 이용된다.

수학은 이공계에 진입하기 위한 로켓 추진체이다. 이공계 대학에 진입하고(1단계), 대학에서 전공과목을 이수하여(2단계), 사회에 진입하기 위한(3단계) 추진체이다.

그 이후에는 직무에 따라서 사용되는 수학의 수준이 다르다. 반도체, 자동차, 영상기기 등의 핵심 소재나 부품을 만드는 분야에서는 고등수학이 많이 쓰이지만 제품을 개발하고, 생산하는 데에는 훨씬 낮은 수준의 수학이 이용된다.

또한 대학 전공은 각 대학별로 50여 가지가 되지만, 글로벌 기업에서 직무는 종류가 200종이 넘는다. 적성에 맞는 직무는 거기에 가서 찾으면 된다.

3학에 속지 말라

한국의 학부모들은 3학에 속는다.

첫 번째, 명문대에 많이 보낸다는 학교
두 번째, 성적을 올려준다는 학원
세 번째, 이과가 적성에 안 맞는다는 학생

첫 번째는 사립고교나 강남 일반고, 국제고. 이전에는 사립고, 강남고가 명문대를 석권한다고 언론에 보도되었다. 그런데 최근에 언론에 공개되어 일부 실체가 드러났지만, 사립고, 강남고의 50%이상 이수한다. 사립고 입학 실력으로 그 정도 공부하고, 이과에 갔으면 원하는 대학을 가고도 남는다. 문과 명문대 5천 명, 이과 명문대 1만 2천 명, 이것이 현실이다.

두 번째는 스파르타식 소수정예 교육을 한다는 학원. 현재 일반고 이과에서 정상적인 학교 수업으로는 수능에서 좋은 점수-좋은 학교에 갈 수 있는 점수-를 받을 수 없는 교과과정이 짜져있다. 그런데 소수정예로 선행학습과 심화학습으로 학생 성적을 끌어올리겠다고 한다. 분명히 내신 성적에는 도움이 되고, 장기적으로는 좋은 대학에 들어가는데 도움은 된다. 그렇지만, 믿을 수준은 아니라는 것이다. 앞에 '교육현장의 변화'에서 언급을 했지만, 지금은 비강남지역 일반고를 졸업해서 자신이 원하는 대학에 가는 것은 사실상 불가능하다. '나의 자녀 진로지도' 편에서 사례를 들어 소개하겠다. 그렇지만, 공부에 대한 자신감-학교 등수는 유지해야 자신감을 잃지 않는다. -유지와 국 · 영 · 수 기본 학력 유지를 위해서 사교육은 필요하다. 그렇지만, 가정 형편이 어려워 힘들게 생활하면서 사교육을 시켜서는 안 된다. 자녀교육을 로또복권으로 생각하고 교육시켜서는 안 된다는 이야기다.

세 번째, 이과가 적성이 아니라는 학생. 대부분 수학이 싫어서 국어, 영어, 사회 과목 중심으로 공부하고, 수학을 등한시한다. 당연히 수학 성적은 떨어지고, 국어, 영어 성적이 오른 상태에서 학생은 부모에게 '자신은 이과 적성이 아니고 문과 적성'이라 한다. 성적표를 본 부모도 '그런가 보다'하고 문과 가는 것을 인정해버린다.

그런데 단언한다. 수학 못 하는 학생은 문과에서도 절대로 좋은 대학 못 간다. -강남은 제외, 거기서는 가는 방법이 있다.

결론적으로 자녀가 고3을 지날 동안에 교육에 재산을 날려서는 안 된다는 것이다. 지금 현재 입시 시스템으로는 웬만큼 돈을 쏟아 부어야만 12년 안에 원하는 대학, 학과에 입학하는 것은 사실상 불가능하다. 그래서 기회제공이 중요한 것이고, 그 기회제공을 위해서는 돈이 있어야 한다는 것이다.

승자의 저주

자녀를 둔 독자 여러분들이 자녀의 교육 게임에 20여 년을 보내고, 자녀들이 대학을 졸업한 후 1년 후 시점에 예상되는 결과를 아래 표의 8가지 결과 중에서 선택하고 '결과' 칸에 '행복', '다행', '불만', '불행' 중 하나의 답을 넣어보세요. 여기서 '재산을 못 지켰다'는 의미는 그때까지 '내 집 마련을 못했다', '담보대출을 다 갚지 못했다', '집 이외는 모아둔 재산이 없다.' 세 가지 의미로 해석할 수 있습니다.

표 4	진학, 취업, 재산 상관관계		
명문대	**좋은 직장에 취업**	**재산**	**결과**
갔는데	했는데	지켰다	(1)
		못지켰다	(2)
	못했는데	지켰다	(3)
		못지켰다	(4)
못갔는데	했는데	지켰다	(5)
		못지켰다	(6)
	못했는데	지켰다	(7)
		못지켰다	(8)

자녀를 둔 모든 독자는 표의 결과를 맞게 됩니다. 그 답은 대부분 넷 중 하나가 될 것입니다. 예상하는 답을

(1)로 선택하고, '행복'이라고 답한 사람도 있을 것이고 '다행'이라고 답한 사람도 있을 것이다.

(2)를 선택하고 '다행', '불만', '불행'이라고 답한 사람들이 있을 것입니다.

(3)을 선택하고 '다행', '불만', '불행'이라고 답한 사람들이 있을 것입니다.

(4)를 선택하고 '불만', '불행'이라고 답한 사람들이 있을 것입니다.

(5)를 선택하고 '행복', '다행'이라고 답한 사람들이 있을 것입니다.

(6)을 선택하고 '다행', '불만', '불행'이라고 답한 사람들이 있을 것입니다.

(7)을 선택하고 '다행', '불만', '불행'이라고 답한 사람들이 있을 것입니다.

(7)을 선택하고 '불만', '불행'이라고 답한 사람들이 있을 것입니다.

그 시기에 대부분 부모들은 50대 이후가 되었을 것이고, 부모의 노후대비 상태와 자녀의 사회진출 상태를 보면 어떤 경우가 필요조건이고, 어떤 경우가 충분조건인지 나올 것이다. 또한, 다시 그것을 만족시키기 위해서 노력하고 도전할 수 있는 상황인지, 그러지 못한 상황인지도 판단할 수 있을 것입니다.

그중에서도 특히 (4)번 경우를 '승자의 저주' 경우라고 할 수 있습니다. 적어도 그 '승자의 저주'에는 빠지지 말아야 할 것이다.

확실한 목표의식

이렇게 승자의 저주에 빠지지 않으면서, 일이 되는 방향으로 가려면 어떻게 해야 하겠는가. 바로 '목표의식'이다. [에피소드 #1] 똥밭의 귀신 편을 참고하기 바란다. 80년대에 있었던 유머인데 아직도 유효하다. 학생입장에서는 집에만 10분 안에 가면 된다. 집에 빨리 가기위해서 공동묘지 코스를 선택했다. 그런데 귀신을 만나니 귀신과 신경전을 벌이고 있다. 귀신이 뭐라 하든지 목표를 향해서 정진하면 된다. 물론, 상황 파악은 해야 한다. 발밑을 보면서 똥이 있는지 살피면 된다. 귀신과 실랑이할 이유가 없는 것이다.

고2 1학기 때까지 부모와 자녀가 자녀의 목표를 정하고, 합의를 하면 그것을 일관성 있게 지켜나가야 한다. 먼저, 학과가 정해지면, 해당 학과의 대학 서열이 정리되고, 현재 수준의 위치(내신 등급이 기준이 될 수 있음)가 정해지고, 적당히 부모와 자녀가 합의하여 진학 대학 학과를 정하면 된다. 그리고 그 기준을 중심으로 학부모와 자녀가 협의해서 정진하면 된다.

여기서 중요한 것 두 가지

첫 번째, 목표는 유일해야 한다. 목표가 시간이나 상황에 따라 바뀔 수는 있다. 그런데 목표가 두 개가 되어서는 안 된다. A학과 ㄱ대학을 가겠다면 그 목표를 향해 정진해야 한다. 'A학과나 B학과로 ㄱ대학이나 ㄴ대학을 목표로 공부 하겠다'하면 벌써 경우의 수가 4가지가 된다. 부모도 걱정하고 자녀도 걱정하다 보면, C학과가 추가되고, ㄷ대학이 추가된다. 부모와 자녀는 열심히 계산만 하게 되고 더 좋은 데가 없나 기웃기웃 생각만 많아진다. 고3 2학기 때 이 학교, 저 학교 수시에 넣고, 시험 치러 다니다 보면 학생의 정신세계는 딴 곳에 가있게 된다.

목표는 합의를 통해서 변경은 할 수 있다. 그렇지만 목표는 유일해야한다. 그래야 '정진'할 수 있다.

두 번째, 목표와 선택은 다르다. 목표를 향해 정진을 하다 보면 결과가 나온다. 선택은 그 결과에 따라 이루어지는 것이다. 점수가 목표만큼 나왔으면 목표했던 것을 선택하면 되는 것이고, 점수가 목표만큼 안 나왔으면 그 점수를 인정하고, 그 점수에 맞추어 대학을 지원하든지, 재수를 준비하면 되는 것이다.

그리고 선택의 순간에 배치표에 현혹되면 안 된다. 점수가 나오고 정시를 선택하는 순간 희망 학과의 희망대학이 점수가 좀 모자라고, 그 다음 레벨 학교의 점수가 남는 상황에서, 희망대학의 지원 학과를 편입이나 복수전공하면 되겠지 하는 생각으로 바꾸는 경우를 너무 많이 보았다. 그런데 절대 그런 착각에 빠지면 안 된다.

학생진로는 부모가 고민해야 한다

학생이 진로를 고민해서는 안 된다. 학생은 어떻게 공부할 것인가? 어떻게 성적을 올릴 것인가를 고민하면서 정진하면 된다. 학생의 진로는 학생이 고민한다고 되는 문제가 아니다. 노력의 결과인 점수로 하는 선택의 문제인 것이다.

대신에 학생의 진로는 부모가 고민해야 한다. 학생이 무엇을 알겠는가? 또 부분을 알아볼 시간 있으면 공부에 전념하는 것이 맞다. 그러려면 학부모는 열심히 정보를 수집, 분석하여야 한다. 입시 정보가 아니고, 취업정보나 기업정보, 직업정보 등을 알아 봐야 한다.

지금은 학생이 진로를 고민하고, 부모가 입시정보를 수집하는 모양새이다. 그러나 그 방법은 적절한 방법이 아니다. 학부모가 학생의 진로를 고민하고, 학생은 어떻게 공부 잘할 것인가만 고민하면 된다. 입시정보는 미리 수집할 이유도 없다. 수능을 보고나서 예상 수능성적이 나오면, 그 성적에 맞는 입시정보나 대학정보를 수집하면 된다.

한국은 생각보다 넓고, 할 일도 많다. 세상을 넓게 봐야 한다. 충청도에도 많은 기업이 있고, 행정복합도시가 만들어지면서 또 어떤 파급효과가 일어날지도 유심히 눈여겨봐야 한다. 경상남도에는 대기업 제조 사업장의 종업원 수는 수도권보다 더 많다. 사회 진출 할 때에는 지방, 특히 충청도, 경상도 지역도 염두에 두어야 한다.

서울에 뭐 먹을 것이 있는지 심각하게 고민해봐야 한다. 아닐 수 있다는 생각으로 사고 관성의 법칙에서 벗어나야 한다.

절대 컴퓨터는 자녀 방에 놓지 말고, 스마트폰은 사지주마라

이 두 가지를 지키지 않는 것은 자녀에게 '공부하지 마라'하는 것과 같은 말이다. 컴퓨터는 거실이나 서재 방에 있어야 한다. 공부방에 두면 안 된다. 스마트폰도 절대 사주면 안 된다. 청소년들의 '스마트폰 중독' 이야기를 하지 않더라도, 학생이 무슨 스마트폰이 필요한가?

나는 대입을 위한 공부를 해보았고, 컴퓨터를 30년 넘게 만지고 있다. 거의 한국 퍼스널 컴퓨터의 산 증인인 나의 입장에서 수능보기 전 공부방에 컴퓨터를 놓거나,

스마트폰을 사 준다는 것은 납득할 수 없는 사항이다.

　컴퓨터는 자녀들 공용으로 1대 사면되고, 한 컴퓨터에 사용자를 달리하면 된다. 개인 정보관리를 위해서는 UBS메모리나 SD카드를 사주면 되고, 거실이나, 서재, 여의치 않으면 주방에 두면 된다.

　자녀가 어떤 이유를 대더라도 컴퓨터를 공부방에 두면 안 되고, 스마트폰을 사주면 안 된다.

학습에 임하는 학생의 자세

한국 사회는 무슨 일을 하느냐보다 어디에서 일을 하느냐가 중요하다

뒤에 사회진출 편에서 이야기하겠지만, '내가 받고 싶은 만큼 받고 싶으면, 사회가 원하는 일을 하고, 내가 하고 싶은 일을 하고 싶으면, 내가 받고 싶은 만큼의 절반을 기대하라'

내가 하고 싶은 일은 대부분 남들도 하고 싶어 한다. 따라서 인력의 수요에 비해서 공급이 많아진다. 그러면, 그 일의 가치와는 관계없이 보수는 떨어진다.

그리고 동종 업계라도 1위 업체와 2위 업체의 처우는 큰 차이가 난다. 예정에는 '동종업계 평균임금'이라는 용어가 있었는데, 이제는 그 용어가 사용되지 않는다. 가능하면 업계 1위 업체에 들어가는 것이 좋다.

적성에 맞는 일은 취업 후에 찾아라

대학에는 50여 개의 전공이 있지만, 글로벌 대기업에는 200개 이상의 직무가 있다. 꼭 전자과 나왔다고 회로 설계하고, 생산 관리 하는 것이 아니다. 교육, 마케팅, 기획, 홍보, 인사, 총무, 자재 등, 무수히 많은 직무가 있다. 교육 업무를 교육학과 나온 사람들이 하는 것이 아니다. 마케팅을 경영학과 나온 사람들이 하는 것이 아니다. 연구개발을 제외한 업무는 거기에 있는 사람들이 하는 것이지, 관련 전공 출신자가 하는 것이 아니다. 따라서 본인이 원하는 회사에 들어가는 것이 중요하다. 그것이 대학 전공이고, 그 전공학과에 들어가기 위해서 수능을 잘 봐야하고, 거기서 가장 중요한 것은 수학이다.

로켓은 궤도에 진입하기 위한 도구이다.

수학은 좋은 직장에 가기 위한 도구이다.

진정 하고 싶은 것은 취미로 하라

인문학(사회, 역사, 지리, 문학 등)은 우리가 살아가면서 평생 하는 공부이다. 음악, 미술도 취미로 하면 된다. 인력 수요가 불확실한 공부를 전공으로 할 필요는 없다.

한국 사회에서 누구나 12년의 초·중등 교육을 받고 대학에 들어가서 2~10년의 공부를 하고 졸업하여 30년 이상의 경제활동을 하게 된다. 그런데 이 30년 경제활동의 질과 성과를 만드는 것은 대학에서 한 전공 공부와 그 전공공부로 진출한 사회의 처음 위치가 30년 경제활동에 결정적인 역할을 한다.

따라서 대학의 전공은 사회진출시의 사회적 위치를 잡기위한 공부이지, 자기만족을 위한 공부가 되어서는 안 된다.

진정하고 싶은 것은 취미로 하라. 음악(악기연주)을 전공한 사람과, 사회가 원하는 일을 좋은 대우를 받으면서 열심히 일하면서 취미로 음악(악기연주) 심도 깊게 한 사람이 30년 후에 공연 무대에 설 가능성이 어느 쪽이 높을까? 그리고 거기에 온 관객의 수와 수준은 어느 쪽이 높을까?

물론 음악 전공자는 사회진출 후에 많은 공연에 참여할 것이다. 그런데 30년 동안 지속할 수 있는 사람이 몇%나 될 것인가를 생각해야 한다. 미술도 마찬가지이다. 미술을 하거나 때론 전시회를 여는 데에는 많은 비용이 소요된다. 그것을 하는 데는 경제적인 능력과 사회적인 관계가 아주 중요한 것이다.

　요즈음은 직장 내에서나 사회적으로 전문가 수준의 동아리가 많고, 대부분 주5일 근무를 하므로, 자신이 하기에 따라서 자신이 하고 싶은 것은 얼마든지 할 수 있다. 따라서 진정하고 싶은 것은 취미로 하라.

이과 공부에 임하는 각오를 새롭게 하라

　고등학교에서의 이과공부는 힘들다. 특히 고2가 힘들다. 그런데 이공계대학 2학년은 더 힘들다. 수많은 리포트와 시험, 팀플레이 등

　고등학교에서 힘든 이과공부는 힘든 이공계 공부를 위한 예행연습이라고 생각하면 된다. 그만큼 힘들이 때문에, 기피하는 학생도 많다. 힘들게 공부한 이공계 선배들이 회사에 들어가서 열심히 일했기 때문에 과학기술이 세계 최고 수준으로 발전하면서 산업의 경쟁력도 같이 올라갔고, 그래서, 글로벌 기업의 대우는 20년 전보다 월등히 높아진 것이다.

대학입시 전략

이과를 진학하려고 결정하려는 순간 수많은 난관이 따른다. 이를 어떻게 극복할 것인가의 전략을 세우고, 극복하기 위한 노력을 하는 것이 대입 승패의 결과를 결정짓는다. 그것들을 정리해보자.

이과 대입 준비 방법

일반고 이과반에서는 수능 대상 과목을 1학년때에는 국어, 영어, 2학년때 수1, 수2, 과학, 3학년때 적분과통계, 기하와벡터를 배운다. 특히 2학년때에 수능에는 과학 2과목을 시험보지만 수업은 4과목을 다한다. 3학년때에는 서울대 가지 않으면 필요 없는 과학2 두과목을 배운다. 즉, 수능 해당 과목을 1학년때 2과목, 2학년때 8과목, 3학년때 6과목을 배운다. 2학년때 수능 과목이 8과목 집중되어 있다. 교과 과정대로 공부를 하면 고3때 낭패를 본다. 이것을 극복할 방법을 살펴보자

1. 고교 1학년 때 이과에 가겠다는 결정을 해야 한다.

고교 1학년 때는 국어, 영어를 제외하고는 이과 수능과 관련 있는 과목이 없다. 그리고 2학년부터는 수학, 과학의 큰 풍파가 닥쳐오기 때문에 1학년 때 국어, 영어

실력은 수능 수준으로 올려둬야 한다. 고2 때는 고1 때의 언어, 영어 성적을 유지하기도 어렵다.

2. 중3 때부터 집중적인 사교육 투자가 이루어져야 한다.

언어, 영어가 1년 해서 잡힐 과목이 아니기 때문에 늦어도 중3 때부터 국어, 영어에 집중적인 투자가 이루어져야 하고, 학생도 중학교 때에는 국어, 영어 공부에 집중해야 한다.

3. 고1 때까지 수리1은 끝내둬야 한다.

고2 때 수1과 수2를 동시에 배우고, 수2의 수준이 확 올라가기 때문에, 고1 때까지 수리1을 끝내놓고, 수2를 선행하지 않으면 이과 고2학년을 따라갈 수가 없다.

4. 고2 방학 때까지 적분통계, 기하벡터를 봐둬야 한다.

이과 수학은 수2 영역과 적분통계, 기하벡터 과목을 고3 개학 전에 어느 정도 올려놓지 않으면 따라가기 어렵다. 즉, 적분과통계, 기하벡터 진도를 나가면서, 수1, 수2도 같이 공부하고 시험을 봐야하기 때문에 수학 4과목의 체계와 개념을 잡아놓지 않으면 뒤죽박죽이 되어서 3학년 2학기부터는 수학 성적이 급강하한다.

5. 불확실한 것은 없다고 생각하라.

이렇게 이과 3학년은 수학이 머릿속에서 뒤섞이고, 언어, 영어도 집중을 못하고 모의고사를 볼수록 성적이 떨어지고, 시험 볼지 안 볼지도 모르는 탐구영역2 과목들을 듣다보면, 머릿속에 혼란이 오기 시작한다. 그러면 이제 수시를 기웃거리게 된다. 국 · 영 · 수탐 어느 과목 하나 제대로 잡히지 않은 상태에서 수시를 기웃거리기 시작하면, 3학년 첫 모의고사보다 수능 성적이 1등급 이상 떨어져서 나오는 것이 어떻게 보면 당연한 것이다.

뒤에서 이야기하겠지만, 이과 논술은 붙어도 왜 붙었는지 모르고, 떨어져도 왜 떨어졌는지 모르는 한국 최고의 모호한 시험이다. 수능 전에 이런 시험 쫓아 다니느라 떨어지는 성적 더 떨어뜨리지 말기 바란다. 이때 수시로 붙으려면 고3 첫 모의고사 등급보다 2등급 낮은 대학을 지원하면 가능하다. 수능 전 수시는 사립고, 강남, 재수생의 몫이다.

이과생에게 수능 전 수시는 없다고 생각하라.

이공계 대입은 수학이 결정짓는다

이과 입시생은 25만 명가량 되는데, 이과 수학 응시자는 15만 명이 되지 않는다. 공부가 어려운 반면 등급 따기는 어렵다. 그런데 이면을 보면 이야기가 달라진다. 15만 명의 4%(과목별 1등급 비율)는 6천 명밖에 되지 않는다. 언어/외국어 1등급이 2만 5천 명에 비하면 희귀한 수준이다. 앞에서 나는 이과에서 좋은 대학의 정원이 약 1만 2천 명 가량 된다고 했다. 수리 1등급학생수가 좋은 대학 정원의 절반밖에 되지 않는다. 1~2등급을 합쳐도 1만 6천명밖에 되지 않는다. 의 · 서 · 연 · 고 · 한 · 성 · 포까지 정원 합친 숫자밖에 되지 않는다.

또한, 이과에서 문과 전향은 탐구 2과목만 추가로 공부하면 되므로 쉽지만, 재수하면서 문과에서 이과로 전향은 거의 불가능하다. 즉 이과 진입장벽이 월등히 높다는 의미이다.

그런데 수학의 중요성은 이과에만 국한된 것이 아니다. 수학이 안 된다는 학생들이 문과로 많이 가는데, 영어, 국어는 문과에서 잘하는 학생이 너무 많다. 문과 40만 명 중 4%는 1만 6천 명인데, in서울대학의 문과 정원과 비슷하다. 문과에서는 수학을 2등급 받고, 전과목 다 1등급을 받아도 in서울대학 들어가기 어렵다.

어차피 문과나 이과나 입학대학 과를 수학이 결정짓는다면, 이과에서 힘껏 부딪혀 보는 것이 낫다. 재수하면서 문과로 전향하기도 훨씬 쉽기 때문이다.

이공계 대입에서는 언어, 영어도 잘해야 한다

이과 수학은 이과생들만 보지만, 언어, 영어는 문·이과생이 같이 시험을 보고, 같이 수능 등급이 계산된다. 수학, 탐구영역에서의 학습 부담이 훨씬 적은 문과생들이 언어, 영어 공부할 시간이 훨씬 많기 때문에 언어, 영어의 등급이 잘 나오는 것은 당연하다. 그만큼 이과생들은 언어, 영어 공부하기가 어렵다는 의미이다. 특히 언어문제는 틀려도 왜 틀렸지, 내가 뭘 모르는지 모르는 경우가 많다. 언어영역 포기하는 학생이 이과 반에서 속출하는 이유도 이 때문이다.

그러나 언어, 영어의 장벽도 극복해야 한다. 그만큼 중학교부터 고1까지 언어, 영어 실력을 올려둬야 한다는 의미이다.

문제는 비용이다

1학년때까지 언어, 외국어를 잡아야 하고, 2학년때는 수리, 과학탐구 과목을 잡아야하고, 3학년때는 기하와벡터, 적분과통계 과목을 잡으려면 적어도 중2때부터는 집중적인 사교육이 이루어져야 한다. 그리고, 그만한 비용을 들이고도 원하는 대학에 들어갈 수 있다는 보장이 없다.

왜냐하면, 일반 고교에서는 1학년때는 이과 수능에 해당하는 과목이 언어, 외국어밖에 없고, 2학년때 수학1, 수학2, 과학 과목이 다 몰려있다. 그리고, 3학년에는 서울대 가지않으면 필요없는 탐구영역 2과목을 배운다.

사립고에서는 1학년때부터 수학1과 이과 지망하는 학생들은 과학 과목을 배우는 것과는 큰 차이가 발생한다. 뒤에서 이야기하겠지만, 일반고의 고3 교실 분위기도 대입 준비에는 아주 좋지 않다.

그래서 어쩌라고?

수학도 못하고 집안 경제 형편도 넉넉하지 않으면 그럼 이공계를 가면 안되는가?

그 반대이다. 공부를 못할수록, 집에 돈이 없을수록 기술을 가져야 한다. '공부도 못하는 사람이 기술도 없으면 이 험한 한국사회에서 어떻게 행복하게 살아갈 수 있겠는까?

다행히 걱정할 필요가 없다. 한국은 의료시스템과 함께, 교육시스템이 아주 잘 갖추어져 있다. 가진 자를 위한 교육시스템뿐 아니라, 갖지 못한 자를 위한 교육시스템도 잘 갖추어져 있다. 아래 교육 기관으로 해결할 수 있다.

여기서 주의할 사항은, 많은 지방 4년제 대학들이 문과 수학(이전의 수리 나형 또는 수리 A형) 수험생을 받아주는 대학도 있지만, 이런 대학은 잘 뜯어봐야 한다. 이과 수학을 포기한다는 말은 이과의 기득권을 포기한다는 의미인데, 문과 수학을 받아주는 대학, 과는 기업에서 별로 인정을 못 받는다. 왜 그러냐면, 실무중심의 산학협력 전문대나 폴리텍보다 실무 교육은 떨어지고, 이과 수학을 요구하는 대학보다 이론 교육도 떨어지는 어중간한 교육을 할 가능성이 크기 때문이다.

첫 번째, 학교에서 성적은 좋은데, 수능은 기대에 못 미치고, 재수할 입장이 안된다면, 지방 국립대를 가면 된다. 단, 기업 선호학과라야 한다.

두 번째, 마이스터고에 진학하는 방법이다. 우수 인력이 모이지만, 실무 중심 교육이기 때문에 수학 과목은 인문계 이과만큼 수준이 높지 않다.

세 번째, 전문대에 진학하는 방법이다. 산학협력이 잘 되어있는 전문대는 대기업 취업률이 상당히 높다. 반면, 여기도 실무중심 교육이기 때문에 고등수학을 필요로 하지 않는다.

네 번째, 폴리텍대학에 진학하는 방법이다. 폴리텍대학은 산업체 근무자 중심의 프로그램을 운영하고 있으므로, 실무 중심이다. 취업률도 상당히 높다. 게다가 전국 주요 도시 곳곳에 설립되어 있으므로 학생들에게 접근성도 높은 편이다.

지방국립대

지방 국립대는 등록금이 쌀 뿐 아니라, 기숙사비도 싸기 때문에 학비가 집에서 대학을 다니는 것과 비슷하거나 적게 소요된다.

또한, 장학금도 많아 서울 사립대들보다 장학금 받기도 수월하다.

또한, 과외 아르바이트도 수월하다. 수도권에서 영어 과목은 대학생 알바는 거의 불가능하며, 수학, 과학 과목도 서·연·고·한·성 이상 가야 할 수 있지만, 지방에서는 국립대면 과외 교사하기도 쉽다.

취업도 지방 공무원, 교사 등의 지방직 공무원도 쉽고, 대기업에 지역 할당 원칙이 있기 때문에 기업 선호학과는 대기업 취업하기도 쉽다.

마이스터고

이명박 정부가 한 것 중에 잘한 것 한 가지가 마이스터고 만든 것이고, 못한 것 중에 하나가 자율형 사립고를 만든 것이다. 마이스터고를 만든 것이 잘한 이유는 인력 수요와 공급의 기준을 만들어준 것이다.

대기업도 어차피 전문대졸 출신, 공고 출신을 채용해야 한다. 특히 제조업체에서는 기능직들이 필수이다. 그런데 인문계고가 변별력이 없어지고 모두 인문계고로 진학을 하려 하니 기능직 인력을 채용해야 하는 기업의 입장에서는 난감한 상황이 발생한 것이다.

여기에서 정부가 기준을 정해줬다. 공부는 잘하는데 대학갈 형편이 안 되는 사람은 학위보다는 기술로 승부로 보고 싶은 학생들은 마이스터고로 가라. 기업에는 '마이스터고에 인재들 모아놓았으니 필요한 인재가 있으면 여기서 채용해서 쓸 것이다.' 수요와 공급 채널을 맞춰준 것이다.

대기업이 명문대를 나온 대졸자만 채용하는 조직이 아니다. 공사들이 10년 전에 학력 차별을 철폐한다고 고졸/전문대졸/대졸 채용 채널을 통일했다가 고졸, 전문대졸들이 공사 입사가 불가능해진 경우와는 대조적이다.

그나마 대기업에서는 고졸, 전문대졸자들에게 취업문이 열려 있는 분야에 대졸자들이 가지 않으려 하는 직무가 많기 때문이다. 대부분 대기업들에서 고졸/전문대졸들이 승진에는 어느 정도 제약이 있지만, 보수나 처우에 있어서는 어떤 면에서는 대졸자보다 나은 경우가 많다.

따라서 나는 감히 단언한다. '어중간한 대학 나와서 어중간한 중소기업가는 것보다는 제대로 된 공고나 전문대 나와서 고졸이나 전문대졸로 대기업에 입사하는 것이 훨씬 낫다고'. 뒤의 '나의 진로지도'편을 참고 바란다.

특성화 전문대학

2014년 현재 우리나라에 전문대학은 140여 개가 된다. 워낙 4년제 대학을 선호하는 수능 입시생들에게 전문대학은 선호도가 낮다. 그래서 기업들 입장에서도 난감한 상황이 발생한다. 고졸자와 마찬가지로 전문대졸자도 기업에서 많이 필요한데, 마땅한 기준이 없어 난감해했다. 그래서 기업들은 사업장 인근의 전문대와 '산학협력제휴'를 통해서 인력 공급을 활성화하는 상황이다. 기업이 해당 전문대의 전 학과에 대해서 제휴를 하는 것이 아니고, 그 기업에 필요한 학과에 장비와 경비를 지원해주고, 교육 프로그램을 기업의 용도에 맞추어서 개발하여, 해당 교육을 잘 이수한 학생들을 우선 채용하는 방식이다.

이 방식으로 대기업들이 전문대졸 출신들을 많이 선발한다. 그런데 이것은 잘 살펴봐야 하는 것이 기업들이 거의 과 단위로 제휴를 하기 때문에, 특정 학교가 특정 대학과 산학협력을 한다고 해서 전 과가 다 해당하는 것은 아니다. 따라서 전문대학도 잘 살펴보면 대기업 취업률이 높은 대학이 상당수 있다.

폴리텍대학

전국 단위의 규모를 갖춘 폴리텍 대학이 있다. 여기는 실무중심 대학이기 때문에 취업률도 아주 높다.

정리해서 말하면, 한국 사회에서는 공부를 잘하든, 못하든, 집에 돈이 있든, 없든, 기술을 배워서 열심히 살려는 사람에게는 얼마든지 길이 있다. 기술 기반의 산업국가에서 기술을 배우려 하지 않으니 온갖 문제가 생기는 것이다.

이공계 대학에는 연구중심 대학과 실무중심 대학이 있다. 연구중심 대학에 가려면 돈도 많이 들고, 공부도 잘해야 한다. 그러지 못하면 차라리 실무중심 대학에 가면 된다. 이도, 저도 아닌 대학에 기업에서 취업자리가 적은 학과에 가면 한국 사회에서는 살아가기 힘들다.

연구 중심이냐 실무 중심이냐를 가정형편과 학생의 능력을 기준으로 올바르게 판단하면 한국에서 행복하게 살아가는 데는 아무 문제없다.

지방 국립대를 재조명한다

지방은 철저히 지방 국립대 중심이다. 지역 공무원, 교사 등의 직업은 특히 더하고, 대기업들도 지방 국립대를 선호한다. 왜 그러냐면, 대기업들도 나름 내부적으로 지역 안배 원칙이 있다. 무조건 서울 명문대 인력만 채용하는 것이 아니다. 지방 인력을 채용하려 하니 국립대가 최우선이다. 대기업의 지방 사업장은 특히 더 그렇다. 그 이유는 크게 두 가지,

첫 번째, 지방 국립대 학생들이 지역 기업에 대한 충성도가 높다. 그 지역에서는 자부심도 강하다.

두 번째, 지방 국립대에도 우수학생들이 많다. 가정 형편이 안 되든지 본인 스스로 서울 올라가기 싫어서 지방 국립대에 진학한 학생들이 많다. 그 학생들은 서울

중상위 대학 학생들보다 더 우수하다. 같은 점수의 서울 고등학생과 지방 고등학생을 비교하면, 지방 학생이 더 우수하다. 좋은 환경에서 공부한 서울 학생과 환경과 정보가 약한 지방학생이 같은 점수를 받았다면 당연히 지방학생이 능력은 더 있다.

서울대 공업화학과를 나온 친구가 수도권을 전전하다, 40세가 넘어서 거제도에 있는 삼성중공업에 취업했는데 두 가지에 크게 놀랐다고 한다.

첫 번째, 부경대, 동아대 출신들이 많은 것에 놀랐고

두 번째, 그 회사 근무자들이 수도권에 집을 많이 가지고 있는 것에 놀랐다고 한다.

첫 번째는 수도권 학생들이 거제도로 잘 내려오지 않고 내려와도 오래 못 버티다 보니 지방대 학생들은 선호하는데, 그중에서도 부경대, 동아대가 우수하다는 의미이다. 두 번째는 거제도는 은퇴 후에 떠날 가능성도 크고, 투자 가치가 없다고 생각하는 동시에, 경제적인 여유가 많다 보니 서울이나 수도권에 집들을 많이 산다는 것이다. 물론, 서울-거제도간 주말 부부하는 가정도 많다고 한다.

특히, 경남과 충청도가 특이한 경우이다. 경남은 포항에서 광양-여수까지 대단위 산업 단지가 조성되어 있고, 대기업의 대규모 사업장들이 많다 보니 공대 수요가 많다. 특히, 기계, 화공과의 수요가 아주 많은 지역이다. 반면, 기업이 선호하는 대학은 부산대, 부경대, 경상대, 창원대 등 국립대와 울산대, 동아대 등의 사립대를 선호한다. 이들 학교의 기계과나 화공과를 나오면 경남 지역 대기업에 취업하고도 남는다. 특히, 울산대는 현대 재단이라 현대자동차나 현대중공업에 들어갈 가능성이 높다.

충청도는 청주에 대기업이 가장 많고, 대전에 일부 있다. 충청도는 특이하게, 경기도를 제외하고는 서울의 지방 캠퍼스가 가장 많은데, 고려대 서창, 건국대 충주, 홍익대 천안, 단국대 천안 캠퍼스 등이 있다. 이들 캠퍼스는 주로 수도권 학생들이 입학한다. 반면, 충남대나 충북대는 그 지방 학생들이 주로 간다. 그러다 보니, 일부 대학은 지방 캠퍼스가 지방 국립대보다 점수가 높은데, 지역의 교사나 공무원은 물론, 대기업 취업조차도 충남대, 충북대 학생들이 많이 한다. 충청권은 우수학생이 서울, 충청도 캠퍼스, 카이스트로 분산되기 때문에 타 지역에 비해서 국립대 입학하기가 수월하다.

지방 캠퍼스에 지역에 대한 애정 없이 갔다가는 지방에서도 환영 못 받고, 수도권에서도 환영 못 받는 사태가 발생한다. 따라서 지방 캠퍼스를 갈 때에는 신중하게 생각해야 한다. 다시 취업을 서울에서 할 것인지, 그 지방에 정착할 것인지를 결정해야 한다.

부산대는 수도권 출신들이 거의 없는데, 부산대 인기학과 갈 성적이면 서울의 중위권대학 진학이 가능하다. 그러다 보니, 부산대에는 서울 출신들이 거의 없다. 한편으로는 서울 중위권대학 나와서 서울에서 사느냐? 부산대 인기학과 나와서 경남지방에 대기업에 취직해서 사느냐? 는 또 진지하게 생각할 필요가 있다. 삶의 질 차이가 워낙 많이 나기 때문이다.

물론 지방 국립대라도 일부 공대 인기학과를 제외하고는 수도권 비 인기학과보다 훨씬 열악하다. 영어나 자격증, 취업 준비를 위한 사교육 환경도 안 좋고, 정보도 부족하고, 지방대 출신 학생들의 취업은 수도권 출신 학생들에 비해 상대적으로 훨씬 어려운 형편이다. 그래서 서울학생이 지방에서 공무원, 교사가 안 되면 아주 막막한 상황이 발생한다. 그래서 지방의 국립대를 가려면 그 지역에 발달된 산업의 수요가 높은 과를 가야 한다.

특히, 부산대는 70년대부터 엄청난 수의 기계계열 인력을 배출하여 전국 각지에 깔아뒀기 때문에 부산·경남지역에서 기계 엔지니어들은 부산대 기계과가 한양대 기계과와 동급으로 생각한다. 인원수가 많고, 그동안 이룬 성과가 워낙 크기 때문에 타 대학들이 거기에 이의를 제기 할 수도 없다. 기계계열 대형 사업장도 대부분 경남에 있고…. 따라서 기계계열을 지망하고, 경남에 있는 대기업에 취업하기를 희망하는 학생이라면 부산대를 알아볼 필요가 있다. 부모가 그런 부분을 알아보면 된다. 학생은 공부 자체에 몰두해야 한다.

여학생에게 전화기는?

나는 딸이 고3 때 식공과를 줄줄이 떨어지자 전문대 전자과를 지원하게 했다. 재수하고 대입 지원할 때에도 '다'군에는 전자과를 지원하게 했다. 그리고 식공에 추가 모집으로 합격하였을 때에도 전자과 가라고 차마 말은 못했다.

하지만, 생각해보아야 한다. 앞에서 전화기를 '취업 깡패'라 하였다. 이들 산업은 주로 지방에 있는데, 이 지방 사업장에는 여직원들이 별로 없다. 남성들의 여성들에 대한 외모 판단 기준도 아주 낮다. 테헤란로 직원들과 연봉이 비슷하다면, 눈높이는 1/3~1/5 수준이다. 웬만큼 성격이 나쁘지 않으면 3년 이상을 솔로로 보내기도 거의 불가능하다. 10번 찍어 안 넘어가는 나무 없다하는데, 그 수많은 남성들의 수많은 도끼질을 견뎌낼 능력이 있는 여성은 극소수다. 단, 성격이 너무 나쁘면 도끼질해오는 남자가 별로 없을 것이다. 그만큼 지방의 대형 사업장에 취업하면, 검증된 남성과 결혼할 가능성이 높아진다.

이렇게 결혼해서 대기업에서 맞벌이를 하면 지방에서 귀족으로 살 수 있다. 3년 이내에 내 집 마련하고, 이후에는 5년에 한 채씩 서울에 아파트를 살 수 있다. 외벌이를 하면 귀족은 못되더라도 누리면서는 살 수 있다. 거제도 조선 사업장 직원들이 수도권에 부동산을 많이 보유한 이유가 이런 것이다.

호랑이를 잡으려면 호랑이 굴에 가라. 대기업 직원과 결혼하려면 대기업에 들어가는 것이 제일 빠르고, 의사와 결혼하고 싶으면 의사가 되는 것이 제일 빠르다.

고교에서의 대학입시 준비

일반고 고3 교실의 분위기

일반고 이과 반에서 고3 때 수능을 앞두고, 학습 분위기가 흐려지고, 고고 내신대비 수능 등급이 평균 1등급 이상 내려가는 이유는 아래 5가지이다.

1. 기하와 벡터, 적분과 통계에서 멘붕이 온다.
- 고2 때 수2, 과학탐구 영역의 폭풍을 뚫고 나오니, 고3 때 기하와 벡터와 적분과 통계 과목이 앞을 가로막고 있다. 이전에 학원에서 예습을 해도, 수능 모의고사 실전 문제에 부딪히면 많은 학생들이 좌절하게 된다. 또한, 탐구영역2 과목들이 수능을 몇 달 앞두고 학생들 앞에 출현하게 된다.

2. 수능에 전혀 관계없는 과목이 수업시간에 다수가 있다.
- 수능은 언 · 수 · 외 · 과2 5과목으로 구성되는데, 수능과 전혀 관계없는 과목을 일반고 고3 교실에서는 해야 한다. 많은 교사가 자습으로 대체하는데, 학생들이 조용히, 성실하게 학습에 임하지 않아 자습 분위기가 아주 좋지 않다.

3. 언어영역 포기학생, 영어 포기학생들이 속출한다.

- 고1 때까지 언어, 외국어를 제대로 준비하지 않아 이과 반에서는 대량의 언포 학생, 영포학생이 발생한다. 수학은 이과 수학(이전의 수리가형 또는 수리B형)이 자신 없는 학생들은 이과 수학의 기득권을 포기하고 문과수학으로 돌려버리면 수포는 포기할 수 있다. 그런데 언포학생, 수포학생, 언포학생, 영포 상태에서 수능에 맞닥뜨리게 된다.

4. 일반고에서 절반 이상이 수능을 포기한다.
- 수능을 못 봐도 갈 수 있는 대학이 너무 많다. 찍기만 해도 못가는 대학보다 갈 수 있는 대학이 더 많다. 이 말은 공부 안 해도 갈 수 있는 대학이 너무 많기 때문에 굳이 열심히 공부할 필요가 없다는 것이다. 대학 진학을 포기하는 것과는 차원이 다른 문제이다. 대학 진학을 포기하면 다른 진로를 고민하게 되는데, 수능을 포기하고 대학을 갈 생각을 하기 때문에, 부모 등골 빼먹을 예약을 하는 것이다.

5. 수시 준비로 전체 학습 분위기가 흩트려진다.
- 수능이 자신 없으니까 이제 3학년 2학기부터는 수시를 기웃거리게 된다. 참고로 일반고에서는 내신을 기준으로 2등급을 낮추면 수시로 대학을 갈 수 있다. 즉, 일반고 이과에서 1등급 학생은 수능 3등급 수준의 대학에 수시로 입학할 수 있다. 내신 2등급 학생은 수시로도 in서울대는 못 간다. 이렇게 미리 수시로 붙은 학생이 나오면 그들을 중심으로 고3 분위기는 본격적으로 흐려진다.

고교, 어디로 갈 것인가? 공립, 사립, 강남/목동

일반고의 고3 분위기가 이렇다면 먼저 고등학교 진학을 어떻게 해야 할 것인가를 고민해야 한다.

1. 일반고를 가서 바로 대학 진학을 할 것인가?
2. 일반고를 가서 재수해서 대학 진학을 할 것인가?
3. 지원형 사립고에 가서 대학 진학을 할 것인가?

를 고민해야 한다. 여기서, 가장 중요한 것은 부모의 경제력이다. 다행히 보모의 직장이 학비를 무상으로 지원해주는 회사라면 고민할 필요가 없다. 그렇지 못하고 부모의 자비로 자녀를 고등학교 보내야 한다면 경제력이 최우선이다.

자녀 교육비 = 공교육비 + 사교육비 + 학습 활동비

로 구성되는데, 이과를 지망하는 학생이라면 초5~고1까지는 영어/언어 사교육에 많은 비용이 소요되고, 고2 때는 수학, 과학 사교육에 많은 비용이 소요된다. 거기에다 사립고고 경우에는 등록금이 일반고의 3배 이상이고, 기숙사로 들어가야 한다면 기숙사 비용도 큰 부담이다.

반드시 한번 만에 대학을 간다는 보장도 없고, 재수할 가능성도 감안을 해야 하고, 대학도 들어간다고 끝은 아니다. 영어 교육을 위한 비용, 취업을 위한 학원비, 계절학기 수강료 등 고등학교 학부모로서는 생각지도 않던 비용이 들어간다. 그 뒤 결혼비용, 노비 대비 자금까지 생각하면 자녀의 고교 진학부터 어디로 갈 것인가를 심각하게 고민해야 한다.

일반고에서의 학습 방법

일단, 이과를 가려면 고1 때에 외국어, 언어 영역을 원하는 수준으로 올려놓아야 한다. 그렇지 않으면 고2 올라갈 때 재수를 생각해야 한다.

일반고 1학년 때, 수능과 관련된 과목은 외국어와 언어밖에 없다. 공통수학은 이과에서는 기초로서, 수능에 출제 비율이 거의 없다고 생각하면 된다. 나머지 과목은 이과 수능과는 관계가 없다. 그래서 고1 때는 외국어, 언어에 집중해야 한다는 것이다.

나름 선행학습을 했다 해도, 이과 반으로 2학년을 올라가면 수1, 수2, 과학과목이 밀물처럼 몰려온다. 수학, 과학과 실랑이를 하다 보면 외국어, 언어에 대한 관심이 떨어진다. 이런 상황에서 수학, 과학이 생각같이 성적이 잘 나오지 않으면, 언포학생, 외포학생이 된다.

고2 과정을 넘기고 고3이 되면 적분과 통계, 기하와 벡터, 탐구영역2 과목들이 등장한다. 수2로 곤혹을 치르고, 정신을 차리려니 이과 3학년 과목들이 엎치고 덮친다.

이런 지경이 되면 수시를 혹시나 하며 기웃거리게 된다. 안 그래도 모의고사 성적이 안 나오는 데다, 수시를 기웃거리고, 재수생까지 붙으니 9월 모의고사부터는 1등급 이상씩 더 떨어지고, 수리는 2단계까지 떨어질 수 있다.

1. 수시는 없다고 생각하라.
 - 수시를 보더라도 수능후의 수시에 지원하라.

수능 전 수시는 재수학원, 사립고, 강남 몫이다. 비 강남 일반고 학생이 수시로 고3 때 대학을 가려면 내신 등급에서 2등급 낮춘 수능 등급 수준의 대학을 지원하면 가능성은 있다.

세상에서 제일 안 좋은 평가방법이 '합격해도 왜 합격했는지 모르고, 떨어져도 왜 떨어졌는지 모르는' 평가방법이다. 현재의 대학 논술시험이 그렇다. 혹시나 하는 생각으로 평가에 참여하는 그런 '요행수' 평가는 일반고 학생들은 수능 전에는 지원해서는 안 된다. 시험 보느라고 왔다갔다 시간 뺏기고, 신경 쓰고, 시험 한번 보고나면 기운을 뺐기고, 불합격 발표나면 실망한다. 고3 2학기 때 최선을 다해도 1학기 모의고사 등급이나, 내신 등급 수준으로 수능점수 받기 어려운데, 그렇게 논술시험

보느라고 돌아다니니, 수능 성적이 내신 등급보다 1등급 이상 떨어지는 것이 당연하다.

2. 기본에 충실 하라.

이과에서 대입은 수학, 과학이 결정짓는다. 고3 내내 수능에 집중해도 일반고에서 언어, 수학, 외국어, 과학 중 어느 한 영역 2등급 받기도 어렵다. 그런데 혹시나 하면서 여기저기 기웃거리면 3등급도 받기 어렵다. 이과도 수능 3.0은 받아야 in서울대 갈 수 있다.

재수해도 적어도 영어는 기본이 잡혀있어야 한다. 재수해서 언어와 수학은 점수 올리기가 쉽지만, 영어는 기본이 안 되어 있으면 재수해도 점수 올리기가 쉽지 않다. 따라서 고3 때는 수능에 집중하라. 일반고 학생이 수시로 대학을 가려면 내신 등급보다 2등급 낮게 지원해야 가능하다.

3. EBS를 믿지 마라.

연계율 70%란 말을 연계 문제 다 맞추면 70점이라는 말이다. 언어, 영어는 2등급이 90점 이상이다. 과학도 과목별 편차는 있지만, 거의 90점 가까이 받아야 2등급이 된다. 수능에 임박해서 수능 문제집을 다 풀고 나면 뭘 해야 할지 모른다. 따라서 EBS 교재에 너무 의존하지 말고, 기본을 강화할 수 있는 책을 꾸준히 봐야 한다.

재수에서의 대학입시 준비

재수, 고3과 뭐가 다른가?

이제 재수는 상수화 되어 간다. 고3에서 바로 대학 진학을 하면 본인의 능력보다 1~2 레벨 낮은 학교에 진학한다고 생각하면 된다.

매스컴에서 재수생의 수능 성적 상승률이 0.7등급 이상이라는 보도와 함께, 사립고와 강남의 재수율이 50%나 넘는다는 보도가 나왔다. 이 말의 의미는 사립고나 강남 간다고 고3 진학률이 높아지는 것은 아니라는 것을 의미한다. 즉, 사립고, 강남고의 명문대 진학률이 높다는 것은 재수생까지 포함된 명문대 진학률이고, 사립고, 강남고은 재수생들의 진학 실적을 잘 관리한다는 의미이다.

일반고는 재수생들이 어느 학교를 알려주지 않으면 파악도 되지 않을 뿐 아니라, 파악도 하지 않는다. 그 말은 명문고들의 대학 진학률은 재수생 포함이고, 일반고들의 대학 진학률은 고3의 대학 진학률이다. 그러니 그 격차가 벌어지는 것이다.

고3까지 12년을 놓고 대입 판을 볼 때, 재수까지 포함해서 13년을 놓고 대입 판을 보면 확연히 달라진다. 그러면, 고3에 비해서 재수학원에서는 무엇이 달라지는지 살펴보자. 종로학원 본원을 기준으로 살펴보자.

1. 수능과목에 집중한다.

고3 때는 수능에 들어가지 않는 수업시간이 다수 있다. 또한, 수능 과목 중에서 진도 나가는 과목도 있다. 적통, 기벡이 가장 대표적인 경우이다. 재수학원에서는 일단 한 번씩 다 본 과목들이고, 수능을 볼 과목들만 수강한다.

2. 자투리 시간이 없다.

고3 때는 청소시간, 야자시간, 학원이동시간, 독서실 이동시간 등 자투리 시간이 많이 발생한다. 학원에서는 오전 8시에 가서 오후 10시 하원 시까지 자투리 시간이 발생하지 않는다. 점심+휴식시간, 저녁+휴식시간, 등·하원 시간 외는 학습 시간이다.

3. 교사들이 전문화되어있다.

고등학교 교사들은 수업, 진학상담 외에 잡무들이 아주 많다. 반면 학원 교사들은 자신의 담당 과목만 가르치고, 지도하면 된다. 또한 진학 정보나 노하우가 일반고와는 비교가 되지 않는다. 재수학원은 연구, 조사 조직까지 전문화되어 있어, 정보의 량과 질이 일반고와는 비교가 되지 않는다. 종로학원에는 수학과목만 교사가 6명이고, 영어교사도 3명이다.

4. 학생들의 각오가 다르다.

종로학원의 이과 반에서는 의대계열, sky대학 밖에 이야기하지 않는다. 2012년에 재수한 우리 첫째도, 2014년에 재수하는 둘째도 종로학원에서 공부하면 '서·연·고'는 기본적으로 가능하다고 생각한다. 즉, 목표가 다르고, 가능성과 희망이 다르다고 생각한다.

재수학원에서는 친구도 잘 사귀지 않는다. 명찰도 없다.

반면, 일반고에서는 반에서 1, 2등하는 학생에게만 in서울대가 수시 지원을 권한다. 일반고 교사들은 자기반에서 1등하는 학생도 '서·연·고'를 보낼 수 있다는 꿈

을 꾸지 않는다. 일반고에서 '서 · 연 · 고'는 꿈이고, 특수명사이지만, 종로학원에서
는 보통명사이다.

재수, 게임의 판이 달라진다

재수해서도 좋은 대학을 못가는 방법은 있다. 첫 번째는 수업시간에 인강을 듣는
행위이다. 담당 교사보다 인터넷 명강사가 낫다고 생각하는 경우이다. 두 번째는
독학하겠다고 수능 한 달 이전에 퇴원하는 경우이다.

두 경우 모두 가치자세에서 이야기한 '잘난자에게 필요한 겸손'이 부족한 것이다.
겸손하게 교사와 학원을 믿고, 9개월만 꾸준히 열심히 하면 누구나 다 자신을 꿈을
이룰 수 있는 최후의 보루가 종로학원이다. 나보다 한 살이 더 많은, 65년에 설립되
어 명문대 진학의 산실이다. 학원비도 충분히 싸다. 일산에서 고3 때 일반 단과학원
이나 과외선생은 주6시간에 35~40만 원, 두 과목이면 80만 원인데, 종로학원은 오
전 8시부터 밤 10시까지 하루 14시간을 잡아놓고, 하루에 8시간을 가르치는데(주 40
시간), 80여만 원이다. 학원가의 단과학원과는 질과 량에서 비교가 되지 않는다.

그래서 나는

"재수학원은 서민들의 마지막 희망" 이라고 생각한다.

초등학교 12년간은 부모의 능력과 정보력에 의해서 공부하는 지역이 달라지고—
강남, 목동, 신도시 등, 사교육의 질이 달라지고—명강사, 족집게 과외선생 등의 학
생 성적의 절반이상은 부모의 능력이었다. 그러나 종로학원은 9개월간 800만 원 정
도만 준비해서 들어가면, 모두에게 똑 같은 서비스, 똑 같은 정보가 제공되면서, 본
인의 의지와 노력에 의해서 결과가 깨끗하게 나오는 이런 공평한 기관이 종로학원
이다. '겸손'과 '신뢰'만 추가로 준비해서 가면 된다.

재수의 애로사항

1년에 총 1천만의 정도의 투자로, 본인의 목표 대학을 찾고, 꿈을 이룰 수 있다는 것은 나머지 인생을 살아가는데 있어서 큰 이익이다. 그런데 다들 '한번은 하지, 두 번은 못할 짓'이라고 입을 모은다. 그 이유를 살펴보면

1. 외롭다 – 친구를 사귀어서는 안 된다. 자기 자신과의 싸움.
2. 지겹다 – 12년 동안 공부한 내용을 또 반복해서 공부한다.
   – 270일 동안 똑같은 반복되는 일상이다.
4. 피곤하다 – 270일 동안 하루 14시간, 등·하원 시간까지 포함하면 17시간을 학원과 등·하원에 시간을 보내니 육체적으로도 피곤하다.

재수는 결국 자신과의 싸움이다

초중고 12년간의 부모의 경제력, 정보력, 관리능력 + 사교육의 힘 + 학교의 인프라에 의해서 학생의 성적이 결정되었지만, 재수는 학원에 모든 인프라가 갖추어 있기 때문에 본인의 의지와 노력밖에 남지 않는다는 것이다.

결론적으로, 나쁜 학군에서 좋은 등수 받던 학생이 좋은 학군/좋은 학교에서 중간 등수를 받던 학생보다 훨씬 학습 성취도가 높다는 것이다. 학원 들어갈 때 성적은 명문 학군 중위권이 더 높은데, 수능 성적은 나쁜 학군 상위권이 더 좋아져서 나간다는 결과가 나온다. 재수는 '본래의 자기 자신'을 찾는 과정이다.

재수를 감안하면 고등학교 때 준비할 내용이 달라진다.

재수를 위해서는 아래 4가지를 준비해야 한다.

1. 동기부여, 목표의식

2. 체력

3. 충실한 기본기

4. 겸손

첫 번째는 본인이 직접 챙길 수도 있지만, 부모 특히 아버지가 많이 챙겨줘야 한다. 이 책이 도움 될 수도 있다. 두 번째는 본인이 준비할 사항이다. 고3 수능이 끝나고, 재수학원 입학 시까지 100일간 가장 열심히 준비해야 할 사항이다. 세 번째는 고등학교 기간 동안, 또는 초중고 12년간 챙겨야 할 사항이다. 네 번째는 평소에 챙겨둬야 할 사항이다.

재수를 게임의 법칙으로 넣으면, 초중고 12년간 비싼 사교육비를 들일 필요도 없고, 강남/목동에 이사 갈 필요도 없고, 교육 정보를 쫓아 돌아다닐 필요도 없다. 학생과 부모가 소통하면서 가치 자세를 갖추고 12년 동안 충실히 가치 행동을 해나가면, 9개월 천만 원 이하의 비용으로 재수를 통해서 학생과 부모의 꿈을 이룰 수가 있다.

재수에 임하는 학생의 준비

"안되면 재수하지"라는 말도 큰 착각이다. 재수한다고 무조건 원하는 대학에 갈 수 있는 것은 아니다.

첫 번째, 아무 학원에 간다고 성적이 1등급 오르는 것이 아니다.

두 번째, 4.0등급 안에 못 들어가면 종로학원이 받아주지 않는다. 그것도 아주 사정이 좋아진 것이다. 80년대에는 상위 3%안에 들지 않으면 받아주지 않았다. 다행히 요즈음은 분원도 많이 생기고, 강남에 명문학원이 많이 생겼고, 기숙학원도 많이 생겨서 4.0등급 정도도 들어갈 수 있다. 즉, 이과에서 20%, 전국 등수로 5만등 안에는 들어야 한다.

세 번째, 영어, 수학은 기초가 되어있지 않으면 재수해도 in서울 대학가기 어렵다. 재수가 언포자, 과포자는 살려주지만, 영포자, 수포자는 살리는데 한계가 있다. 재수를 하려해도 영어, 수학은 최소한 4.0 등급은 되어야 한다.

재수에 임하는 부모의 역할

결국 반복이다. 부모의 역할은 동기부여, 방향제시, 기회제공이다. 자녀가 수능 보기 전에는 재수 이야기를 해서는 안 되지만, 부모는 자녀가 재수할 가능성을 항상 염두에 두고 있어야 한다. 거기에 대한 각오와 대비를 하고 있어야 한다. 참고로 우리 부부는 4년째 대입수험생 부모를 하고 있다. 이제 재수는 원하는 대학에 진학하기 위한 상수가 되어버렸다.

연령별 교육 전략

앞에서 대학입시 전략과 방법을 살펴보았다. 그런데 대학입시는 12년 학습 성과를 한 번에 평가하는 시험이기 때문에, 그를 위한 12년의 학습 과정에도 전략이 필요하다. 즉, 대학 입시는 고교 3년의 공부로 되는 것이 아니고, 그 이전 9년간도 잘 준비해야 한다. 또한, 12년(또는 20년) 장기간의 교육비가 투입 되어야 하므로, 교육 비용을 잘못 투입하면, 가정의 경제적 기반을 취약하게 할 수 있으며, 투입된 자금에 비해서 성과가 기대에 크게 못 미칠 수도 있다. 따라서 고등학교 입학 전 15년간의 교육 전략도 짚을 필요가 있다.

10세 이전의 지식교육(국 · 영 · 수)은 투자대비 효과가 지극히 낮다. 따라서 교육 성과를 올리는 것보다는 재산을 증식하고 지키는 것이 훨씬 더 중요하다. 행복 프레임워크에서 '재산' 활동과 '거주지' 마련 활동에 가장 집중해야 한다. 결혼 후 10년간은 부모의 입장에서 내 집 마련을 하고 경제적인 기반을 잡는 시기이기 때문에 경제적인 안정과 안전한 모금자리 마련이 가장 중요하다. 자녀가 중학교에 진학하면 아주 많은 비용이 지출되기 때문에, 웬만한 가정에서는 1년에 2천만 원 이상 저축하기가 어렵다. 따라서 이 10년간은 재산 증식에 최대의 가중치를 둬야 한다. 이것이 평생 경제적인 기반이 된다.

시각적으로 민감하게 반응하며, 자신의 의사를 언어로 표시하려고 노력한다. 이 때에는 시각, 청각적인 것을 많이 보여주고, 들려주고, 그 느낌을 언어로 잘 표현하게 해줘야 한다.

옳고 그름의 판단 능력이 부족하므로, 부모가 옳고 그르다고 일러주면 그렇게 믿어버리므로, 함부로 옳고 그름을 이야기하면 안 된다. 대신에 자신의 느낌과 생각을 말로 표현하는 훈련을 시켜야 한다.

글은 최대한 늦게 익히게 하는 것이 좋다. 아동기에는 언어사고력이 발달하는 과정에서 언어 표현에 많은 시행착오를 겪는다. 그리고 거기에서 스트레스를 받으면서 언어사고력이 길러진다. 그런데 문자를 익히면 그것으로 정형화되어버린다. 즉, 문자로 표현된 어휘에 대해서 의미를 정의하게 된다. 따라서 문자를 익히는 순간, 소리에 의해서 상상하고, 거기에서 시행착오를 통해서 사고력이 길러지는 과정을 단축시키게 된다.

부모가 자녀에게 문자를 가르치면서 많은 착각을 일으킨다.
1. 문자 습득이 빠른 것으로 봐서 우리 아이가 영재가 아닐까?
2. 빠른 문자 습득을 자랑하고 싶어 한다.
3. 자녀가 문자를 익히면 독서를 강요한다.

그 부작용을 보면,
언어사고력은 개념, 판단, 추리의 과정에서 길러지는데, 시각적인 현상을 청각적인 정보로 인식하고, 표현하는 과정에서 많은 시행착오를 거치면서 언어사고력이 길러진다. 그런데 그 과정은 개·판·추 즉, 개념, 판단, 추리의 과정을 거쳐 언어사고력으로 길러진다. 그런데 문자를 습득하는 순간, 시각적인 현상을 청각적인 상상력으로 전환하는 과정이 생략된 채, 시각적인 현상이 시각적인 문자로써 표현되어 정형화된다. 사고력 즉, 언어사고력이 시각적으로 정형화된다. 그것을 능숙하게 하는 것을 보고, 부모들은 '우리 아기가 영재가 아닐까 착각한다.' 한글은 워낙 쉽기 때문에 언제 시작해도 마음만 먹으면 한 달이면 읽기가 되고, 거기서 3개월만 하면 쓰기가 된다. 한글에 있어서 읽기 쓰기가 빠르다는 것은 전혀 장점이 안 되며, 오히려 언어사고력을 갉아먹는 해가될 수 있다. 따라서 문자를 빨리 익혔다는 것은 전혀 자랑거리가 아니며, 자기가 자랑하는 것이 주위에 제대로 먹혀들지 않을 때 부모는 다음 단계로 영어나 한자를 가르치려 덤벼들게 된다. 그게 아니면, 자녀가 문자를 익히는 순간 독서를 강요하게 된다. 문자를 익힌 자녀가 소리 내어 읽는 것은 너무도 쉽다. 한글은 표음문자이기 때문에 표기된 대로 읽으면 된다. 그런데 부모들은 거기서 감동받고, 성취감을 느낀다. 자녀가 의미를 이해하는 것과는 전혀 별개이다. 모두에게 불행한 결과를 낳을 뿐이다.

한글은 영어, 중국어, 일본어 어느 나라 말이든 다 제대로 표현할 수 있다. 한글로 영어 문장을 표현하고, 그것을 읽는다고 그 말의 의미를 과연 정확하게 파악할 수 있을까? 읽는 것과 의미를 이해하는 것은 전혀 별개이다. 아동기에는 문자로 표현된 것의 의미를 이해하는 것은 전혀 의미가 없다. 돌고래에게 글자를 보여주고, 사물을 선택하게 훈련시키는 것과 똑같은 과정이다. 서커스 쇼에서 묘기를 보여주는 것과 똑같은 현상이다.

아동기에는 시각적인 현상을 언어로 표현하는 능력, 자신의 생각을 그림과 색채로 표현하는 능력, 자신이 표현한 그림을 언어로 표현하는 능력이 가장 중요하다. 그것들을 훈련시켜야 한다.

많이 보여주고, 많이 들려주고, 그것들을 다시 그림으로 표현하고, 언어로 설명할 수 있는 능력을 길러주는 것, 이것이 중요하다.

이것보다 더 중요한 것이 있다. 아동은 심심해야 한다. 아동에게 심심한 것은 스트레스이다. 그것을 해소하기 위해서 나름 많은 활동을 하고, 많은 시행착오를 격고, 엉뚱한 생각과 엉뚱한 행동을 많이 하는데, 이것이 창의력의 원동력이다. 특히, 자연 속에서 생활하는 동안 심심해하면 자연(동물 또는 식물)을 유심히 관찰하고, 자연과 장난치며 감성, 창의력이 길러지는 것이다.

아동은 심심하게 나두며, 자연과 교감하고 어울리며, 이것을 말과 소리로 표현하고, 그림과 색으로 표현할 수 있게 도와주는 것이 부모의 가장 큰 의무이다.

다시 한 번 꼭 강조하고 싶다. 자기 자식을 키우게 되면 남들을 따라한다고 아이에게 문자를 빨리 배우게 하는데, 하지만 아이에게 문자는 늦게 배우는 것이 좋다.

또한, 이 시기에 영어 유치원은 나는 절대 반대이다. 효과가 클지 부작용이 클지 부정확한 시기에 거액의 돈을 들어 경제적인 기반을 닦는 것을 방해하는 투자는 '가치 활동'의 기반을 무너뜨릴 수 있다.

아동기(초1~초3)

아동기는 원래 만 6~12세까지를 일컫는데, 만 초등학교 저학년에서는 사회의 기본적인 지식을 습득하면서, 감성적인 부분을 발전시키는 기간이다. 유아기에는 부모 주도적인, 교사 주도적인 학습이 이루어지지만, 이때는 교사로부터 기본적으로 습득한 지식을 친구들과 나누고, 경쟁하고, 소통한다.

이 시기에는 독서가 아주 중요하다. 취학 전에는 부모가 책을 많이 들려주어서, 듣기로 내용을 이해하는 과정을 훈련하였다. 취학 후에는 이제 본격적으로 본인 스스로 읽어서 내용을 이해하는 과정이 필요하다. 언어사고력은 나중에 국어, 영어(언어 영역, 외국어 영역)에서의 성과를 결정짓기 때문에 이때 독서의 량과 질이 수능에서 국어, 영어의 점수에 결정적인 영향을 미친다.

한편으로, 유아기에서 해온 예체능 교육을 강화할 필요가 있다. 악기 하나를 배우게 하고, 미술 교육을 보다 체계적으로 공부하고, 체력을 기를 체육 과목을 시킬 필요가 있다. 예체능 교육은 비용과 시간이 크게 들지 않기 때문에 큰 부담 없이 시킬 수 있다.

그럼 어떤 책을 어떻게 읽힐 것인가? 역사책과 과학책이 가장 좋다. 단행본보다는 시리즈물로 되어있는 것이 더 좋다. 동화책, 소설책, 위인전기는 별로 좋지 않다. 왜냐하면, 동화책, 소설책은 건성으로 읽고 끝낼 가능성이 크기 때문이다. 독서를 통해서 언어사고력을 기르는 것이 중요하다. 장편 책은 앞 권과 뒷 권의 사이의 의미 연결 관계를 파악하고, 만약 의미가 헷갈리면 앞 권을 다시 찾아서 연결시키는 과정을 반복해야 한다.

단행본을 읽히고, 그 내용을 얼마나 이해를 했나 확인하기 위해서 독후감이나 일기를 쓰게 하는 경우도 많은데, 이것은 더 위험하다. 성인들도 마찬가지지만 대부분 아동들도 글쓰기를 제일 싫어한다. 차라리 부모가 자녀가 책의 내용으로 대화를 하는 것이 훨씬 효과적이다. 일기나 독후감을 쓰게 하려면 최대한 짧게 자신의 느낌을 쓰게 하는 것이 좋다.

역사, 과학 만화책도 좋다. 유아기의 시각적인 학습효과를 문자 학습효과로 전환하는 과정에서 만화를 통한 지식 습득도 유효하다. '만화책 위주로 보다보면 글자책 보기를 싫어하지 않을까?' 걱정할 필요는 없다. 독서에 흥미를 느끼면 글자 책을 보게 되며, 독서에 흥미가 없으면 만화책도 안 본다.

수학은 구구단을 외우고, 수학의 기본 개념을 익히면서, 기본적인 문제를 풀 수 있는 수준으로 교과서 + 학습지 1개정도만 지도했으면 좋겠다.

이 시기의 영어 교육은 전문가들 사이에서도 논란이 많은데, 나는 부모의 경제력으로 판단하기를 권한다. 이때 효과를 얻으려면 큰돈을 들어서 집중적으로 해야 효과가 있고, 어중간한 비용으로 어중간하게 시키면 전혀 효과가 없다. 이 시기의 영어 교육은 재산 증식에 방해가 안 되는 범위 내에서 현명하게 판단하기 바란다.

소년기(초3~초5)

본격적인 학습을 위한 준비를 하는 과정이다.

독서를 보다 심화해야 한다. 중학교 이상 올라가면 독서할 시간이 별로 없기 때문에 대학가기 전에 필요한 독서는 이때 다 한다는 생각으로 독서에 집중해야 한다. 역사 서적, 과학 서적을 중점적으로 하면서 공부에 도움이 되지 않는 무협지를 제외하고 대하 장편 소설을 읽게 하는 것이 좋다

이과생들은 고등학교 이후에는 역사, 특히 세계사와 세계지리를 배울 기회가 별로 없기 때문에 이 시기에 한국사, 세계사, 한국지리, 세계지리의 지식을 다 습득한다는 생각으로 독서를 해야 한다.

수학이나 과학의 개념도 사교육보다는 독서를 통해서 익히는 것이 좋다. 불행하게도 중고등학교 가면 수학, 과학 참고서는 개념을 친절하게 설명해주는 책이 별로 없다. 과학, 수학 교양 도서를 통해서 개념을 익혀야 한다.

본격적으로 영어 공부를 시작한다. 공교육에서 본격적으로 영어교육이 시작되는 시기이다. 먼저 영어 공부를 시작한 친구들이 잘난척하는 걸 전혀 신경 쓸 필요가 없다. 그전에 충분한 독서를 통해서 언어사고력을 길러뒀다면 훨씬 빨리 학습 성취를 할 수 있다.

수학공부도 본격적으로 한다. 초등학교 5학년 때까지는 굳이 수학 선행학습을 할 필요가 없다. 쓸데없는 스트레스를 자녀에게 줄 필요가 없다. 초등학교 때의 무리한 수학 선행학습이 학생으로 하여금 수학에 대한 흥미를 떨어뜨리고, 고등학교 가서 문과를 선택하게 하는 결정적인 요인이 된다. 개념중심으로 학습을 하면서, 능력에 따라, 적절한 심화학습을 하면서 자녀의 수학적인 능력을 가늠해볼 필요가 있다. 즉, 자녀가 수학에 재능이 있느냐? 없느냐? 보통이냐를 가늠해볼 필요는 있다.

결론적으로, 이 시기에도 영어, 수학 선행학습보다는 독서가 훨씬 더 효과가 좋다.

청소년기1 (초6~중3)

지금은 초등학교 6학년을 청소년기로 두는 것이 맞다. 영어, 수학에서 선행학습

을 하면서 중학교 과정을 본격적으로 준비해야 한다. 본격적인 사교육비가 투자될 시기이다. 고교 이과 반에서는 2학년 이상 올라가면 국어, 영어 실력을 크게 향상시키기가 어렵다. 따라서 고1 때까지 언어, 영어는 수능 수준으로 잡아놓고, 고2 때부터는 개선 내지 유지한다고 생각해야 한다. 그러려면 역산을 해야 한다. 고1 때까지 언어, 영어를 수능 수준으로 올리려면 초6학년부터 어떻게 준비해야 하는가?

수학은 고1 때까지 수리I까지 끝내고, 고1 겨울방학부터는 본격적으로 수리II를 해야 하는데, 그래도 빠듯하다. 따라서 고교 이과를 지원하려면, 초6부터 중3 때까지는 언어, 영어에 집중해야 한다. 그렇기 때문에 초5 때까지 독서가 중요한 것이다. 이전에 독서를 통한 언어사고력을 길러놓지 않으면 고1 때까지 언어, 영어를 수능 수준으로 올리기가 어렵다. 그러지 않으면 고3 때 언포자, 영포자가 속출한다.

나의 첫째 자녀 진로지도

아동기

우리 딸은 2000년 은평구 대조동에 있는 초등학교에 입학하였다. 아내와 같이 사업을 하는 상황에서는 자녀 교육에 신경을 쓸 수 없기 때문에 초등학교 입학 시부터 학원에 보낼 수밖에 없었다.

우리는 학교 숙제나 좀 챙겨주고, 예습/복습이나 관리한다는 요령으로 학교 앞 보습학원에 보냈다. 하루 90분 주5일하고 월 수강료는 7만 원이었다.

유치원 때부터 조직생활에 잘 적응했고, 성실해서 걱정 안하고 학교와 학교를 보냈고, 본인도 성실히 잘했다. 반에서 상위권에 들고 서로 만족스러운 학교생활을 보냈다.

소년기

그런데 5학년 올라가면서, 일산으로 이사 오면서 문제가 생겼다. 춘계방학을 이용하여 갑자기 전학을 하였는데, 대조동 학교 선생님이나 친구들과 인사할 겨를도 없이 전학을 한 것이다.

그리고 일산에 이사 가면서 남대문 사업도 정리하고, 새로 시작하는 사업에 수익도 없었기 때문에 돈을 벌면 시키려고 사교육도 시키지 않았다.

그런데 새로 시작한 사업은 보기 좋게 망했고, 학습을 방치하다 보니 아이의 성적은 날로 떨어졌다. 아이는 집에서 뒹굴다 보니 날로 살만 쪄갔다. 새로 전학 왔고, 공부도 못하고, 학원도 안 다니고, 살은 점점 쪄가니 딸은 점점 위축되어 자신감을 잃어갔다. 딸의 이 상태는 1년 반 동안 지속되었다.

청소년기

2005년 내가 천신만고 끝에 정보통신 회사에 복귀할 수 있었는데, 마침 그 회사가 온라인(모바일) 교육 사업을 준비하고 있었다. 마침, 전략기획팀장으로 입사하여 교육 시장을 조사하면서, '자기 주도 학습'에 대한 가능성을 감지하였다. 빚은 잔뜩 져 있고, 나나 아내도 업계에서 제대로 기반을 못 잡고 있던 상태라, 자녀 과외는 차후 문제이고, 일단 경제적으로 안정시키는 것이 급선무인 상태였다.

딸이 6학년 여름 방학 때 어느 날 딸을 불러놓고 "너 진정으로 공부 잘하고 싶나?" 물으니, 울면서 "진정으로 잘하고 싶다"고 했다. 왜냐고 물으니 "친구들에게 인정받고 친구들과 친하게 지내고 싶어서"라고 했다.

나름대로 조사한 자료를 바탕으로 학습계획서, 학습일지, 오답노트 양식을 만들고, 영어, 수학을 중심으로 자기 주도 학습 프로그램을 짜고, 공부 방법을 알려주었다. 영어는 중학교 교과서와 해당 자습서를 학년별로 4권정도 사서 교과서 중심으로 하고, 수학은 초등학교, 중학교 참고서를 사서 선행학습 중심으로 학습 지도를 하였다. 언어는 인근의 논술속독교실을 보냈다. 일산에 와서 처음 시킨 사교육이다.

내가 짜준 프로그램으로 공부를 하면서 모르는 것이 있으면 내가 가르쳐주고, 개념 중심으로 강의도 해주니, 학교 성적도 올라가고 성취감을 느끼니 공부에 재미를 느꼈다.

초등학교는 이렇게 아주 성공적으로 마쳤다. 그런데 중학교에 올라가니 문제가 생겼다.

첫째, 영어 성적에 한계가 왔다. 나름대로 교과서로 영어 선행학습을 했지만, 학원에서 강도 높은 사교육을 받은 학생들을 당해내기는 역부족이었다.

둘째, 수학에 구멍이 많이 나 있었다. 참고서와 연계된 동영상 강의로 진도는 열심히 나갔지만, 제대로 개념을 이해하지 못하고 그냥 넘어간 부분이 많았다.

그러다 보니, 시험을 보고 오답 문제를 점검하는 과정에서 많은 마찰을 일으켰다. '당연히 이런 개념은 이해했겠지' 생각했던 게 틀린 문제가 너무도 많아서이다. 즉, 어려운 문제는 맞추면서, 쉬운 문제를 틀린 경우이다. 이러면서 부녀간의 사이도 금이 가기 시작했다.

그래서 아내와 의논해서 2007년 중2 때 여름방학 때 즈음, 학원으로 보내기로 결정했다. 나름 선행학습이라고 했지만 벌집같이 구멍 숭숭 뚫린 선행학습이었다. 학원 입학시험을 보니 꼴찌 반 이었다. 잘하면 월반을 해준다는 말에 본인도 열심히 해서 중3 올라갈 때에는 상급반으로 갔다.

그런데 딸이 속한 반이 외고 대비반이었는데, 본인은 외고 갈 생각이 없다하고, 아내와 나도 외고로 보낼 생각이 없었다. 그래서 일반 인문계 고등학교에 입학을 시켰다.

고등학교 입학 후, 처음에는 종합학원에 보냈다. 거기서 나름으로 열심히 하고, 선생들이 잘 가르쳐서 성적도 잘 나오고 좋았다. 그런데 1학년 여름방식부터 문제가 생겼다. 당시에 인기 강사라 하던 사람들이 일부 우수 원생들을 데로고 단과학원을 차리면서 나오기 시작하는 것이었다.

딸은 계속 '학원을 옮겨야 한다' 하고 우리는 '일단 다니면서 지켜보자'하고, 그러다 정 안되겠다 싶어서 1학년 2학기 때부터는 영어는 개인 과외교사를 붙이고, 수학은 수학 단과학원으로 보냈다. 나름 고2는 무사히 보내는 듯 보였다, 그런데 불길한 징조가 나타났다. 수학과 언어 성적이 떨어지기 시작하는 것이다. 영어는 개인 과외 선생이 잘 잡아주니까 성적을 유지하는데, 언어, 수학이 떨어지는 것이다. 딸의 변명으로는 영어 과외선생 때문에 영어에 너무 많은 시간을 투입하니, 수학, 언어 성적이 안 나온다는 것이었다. '과연 그럴까?' 의문점을 남기면서 고2가 끝났다. 2학년 내신등급 3.0.

고3 대입준비

고3 때, '좀 더 열심히 해서 수능 2.5까지만 끌어올리면 in서울에 중위권 대학은 갈 수 있겠지' 생각했는데 기대 이상으로 고3 첫 모의고사는 3.0이 나왔다. 그런데 이후 학교시험과 모의고사가 춤을 추기 시작하는 것이다. 과목별도 부침이 아주 심한데 추세는 언어와 수학의 하향화였다.

한편, 그 당시 보낸 학원에서는 자율 자습실을 학원 외부에 만들어-교육청에서 10시 이후에는 사교육을 금지하는 정책을 만들었으니-학부모들이 돌아가면서 자습 감독을 하고 새벽 1시에 각자 집으로 데려가는 프로그램을 운영했다. 맞벌이를 하는 우리 부부 입장에서는 아주 힘든 시기였지만, 6개월 후에 좋은 결과가 있을 것이라는 기대로 꿋꿋이 자습 프로그램에 동참했다. 여름 방학이 끝나고 드디어 2학기, 논술의 계절이 되었다. 고2 후반에 딸과 대학에서 선택할 학과에 합의를 이루었다. 처음에는 '전자, 기계, 화공, 식공, 간호 이 다섯 가지 학과 중에서 자기 마음에 드는 학과를 선택하게 해주었다. 그리고 덧붙이는 말로 "아빠의 권유 학과는 간호학과다"라고 말했다. 딸은 고심 끝에 식품생명공학과를 선택했다. 과가 선택되면 대학 서열이 나온다. 고려, 이화, 동국, 고려 서창, 중앙 안성. 이제 논술고사에 돌입했다. 이들 학교 외에 몇 군데를 더 봐서 수능 전에 4군데를 보았다. 찌를 데는 다 찔러보자는 생각으로 시험을 봤는데, 모의고사 성적은 떨어지지 시작했다. 특히 언어와 수학의 추락 정도가 심했다.

수능을 한 달 앞둔 어느 날, 나는 하루 집에 있게 되었다. 그런데 6시쯤 되니, 현관문 열리는 소리가 나며 딸이 집에 들어왔다. '집에 왜 왔느냐?' 물으니 '집에 와서 좀 쉬다 챙겨서 학원가겠다'고 한다. 그때 나의 생각은 '날 샜구나, 애가 공부를 하는 것이 아니라, 공부하는 척을 하는 것인가?' 라는 생각이 들었다. 자기는 나름 새벽 한시까지 자습실에서 열심히 공부한다고 생각하겠지만, 나의 생각은 '수능을 한 달 앞둔 시점에 1분, 1초를 아까워하고 아낄 생각을 해야 하는데, 이 소중한 시기에 1시간가량을 길거리에서 낭비한다?' 고3을 경험한 나로서는 도저히 납득이 가지 않는 상황이었다.

기대를 포기한 채 수능일은 다가왔고, 수능 가채점 결과를 보니, 아내는 낙심, 좌절하는 상황이었지만, 나의 입장에서는 '올 것이 왔다' 하는 생각이 들었다. '딸은 공부 머리가 없구나. 그냥 점수 맞춰서 올해 그냥 대학 보내버려야 하겠다.' 생각했다.

수능 끝난 후에 고대 서창과 중앙대 안성에서 논술을 한 번 더 봤다. 수시도 다 떨어지고, 수능 성적은 나오고 정시 시즌이라 수능 성적은 내신에서 거의 1등급 떨어져서 나왔다. 수시는 3군데 밖에 지원을 못하므로 고려 서창, 중앙 안성과 단국대 천안 식공과를 지원했다.

그러던 중 우연히 파주에 두원공대가 있다는 것을 알게 되었다. 조사를 해보니, 거기에 디스플레이 전자과가 있는데, 파주 LG LCD와 삼성전자 반도체 부문에 취업률이 아주 높은 것을 알게 되었다. 소위 말하는 산학 협력형 학과였던 것이다. 딸을 불러놓고 취업 전문 사이트 잡코리아에 들어가서 반도체 부문과 식품 부문의 신입, 3년 후, 10년 후의 희망 연봉을 보여주며 두원공대 디스플레이 전자과를 지원할 것을 권유했다. 자기주장을 할 입장이 아니라 딸은 받아들였다.

그 뒤 고대 서창, 중앙대 안성은 떨어지고, 두원공대는 합격하였다. 그 직후 설날 부산에 내려갔다. 부산에 있는 7번째 조카는 재수해서 고대 생명공학과에 장학생으로 합격하여 부산은 축제 분위기였다. 설날 친척들이 모였는데, 모든 화제는 조카를 중심으로 이루어졌고, 두원공대 전자과에 합격했다는 말에 누나들은 아무 반응도 보이지 않았다. 그런데 둘째 누나가 딸에게 한마디 했다. "○○야 니 잘못이 아니다!"

명절 연휴가 끝나고 집에오니, 누나들이 아내와 딸에게 '다시 한 번 생각하라', '재수하라' 엄청난 전화와 문자 시위가 벌어졌다. 한편 설 다음 날 처가에 가니 작은 처남은 '선택'(스펜서 존슨)이라는 책을, 간단한 메시지와 함께 선물하였다.

시간은 흘러 두원공대 등록금 마감 전날이 되었다. 저녁에 딸을 불러 조용히 물었다. "재수할래? 입학할래?" 딸은 재수하겠다고 하였다. 그리고 두원공대 등록금 납부 마감일에 단국대 천안캠퍼스에서 합격 통지가 왔다. 다시 딸을 불러 물어보았다. "단국대 갈래?" 그러나 딸은 재수를 하겠다고 하였다.

재수 대입준비

이렇게 딸의 종로학원 재수 생활은 시작되었다. 종로학원으로 가기 전날 딸은 작은아들에게 울면서 절규했다. "OO, 온천장가서 투명 인간 취급 안 받으려면 잘해야 돼!"

2012년 2월 14일부터 11월 14일까지 270여일을 추석을 제외하고는 매일 학원으로 가는 생활이 시작되었다. 평일에는 아침 6시에 나가서 11시에 들어오고, 토·일요일에는 7시에 나가서 7시에 들어오는 길면 길고, 짧다면 짧은 재수생활. 아내는 5시에 일어나서 아침밥과 점심 도시락을 매일 싸주는 생활이 시작되었다.

이후 아내는 그렇게 말했다. "내가 딸에게 해줄 것은 없고, 아침밥 해먹이고, 점심 도시락 싸주는 것이 내가 할 수 있는 공덕"이라 말했다. 이때 딸은 일산에서 서울역 앞 종로학원으로 등하교하는 시간에, 아침 등교 시간에는 피곤해서 그냥 자고, 저녁 하교 시간에는 연대까지는 깨서 이대와 연대를 보고 잠에 들었다고 한다. 매일 270번을 연대와 이대를 보면서 지난 것이다.

그래도 모의고사 성적은 제대로 오르지 않았다. 3.0등급(약 3만 등)에서 머물렀다. 방학기간이 되고, 우리도 마음의 준비를 하기 시작했다. 최소한 동국대를 목표로 했는데, 이 이하의 학교도 마음의 준비를 해야겠다고.

8월 후반 어느 날 아내와 나는 차를 몰고 서울과기대와 서울여대를 둘러보기 위해서 서울 서부로 향했다. 생각보다 캠퍼스가 넓고 좋았다. 마침 서울여대는 하기

학위수여식이라 학사 가운을 걸치고 꽃을 든 졸업생들로 캠퍼스가 화사했다. "그래, 동국대 안 되면 서울과기대나 서울여대라도 보내자"하고 돌아왔다.

학교 방학이 끝나고 또 대학 수시 지원 기간이 돌아왔다. 딸은 고대, 이대, 동국대만 지원했다. 나는 서울여대, 서울과기대도 지원하라고 종용했다. 딸은 수능(정시)에 집중하겠다고 했다. 난 속으로 '모의고사 이 성적으로 무슨 배짱이지?'하고 의아해했다.

드디어 수능일, 나는 회사에서 일손도 잡히지 않은 채 거의 낮 시간을 다 보내고, 퇴근 즈음에 딸에게 메시지를 보냈다. 짜증 섞인 부정적인 답변이었다. '오히려 딸이 화를 낸다'라고 생각하고 있는데, 친구에게서 메시지가 왔다. 딸 시험 잘 봤냐고? 잠시 메시지로 친구에게 딸 키우기 어려운 넋두리를 하고 집으로 갔다.

집에 도착하여 가채점이 끝난 딸에게, 기대감도 없이 조심스럽게 물었다. 성적이 어떻게 나왔냐고? 이대가 가능한 수준이 나왔단다.

특히, 언어영역 포기학생에서 언어영역 1등급 학생으로 향상되었다.

대입 결과야 어떻든지 9개월의 노력으로 그 정도 성적이 나온 자체가 너무도 대견스럽고, 사랑스러웠다.

축하도 잠시, 내일 바로 연대 외국어학당가서 영어회화 수강 신청을 하라고 종용했다. 당분간 쉬고 싶다는 딸에게 "쉬어도 어학당가서 쉬어라"하고 개강한지 2주가 지난 연대 외국어학당 회화 과정을 신청시켰다.

수능 성적이 나오고, 정시 지원 계절이 돌아왔다. 그런데 걱정되는 것이 있었으니, 수능 전에 본 동국대 수시가 마음에 걸렸다. 일단, 불합격 통지는 받았는데, 추가 모집으로 걸리면 어떡하나 하는 우려였다. 수능을 아무리 잘 봐도, 정시로 아무리 좋은 대학을 갈 수 있어도, 수시에 한군데라도 붙어버리면 거기에 가야 하는 제도 때문이다. 작년에 재수를 한 조카도 수능성적으로는 서울대에 충분히 갈 수 있었음에도 불구하고, 수시로 고대 생명공학과에 지원하는 바람에 장학생으로 입학한 경험이 있다.

다행히 동국대 수시는 되지 않았다. 정시로 이대, 동국대 식공과를 넣고, 항공대 항공전자과를 넣었다. 딸에게 내가 "이대 안 되면 동국대 식공과를 가라"했더니, 딸은 "그동안 고생한 것이 아까워서 동국대 식공과는 못가겠다"고 했다. 차라리 항공대 전자과를 가겠다고 한다. 속으로는 '공부에 독이 올랐구나' 생각했지만, 인정해 주기로 했다.

이대 식공과는 쉽게 될 줄 알았는데, 정시 모집에서 탈락했다. 대신, 동국대는 장학생으로 선발되었다. 이대 1차 추가 모집에서도 안 되어서 항공대에 등록금을 납부했다. 그런데 항공대에 등록금을 납부하고 이틀 후 3차 추가모집으로 이대 식공과에 합격했다. 온 가족이 감격했다.

대학생활

입학을 하고 수강신청 기간이 되었다. 다행이 이대 입학은 했지만, 학업능력이 우려되어 학점 신청은 최소로 하라고 일렀다. 외국어학당에서 영어공부도 해야 하니, 학과공부에 여유를 좀 두라는 것이었다. 그래서 17학점은 신청을 했는데, 3학점이 잘 못 신청되는 바람에 철회하고 14학점만 수강했다. 월화목금요일은 어학원이 끝나고 집에 오면 10시가 넘는 만만찮은 대학생활이었다.

그래도 클래식 기타 동아리에 가입하여 여름방학 때에는 월 수 금 하루 8시간을 연습하여 2학기 개강 직전에 학내 음악 홀에 연주회 무대에도 섰다. 장학금도 받았다. 미운오리 새끼가 백조가 되는 상황이었다. 딸이 재수를 하면서 그런 성과를 낸 것은

1. 고등학교 때 나쁜 환경에서도 스스로 최선을 다한 노력
2. 부모와 주위 사람들의 '동기부여, 방향제시, 기회제공' 의지
3. 종로학원의 교육과 정보의 최고 인프라

가 합쳐져서 그런 성과를 냈고, 그 내공은 대학 생활에도 남아 학점뿐 아니라, 동

아리, 영어공부까지 추진력으로 작용하더라는 것이다.

한편, 2010년대 초반에 우등생들이 대거 사립고로 가준 것도 큰 기여를 했다. 그 중 5천 명 정도만 이과로 갔어도 상위권대학 가는데 상당히 애로가 있었을 것이다.

나의 둘째 자녀 진로지도

아동기

둘째는 아들이다. 아들은 초등학교도 누나랑 같이 다녔고, 보습학원도 같이 다녔다. 누나가 수영, 무용, 피아노 학원을 전전할 동안 아들은 태권도 도장만 꾸준히 다녔다. 어릴 때부터 체력이 약해서 체력을 기르려고 도장을 보냈다.

일산에 이사 와서는 태권도 도장을 제외하고는 누나와 같이 학원을 못 다녔는데, 아들은 독서를 좋아했다.

그런데 재미있는 것은, 딸이 유치원 취학 전에 '신기한 한글나라'를 해서 한글을 익히고 유치원에 들어갔는데, 아들은 우리 부부가 남대문 의류 사업을 시작하면서, 신경을 못 써줘서 한글을 못 익히고 유치원에 들어갔다. 그것도 생일이 빨라 1년 먼저 들어갔다. 그런데 그 유치원에서는 한글을 가르쳐주지도 않고 일기를 써오라고 했고, 한글로 수업을 많이 했다. 체험학습을 하고 글을 써서 발표하는 등의 수업 위주였다.

덩치는 작고, 할머니가 돌보면서 복장도 후줄근하고, 한글도 모르니, 우리 아들은 유치원 다니면서 어릴 때 엄청난 스트레스를 받았다. 아직도 유치원 때 이야기를 하면 눈물이 글썽글썽한다. 오히려 유치원 졸업하고, 입학을 1년 미루고 미술학원에 다니면서 한글도 익히고, 정서적인 안정을 찾았다.

소년기

그런데 늦게 배운 도둑질이 날 새는지 모른다는 말이 생각날 정도로 어릴 때부터 독서를 아주 좋아했다. 일산에 이사 와서도, 학원을 안다녀도, 수시로 독서를 했다. 구립도서관에 책을 빌려서도 독서를 했다. 그러면서, 성적도 상위권을 유지했다. 공부를 잘하니까, 굳이 사교육도 시키지 않았다.

청소년기

그러다, 딸을 사교육을 시키기로 결정한 다음에 아들도 학원을 보내기로 했다. 알아보라 했더니, 백마마을의 종합학원에 들어갔는데, 아들 말이 '함께 놀던 친구들이 다 어디 갔나 했더니 거기에 다 모여 있었다' 한다. 보다 풀어서 말하면 방과 후에 친구들과 놀다보면, 하나, 둘씩 사라지고 나중에는 자기 혼자만 남았단다. 그래서 심심해서 집에 와서 책을 읽거나, 도서관가서 책을 봤는데, 학원가니까 다 거기 있고, 거기서도 자기보다 수학을 2~3년 먼저하고 있더란다. "걱정하지 마라, 이제부터하면 된다. 네가 누구의 아들이냐?" 위로를 주며, 학원 생활을 시작했다.

그런데 우리 자녀들은 우리 부부가 경제적으로 심각한 이야기를 하면 아주 불안해했다. 경제적으로 어려운 시기를 겪었고, 3년 만에 겨우 학원에 들어왔는데, 또 어려워져서 학원에 못 다닐까봐 불안해했다. 다행히 그런 일은 없었고, 학원도 잘 다녔고, 성적은 상위권이었으니까 유지해가면서, 영어, 수학 실력이 하루, 하루 늘어갔다.

그러다, 딸이 종합학원에서 단과학원으로 옮길 시기에 아들도 비슷한 상황이 발생했다. 아들도 다니던 종합학원 선생들이 최상위 학생들을 데리고 나가서 단가학원을 차리는 사태가 속출한 것이다. 아들은 수학만 단과학원으로 옮기고, 영어는 누나와 같은 과외선생 밑에 수업을 들었다.

그렇게 종합학원이 붕괴되고, 단과학원 체제로 가니 종합학원에서 배우는 대로 단과학원을 다니면 종합학원비의 두 배가 드는 상황이 발생했다. 따라서 단호하게 사교육 과목은 영어, 수학으로 한정해 버렸다. '나머지는 너 스스로 해라.'

이제 고등학교에 올라가고, 당연히 이과로 가고 2학년 1학기 어느 날, 아들은 "아빠, 저 현대자동차 남양연구소 가고 싶어요." 라고 말했다. 나는 거기에 다니는 친구를 소개시켜 주겠다하고 날짜를 잡았다.

드디어 내 아들과 현대자동차 남양연구소의 최박사가 만났다. 그 친구는 안자마자 우리 아들에게, "우리 회사에 오고 싶다고?" 라고 물었다.

아들은 망설임 없이 "네." 라고 대답했다.

최 박사가 다시"우리 회사 들어오려 하면 적어도 서울대, 연세대, 고려대, 한양대, 성균관대학 정도는 나와야 해."

아들은 당당하게 "네." 라고 대답했다. 그리고 한 시간 반 정도 이런저런 이야기를 나누고 헤어졌다.

이후에, 아들이 수능 끝나고 나서 그 친구를 다시 만났다. 그 친구 "아들 어떻게 되었냐?" 고, "시험 망쳐서 재수하기로 했다."고, 친구 "우리 회사는 정말 학벌 안 보니까, 아주대나 인하대 성적되면 보내라."고 강력히 주장했다. 그때, 내가 한 말은, "내 아들이 진정으로 그 회사에 가고 싶다면 서울, 연세, 고려, 한양, 성균관 대학 정도는 나와 주는 것이 진정 자기가 가고 싶은 회사에 대한 예의다."

고3 대입준비

하여튼, 2학년을 무사히 마치고, 3학년에 올라갔을 때에는 꽤나 선전했다. 현대자동차 들어가겠다는 목표도 정해지고, 모의고사 성적도 웬만큼 나왔다. 그런데 방학 중에 어느 날 갑자기 "아빠, 인하대나 아주대 나와도 현대자동차 많이들 들어간 데요." 난, "그런 생각 꿈에도 하지 마라." 하고 단호히 잘랐다. 그런데 2학기 들어서 수학 성적이 서서히 밀리기 시작하더니, 눈에 띄게 해이해지기 시작했다. 토요일 날 10시쯤 독서실 가서 11시쯤 집에 와서 엄마가 밥을 안 챙겨주면 한시고, 두시고 밥 달라 말도 안하고 뒹굴다가, 밥 먹고는 어기적 어기적 독서실 가서 5시쯤 되면 또 저녁 먹으러 오는 어이없는 생활이 계속되었다. 그때 나는 '날샜다' 생각했다.

아니나 다를까, 수능을 보니 형편없는 성적이 나왔다. 수능 당일 퇴근해서 가채점 성적을 물어보고, 식탁에서 바로 결정했다.

"재수하는 거다", "네."

그리고 100일 푹 잘 놀고 2014년 현재 재수 중이다.

그리고 조용히 '종로학원'으로 마치 수감되듯 들어가서 현재 열심히 공부중이다.

나는 아들이 성적이 얼마나 나와서 어디에 가는지는 관심 없다. 어차피 기계과를 지망한 이상, 서·연·고·한·성 들어가서 졸업하고 현대자동차 남양연구소 들어가면 되고, 그게 안 되면 항공대 나와서 대한항공에서 비행기 만지면 되고, 그게 안 되면 부산대나 부경대 나와서 경남에 가서 배를 만들든, 탱크를 만들든, 비행기를 만들든, 중기계를 만들든, 열차를 만들든 만들고 싶은 대로 만들면 된다.

이제는 부모의 관리에서 벗어나서, 한국 최고의 대입 환경을 갖춘 학원에 간 이상 철저히 자기 자신에게 달린 문제인 것이다. 학부모들의 입김이 작용할 여지도 없고, 학원 선생들이 학부모 눈치를 보며 보여주기 식 성과를 만들어 낼 필요도 없다. 어떤 결과가 나오든지 결과에 따른 선택만이 남은 것이다.

목표를 정하고 목표를 향해 정진하는 것과 결과를 보고 선택하는 것은 다른 것이다. 서울대 기계과를 목표로 했지만 더 잘나오면 의대갈 수도 있는 것이고, 못나오면 나의 성적에 맞게 대학을 선택하면 되는 것이다. 중요한 것은 목표를 향해 얼마나 변함없이 끝까지 정진하느냐에 달린 것이다.

재수가 쉬운 것은 아니다. 외롭고, 힘들고, 지겹고, 그 9개월을 버티기 위해서는 강한 정신력과 체력이 필요하다. 그것을 극복할 동기부여, 방향제시가 부모의 몫인 것이다. 공부는 학생 스스로 하는 것이다. 부모는 그 기회를 제공해줄 뿐이다.

이제는 아버지들이 나서야 한다.

명문대학생은 '엄마의 정보력과 할아버지의 재력과 아빠의 무관심'에 의해서 만들어진다는 말이
있다. 부모나 조부모가 재산이 많으면 상관없다. 그런데 가장이 벌어오는 생활비로 무모한 교육
게임을 벌리면 큰 불행을 초래한다.

가장이 벌어오는 근로소득은

1. 보금자리 마련

2. 자녀 교육

3. 자녀 결혼 지원

4. 위험 대비

5. 노후 대비

등 최소한 5가지 용도로 사용되어야 한다. 또한, 가장의 근로소득만으로 이 비용을 다 감당하기
어려우므로, 투자 소득을 얻기 위한 투자로 종잣돈의 역할도 해야 한다. 적절한 가치투자로
적절한 투자 소득을 얻어야 안전한 노후를 맞을 수 있다. 자세한 투자 방법은 4장에서
설명하겠지만, 이것이 없으면 연금만으로는 노후 생활이 안 되고, 따라서 평생 노동의 굴레에서

벗어날 수 없다. 따라서 자녀교육에 무리하게 투자하여서는 안 되며, 적절한 사교육 투자와 더불어 자녀의 진로문제에 대해서 부모가 같이 고민해야 한다.

전업주부들은 사회에 대한 정보 접근이 어렵기 때문에 사회생활을 하는 아버지가 나서야 한다. 다양한 직업과 직장의 사람을 만나서 냉정하고, 객관적인 정보를 수집해야 한다. 자녀와 진로문제에 대해서 진지하게 대화하며 서로의 생각을 공유해야 한다. 아내에게 급여 통장을 맡겨 놓고 '알아서 하겠지' 생각하다가는 자녀 대학 졸업 후에 잔고가 없는 통장을 받을 가능성도 아주 크다. 돈의 씀씀이도 계속 체크하면서 소비되는 돈의 적정성도 수시로 검증해야 한다.

이제는 아버지들이 나서야 한다. 본인의 노후와 자녀의 장래를 위해서 말이다.

3장

행복가치 경제활동

2장에서 교육에 대한 많은 이야기를 했다. 한국 사회에서 '교육'이 가장 큰 문제점들을 안고 있고, 교육은 사회진출과 경제활동에 직접적으로 영향을 미치기 때문에 많은 지면을 할애하였다. 이제부터는 학업을 마치고 이루어지는 경제활동에 관한 것이다.

사람은 경제활동을 통해서 소득을 만들고, 그것을 기반으로 결혼을 하여 가족을 구성하고, 거주지를 마련하고, 또 자녀 교육을 하면서 다음 세대로 부모의 자산이 상속이 되는 된다.

우리가 학업을 마치고 경제활동을 시작하면 적어도 30년은 유지해야 한다. 그 과정에서 수많은 난관과 좌절이 있을 것이다.

그것은 의지만으로 되는 것이 아니다. 자세를 바로 잡아야 한다. 정신자세 즉, 가치자세를 제대로 잡고 있어야 30년의 경제활동 기간을 버텨낼 수 있다. 그럼 경제활동의 의미부터 살펴보자.

경제활동은 경제활동가들을 중심으로 회사와 고객의 상호작용으로 이루어진다. 그 경제활동가들은 회사와 고객에게는 임원이고 직원이고, 경제활동은 경제활동가의 입장에서는 '삶'이다. 이 경제활동을 통해서 경제활동가는 급여뿐만 아니라, 이를 기반으로 한 결혼을 통해서 가정을 만들고, 가정아래 자녀를 낳고 길러 다음 세대의 사회 구성원을 만든다.

이렇게 경제활동은 우리 인류가 대를 이어 존속하기 위한 토대를 제공한다. 출산율이 1명대에 머물면서 인구가 급속히 감속할 것을 예견하는 현상은 많은 사람들이 미래에 대한 희망을 상실했다는 의미이기도 하다.

우리가 행복하기 위해 살고, 행복을 위해 교육, 경제활동, 재테크를 하는데, 우리의 활동이 남에게 미래의 희망을 꺾는 결과를 초래한다면, 그런 활동이 가치가 있을 것인가 생각해 보아야할 것이다. 인간은 피임기술을 만들어내면서, 출산이 선택이 되었다. 많은 사람들이 그 선택을 포기한다면 인구는 줄어들 것이다. 올바른 경제활동으로 튼튼한 가정 경제를 만들어야 지 자녀들을 길러 국가의 저 출산을 막을 수 있을 것이다. 나에게 최선의 경제활동과 더불어 남에게도 좋은 경제활동을 한번쯤 생각해볼 시점이라 생각된다.

취업과 이후 경제활동에 대한 이야기를 엮어갈까 한다.

먼저, 경제현장 현황을 살펴보고, 경제활동 전략과 이를 위한 경제활동 자세를 짚어보고, 취업하는 방법과 취업 후에 경제활동을 하는 방법 등을 이야기할 것이다.

경제 현장 현황

먹고살기가 왜 이리 힘들까?

이 문제를 논하려면 80년대를 짚어볼 필요가 있다. 80년대에는 육체노동 중심의 산업 구조이면서 노동시간이 길었고, 노동자 보호 체제도 잘 갖추어져 있지 않았기 때문에 생산직들이 특히 많은 희생을 강요받았다. 또한 사내에서 관리직과 생산직간의 소득 격차는 컸다. 즉, 학벌이 입사시의 직급을 결정짓고, 그 직급에 의해서 급여가 차등화 되는 형태였다. 지금 현재, 사내에서의 대우 측면은 많이 개선되었지만, 대기업과 중소기업, 정규직과 비정규직간의 소득 격차는 훨씬 더 벌어져있다. 그리고 같은 학력에 같은 업무를 하여도 어떤 집단에서 하느냐에 따라서도 대우가 확연하게 달라지는 상황으로 왔다.

내가 대학을 들어가면서 서울에서 유학 생활을 시작한 1984년도 당시의 소득대비 물가 수준과 30년이 지난 2014년의 생활 물가 수준을 비교해보면 대략 7배 정도가 차이나는 것 같다. 부동산이 10배 이상 올랐는데, 지역별 편차가 워낙 커서 강남의 일부 아파트값은 100배 이상 오른 곳도 있다.

거주지는 형편에 맞춰 살면 되었지만, 문제는 바로 사교육비이다. 그 시절에는 사교육이 금지된 상태였기 때문에 사교육비 항목이 가계부에 별도로 없었다. 일부 '몰래바이트'라 하여서 일부 불법 과외가 있었지만, 성적이나 대입에 크게 영향을 미치지 못했다.

그 당시에는 가계부에서 없었던 지출항목이 이후에 큰 비중을 차지하면서 한국, 특히 수도권 시민의 고난은 시작되었다. 80년대에는, 소비하고 남아 저축하고, 투자하여 노후를 대비하던 여유 자금이 지금은 대부분 사교육비에 지출되고 있다. 그래서 힘들고, 불안해하고, 조급해하는 것이다.

80년대에는 경제활동 인구가 1천 5백만명 정도 되었다. 반면 피부양 인구가 3천만 명 정도 되었다. 즉, 경제활동 인구 1명이 2명을 먹어 살렸다는 이야기이다. 그런데 지금은 경제활동인구가 3천 5백만이 넘으면서 2명이 한명을 먹여 살리는 구조로 전환 되었다. 그런데 지금 우리는 왜 더 편해지지 않고 오히려 더 힘들어 졌을까? 첫 번째는 취업에서의 경쟁이 치열해졌고, 두 번째는 '남들같이 살기' 기준이 달라졌기 때문이다.

80년대에는 월급 10만 원 받아서도 고향에 동생들 학비 보내주고도 꿋꿋이 살았는데, 이제는 월급 100만 원을 받아서는 혼자 먹고 살기도 힘들다. 80년대에는 1차 산업(농수산업), 2차 산업(제조, 광업) 인구가 40%였다. 그런데 지금은 1, 2차 산업 비중이 20% 이하로 줄고, 서비스업이 80%를 차지하고 있다. 그 와중에도 외국인 취업자가 1백 만을 육박하고 있다.

이렇게 한국 사회는 경제구조와 교육환경, 취업환경이 급격하게 바뀌면서, 오히려 80년대처럼이라도 먹고살기 힘든 세상이 되었다.

취업하기가 왜 이리 힘들까?

취업 문제를 논하기에 앞서 취업이 왜 그리도 어려운지를 짚어볼 필요가 있다. 앞에서도 고용시장의 수요/공급 불일치 문제를 지적했다. 그런데 이제는 채용하는 입장의 고충도 한번 들여다봐야한다.

[첨부자료 #2]을 보면, 글로벌 제조 대기업들은 이공계 인력을 80%이상 채용한다

고 하였다. 삼성전자가 5천 명을 채용하는데, 지원자가 10만 명으로 전체 경쟁률은 20:1이라 하였다. 그리고 문과가 6만 명, 이과가 4만 명 지원하는데 채용은 각각 1천 명, 4천 명으로 문과 경쟁률은 60:1, 이과 경쟁률은 10:1이라 하였다.

문과에서도 상경계를 중심으로 채용하다보니, 상경계는 상대적으로 경쟁률이 낮고 타 계열은 훨씬 높다. 그래서 너무나 당연하게도 취업할 가능성이 적어졌다. 이과가 4만 명이 지원한다고 해도 삼성전자 경우에는 이공계에서도 전자, 전산, 기계 위주로 채용한다. 전자/전산과가 2천 명 이상이다. 그런데 4년제 in서울 대학들의 전자과, 전산과 다 합쳐 5천 명이 안 된다. 국립대 학생들까지 다 합쳐도 1만 명이 안 된다. 전자/전산과가 다 삼성전자를 지원하는 것이 아니기 때문에 전자/전산과의 실질 경쟁률은 5:1도 안되며, in서울대학들, 지방 국립대들로 국한하면 2:1도 안 된다. 그만큼 전공에 따른 취업률이 판이하게 다른 것이다.

또한, 경제성장률이 저하되면서, 사업의 기회가 줄어들고 그래서 기존 재직자들의 퇴직이 급격히 감소하였다. 과거 8,90년대에는 회사에서 어느 정도 경험을 쌓으면 그 동안 모은 돈으로 자신이 사업을 하거나, 가게를 차려 장사를 시작하는 경우가 많았다. 그런데 이제 장사나 사업을 해도 성공 가능성이 워낙 낮기 때문에 좋은 회사에 다니는 사람일수록 퇴직을 하지 않으려 한다. 몇 년 전 통계청에서 조사한 개인 사업장의 경우 1년 내 80% 가까이 문을 닫았다.

과거처럼 창업을 한 퇴직자들 중 대부분이 망하는 상황이니, 대기업이나 탄탄한 중견기업을 다니는 직장인들이 퇴직하는 수가 줄었다.

그래서 퇴직자는 갈수록 줄어들고, 취업 희망자는 늘어나다보니 취업하기가 어려운 것이다. 취업이 어려운 이유를 더 자세하게 들여 보도록 하자.

취업이 어려운 이유

단순하게 말하면, 전공 졸업자와 관련 직종 취업간의 불일치 때문이다. 앞에서 대졸이 선호하는 직업 및 직장의 인력수요는 문과계열 2만 여 명, 이과 계열 4만 여명이다. 대입 지원자 기준으로 살펴보면, 문과 지원자는 40만 명 정도로 선호 직장 취업률은 5%이고, 대입 이과 지원자는 25만 명 정도로 선호 직장 취업률은 15% 정도 된다. 그런데 대학 군과 전공에 따라서는 in서울대+지방 국립대의 전자, 기계, 화공과(전화기)는 선호 직장 취업률은 50% 이상이다.

[그림1]는 부모들의 대학 선호도와 기업의 전공 선호도를 그린 것이다. 부모들의 대학 선호도는 피라미드에서 수평하게 올라가지만, 기업의 대학 선호도는 학과에 따라 사선으로 그려진다.

전공간의 인력 불일치뿐 아니라 지역 간의 인력 불일치도 심각하다. 대부분 수도권 출신 학생들은 수도권에서 취업하고 싶은데, 이들이 선호하는 기업의 사업장, 특히 인력 수요가 많은 사업장은 지방, 그중에서도 경상도와 충청도에 많다. 아래 가상의 주부들의 일상적인 대화를 보자.

주부들이 모여서 결혼 적령기의 자녀들 이야기를 하고 있다.

A : "우리 아들 현대자동차 다녀".

나머지 : "와~".

A : "그런데 울산에서 근무해".

나머지 : "에~이!".

B : "우리 아들 삼성중공업 다녀".

나머지 : "와~".

B : "그런데 거제도에서 근무해".

나머지 : "거기가 어딘데?".

C : "포로수용소 있던데 아냐?".

나머지 : "에~이!".

모두 대기업은 가고 싶은데, 지방에 있는 대기업은 싫다는 모순적인 가치판단이다. 왜 이런 생각의 편차가 생겼을까?

첫 번째, 서울 중심의 사고가 문제이다. 엄밀하게 말하면 지방을 알려하지 않는 것이 문제이다. 일반적으로 서울에서 지방을 가면 유배 가는 것 같고, 도태 되는 것 같은 생각이 대다수의 생각이다. 사실 우리가 쉽게 놓치는 부분인데, 정작 기회는 지방에 있다. 다음 장의 '가치 재산 활동'에서 자세히 다루겠다.

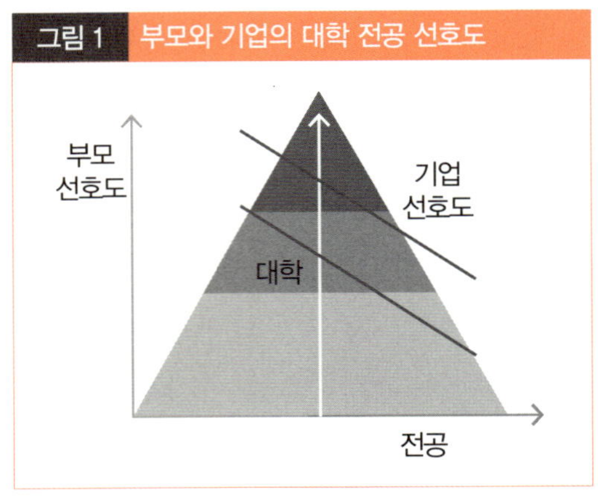

두 번째, 수도권 여성들이 지방 근무하는 남성과 결혼하는 것을 기피한다는 것이다. '농촌 총각 장가보내기'보다 서울 출신 '지방 대기업 직원 장가보내기' 가 더 심각한 상황이다. 그러다 보니 내려갔던 직원들도 많은 손해를 감수하고 꾸역꾸역 서울로 다시 올라온다.

컴퓨터가 관리직 일자리를 줄였다

또한, 컴퓨터와 자동화로 일반 관리직 수가 급감하였다. 예를 들어 80년대에는 직원 100명, 그중 생산직이 50명인 제조 회사라면 자금, 자재, 물류 등 50명의 관리직들이 필요하였다. 자금 부문을 예를 들면, 이사, 부장, 차장, 과장, 대리, 여직원까지 10명이 필요했던 경리/회계 부서가 지금은 팀장과 여직원 1~2명이면 충분하였다. 프로그램이 워낙 잘 되어있어서, 회계에 대한 전문 지식이 그리 높지 않아도 충분히 관리가 가능하다. 현재 50명의 생산직이 있는 100명 인원의 회사라면 관리직은 10명으로 줄고, 자동화 설비를 운영하는 기술지원 부서, 온라인/전산화 부서, 연구개발 부서, 마케팅 부서 인력이 나머지 40명을 채우고 있을 것이다. 그만큼 제조 회사들은 기술, 연구개발 기반으로 바뀐 것이다.

취업문제, 수요자 입장에서 생각하기

'떡 줄 사람은 생각지도 않는데 김칫국부터 마신다'라는 속담이 있다. 취업 시장에서의 '떡 줄 사람'은 인력 수요자 즉, 기업이다. 기업은 회사에 돈벌어줄 사람을 채용하는 것이지, 대학에 들어갈 때처럼 단순하게 성적 좋은 사람을 채용하는 곳이 아니다.

기업에서 채용 시 보는 요건들은 성적과 인성, 경험 등 다양한 부분들을 종합적으로 판단해서 채용한다. 따라서 취업 문제를 생각할 때 수요자의 입장을 들여다볼 필요가 있다.

삼성그룹의 총장 추천제?

2014년 초반 삼성그룹의 총장추천제가 뜨거운 논란을 일으켰다. 논지는 2가지였다. '호남 차별'과 '여성 차별'이 핵심이었다. 하나씩 뜯어보자.

성균관대가 왜 서울대와 같은가?

성균관대는 삼성그룹 재산의 학교로서, (대)기업 맞춤형으로 교육을 수행한다. 따라서 대입 성적과 관계없이 (대)기업이 가장 선호하는 것은 당연하다.

호남 차별이다?

70년대부터 경북대는 전자과에 특성화되어있었고, 부산대는 기계과에 특성화되어서 두 학교의 전자, 기계, 전산과 졸업생만 해도 1,500여 명이 넘는다. 거기에 비해 전남대, 전북대의 동일 학과의 졸업생들의 숫자는 상대적으로 적다.

여성 차별이다?

여대에 기계과 있는 곳은 없다. 전자과도 거의 없다. in서울 여대 전자, 기계, 전산 다 합쳐도 천명도 안 되기 때문에 어쩔 수 없지 않은가.

현대자동차 그룹의 '문과' 공채 중단 발표

삼성 그룹의 총장추천제가 논란을 일으키고 나서 현대자동차 그룹은 한발 더 나아가 문과 인력은 공개 채용은 안하겠다고 선언했다. 필요한 시기에 비정기적으로 채용하겠다고 발표했다.

수요자 입장에서, 1000여명의 문과 인력을 채용하기 위해서 6만 명이 넘는 인력을 전형하는 일은 하지 않겠다는 것이다. 현대자동차 그룹 인력들 인건비 엄청 비싸다. 그 비싼 인력들이 1000명을 채용하기 위해서 6만장의 원서와 실랑이하고, 고급 간부들이 수도 없이 면접을 보는 것은 회사의 입장에서는 엄청난 비용이 소요된다.

수도권 대학 출신들, 왜 지방사업장에서 잘 못 버티나?

수도권 출신들이 지방사업장에서 버티기 힘든 것은 사실이다. 서울 출신들이 지방에서 버티기 힘든 이유는 세 가지이다.

첫 번째, 지방의 텃새가 심하다. 지방의 대형 사업장들은 그 지방의 국립대 출신들 중심으로, 인맥이 강하게 형성되어 있어있다. 그래서 지방대 출신 직원에게는 같은 학교나 고향 출신 상사들이 중요한 일과 허드렛일 등 갖가지 일을 닥치는 대로 시킨다. 반면 신입 사원들에게는 함부로 일을 못시킨다. 혹여 퇴사해 버릴까 겁나서….

또한, 지방 국립대 출신들은 자부심이 강하다. 특히, 부산대 출신들은 부산대를 한양대와 동급으로 생각하는 경향이 강하다. 서울 중위권 대학을 아래 대학으로 생각한다.

그런데 이러한 텃세가 결코 텃세가 아니다. 지방 직원들도 다양한 지방의 다양한 대학 출신들이 들어와서 같이 일하기를 원한다. 그리고 서울의 정보 특히 부동산, 교육(대학)에 대한 많은 이야기를 듣고 싶어 한다. 또한, 지방 사람들은 정이 많고, 직장을 평생 생활 터전으로 생각하므로 동료들도 가족으로 생각한다. 예를 들어, 예전에 지방출장 갔을 때 경험이다. 밖에서 3차 끝나고 12시가 넘었는데, 전화 한통 하고 집으로 쳐들어가는 것을 보고 나는 기절 하는 줄 알았다. 그만큼 지방 사람들은 가정과 직장을 동일시 한다.

이전의 수도권 선배들이 워낙에 많이 들어왔다 떠나가 버렸으니, 불신이 강하다. 서울 출신 신입 사원들은 선배들이 뿌린 업보 때문에 힘들 뿐이다.

두 번째, 외롭다.

지방 출신들은 주말이 되면 본가에 가든지, 친구를 만나든지, 연애를 하든지, 결혼한 사람들은 가족들과 보내는데, 서울 출신 직원들은 친구도 없고, 연애할 대상도 없고, 서울의 집으로 매주 올라올 수도 없기 때문에 외로움에 지쳐간다.

세 번째, 연애하고 결혼하기 힘들다.

결정적인 이유이다. 이 외로움을 이기기위해서 결혼이라도 하려하니, 지방에서는 아는 사람이 없으니 중매도 잘 안 들어오고, 서울 가서 선을 보면 상대 여성은 상대 맞선 남성의 직장이 지방이라 싫어한다. 그래서 고민에 고민을 거듭하다가 힘들게 들어간 좋은 직장 그만두고, 많은 손해를 감수하면서 다시 서울로 올라와서 유랑생활을 시작한다. 장고 끝에 악수를 두는 격이다.

이것을 극복하는 방법은 의외로 쉽다. 지역 동호회 활동이나 지역 봉사활동을 적극적으로 하는 것이다. 충남, 경남, 경북, 호남에 있는 대형 사업장들은 대부분 해안에 있기 때문에 해양 레포츠 산업이 발달 되어있다. 대부분의 해안에 있는 대기업의 직원들은 낚시, 요트 등 해양 레포츠 회원권을 1~2장 가지고 있다. 지방은 골프비가 싸고, 예약이 쉽기 때문에 골프를 배우는 것도 좋은 방안이다. 또한, 야구, 축구 같은 지역 연고가 있는 프로 스포츠도 수도권보다 아주 열성적이다. 이런 취미 활동이나 봉사활동을 적극적으로 하면서 인맥도 넓히고, 주변 동료들에게 그 지역, 회사에 대한 애정을 보이면, 마음의 문을 열고, 하나가 될 수 있을 것이다. 열심히 적극적으로 나서서 활동하는 것이 유일한 답이다.

산업별 고용 및 경제활동 특성

2014년 현재 취업시장에는 '취업깡패'라는 용어가 화두가 되고 있다. 전화기(전자, 화공, 기계)를 일컫는 말인데, 취업시장 신규 일자리를 싹쓸이한다는 뜻이다. 역으로 대기업들이 전화기 전공자만 채용한다는 의미이다.

산업별 사회 진출을 생각할 때 중요한 참고자료가 있다([표 1] 참고). 이표는 머니투데이에 실린 우리나라 대기업을 신입사원 연봉 순으로 정리한 것이다. 2011년 자료니까 좀 오래된 것 같지만, 2014년 현재에도 대세는 크게 바뀌지 않았다. 대기업 연

(기준:사무직 기준 세전 상여금, 성과급, 수당 포함)
출처:각 기업 및 해당기업 최근 취업자 등, 취합 [머니투데이]

표 1	시가총액 30대 민간 기업(비금융) 신입사원 연봉	
순위	기업	2011년 신입사원 연봉
1	현대모비스	5900
2	현대자동차	5700
2	SK텔레콤	5700
4	기아자동차	5500
5	현대제철	5300
6	삼성중공업	5000
7	현대중공업	4900
8	현대글로비스	4700
9	삼성엔지니어링	4400
10	포스코	4300
11	두산중공업	4200
11	SK C&C	4200
13	LG디스플레이	4150
14	하이닉스	4100
14	삼성물산	4100
14	NHN	4100
14	현대건설	4100
18	SK이노베이션	4000
18	S-Oil	4000
18	고려아연	4000
21	삼성전자	3950
22	LG생활건강	3800
23	삼성전기	3750
24	KT	3700
25	LG화학	3600
25	LG전자	3600
25	호남석유화학	3600
25	삼성SDI	3600
29	한국타이어	3500
30	롯데쇼핑	3300

봉이 언론에 정리되어 이렇게 나오는 것이 흔하지 않기 때문에 귀한 자료이다.

여기서 주목할 부분은 자동차, 중기계, 철강·금속, 조선 등 기계 계열이 30개중 10개이고 전자/정보통신 계열이 10개, 석유화학 계열이 5개, 나머지가 5개이다. 채용 인원도 많지만, 연봉도 대기업 중에서도 최고 수준은 이 전자, 기계, 화학 부문이 차지하고 있다. 따라서 이들 산업들을 중심으로 경제활동 특성을 정리해보고자 한다. 전화기에 간호학과, 식품공학과를 합쳐 '전화기간식' 이라하고 이들 전공을 중심으로 취업조건들을 간단하게 정리해 보겠다.

아래 표는 주요 산업별 특성을 정리한 표이다.

표 2	주요 산업별 특성				
특성	전자·정보통신	기계	화공	식품	간호
발달 지역	경기도	경남·충남	경남·전남·충남	전 국 (대도시 인근)	전 국
급여 수준	높음	높음	높음	낮음	중간
학습 난이도	높음	높음	보통	보통	보통
근무 난이도	높음	보통	보통	보통	높음
변화 속도	높음	낮음	낮음	낮음	낮음
근무 지속 가능성	낮음	높음	높음	높음	높음

전자/전산 부문

전자 산업 부문과 전산(또는 컴퓨터) 관련 부문은 상당히 다른데, 같이 한번 살펴보자. 전자/전산 산업은 크게 하드웨어 분야와 소프트웨어 분야로 나눌 수가 있고,

하드웨어는 소재, 부품, 제품 및 장비로 나눌 수가 있고, 소프트웨어 분야는 웹 개발, 앱(응용 프로그램) 개발, 시스템 구축 및 운영 부문으로 나눌 수가 있다.

여기에서 소재, 부품, 제품, 장비와 여기에 들어가는 소프트웨어(이하 임베디드 SW)는 주로 전자과 출신들이 맡고, 웹, 앱, 시스템 구축 및 운영 부문은 전산과 출신들이 주로 맡는다.

여기서 주목할 것은 전산과 출신들이 하는 업무는 전자과 출신들이 다 할 수 있는 반면, 전자과 출신들이 하는 업무는 대부분 전산과 출신들이 하기 어렵다는 것이다. 소재, 부품 및 제품 개발도 전산과 출신들이 하기 어렵지만, 앱도 하드웨어를 제어하는 프로그램 개발은 어렵다. 즉, 전자과가 업무 범위가 훨씬 넓다.

그런데 업무 범위가 넓은 반면에 하드웨어로 갈 수 있는 대기업이 국내에는 별로 없다는 것이다. 삼성전자, 삼성SDI, 삼성전기, LG전자, 하이닉스전자 외 일부 그룹 계열사 몇 개다. 그 외는 대부분 중견기업이나 중소기업들인. 반면 소프트웨어로 갈 수 있는 회사는 아주 많다. 이동통신사, 게임회사, 인터넷 포털 및 SI(시스템 통합) 업체 뿐 아니라 하드웨어 제품, 장비 회사들도 다 갈 수 있다.

내수시장만 놓고 보면 소프트웨어 산업 부문이 하드웨어 산업 부문보다 채용 인원이 훨씬 많다. 그런데 문제는 소프트웨어 산업 부문에는 비전공자가 너무 많고, 중소기업이 너무 많다. 통신, 게임, 포털 대기업에 입사하려면 어차피 10대 대학은 나와야 안전하게 들어갈 수 있다. 그리고 전자과 출신이 소프트웨어 기업으로 들어가면 처음에는 프로그램 분야에서는 전산과에 조금 밀릴 수가 있다. 하드웨어 지식을 가진 강점을 제대로 못 살릴 수가 있다.

하드웨어 산업 부문은 내수 비중이 10% 정도밖에 안되고, 삼성 그룹 계열사들의 비중이 워낙 크기 때문에 의외로 운신의 폭이 좁다. 반면 대기업과 중견 기업의 임금 격차가 그렇게 크지 않다. 우량 중견기업에 가면 대기업만큼 보수를 받을 수 있다는 의미이다. 하드웨어 산업의 제품 부문에서는 스마트폰이 나오면서, 수많은 중견 기업들이 위축되었다. MP3플레이어, PMP, 전자사전, 녹음기 등 그렇게 다양하던 디지털기기와 컴퓨터 주변기기 회사들이 스마트폰에 그 기능들이 다 통합되면서, 많은 회사들이 분을 닫거나 위축되었다.

그만큼 전자, 전산 산업은 국제적으로 변화가 워낙 크기 때문에 종사자들은 아주 피곤하다. 끝없이 공부해야 하고, 정보를 수집해서 시장 상황에 대처해야 하고, 이익의 대부분은 1위 업체가 차지하고, 나머지는 영위하는 수준의 사업을 해가는 상황이다.

전자업계 취업에는 전공자들 사이에 크고 명확한 기준이 있다. 삼성전자에 들어갈 것인가? 안 들어갈 것인가? in서울/지방 국립대 전자, 전산과 학생들은 대학에 입학하자마자 고민하는 것이 이 문제이다. 대학 입학 때부터 삼성전자에 대한 부정적인 이야기를 워낙 많이 듣다보니, 대부분의 학생들은 그 회사에 가기 싫은데, 근무지역, 대우 등을 고려할 때 더 나은 회사가 별로 없다는 것이 딜레마이다.

게임에 흥미가 많은 학생들은 한게임(NHN), NC소프트, NEXEN 등의 메이저 게임 회사로 가는데, 그렇지 않은 학생들은 이동통신사를 가려니 채용 인원이 얼마 안 되고, 기계회사를 가려니 주류가 아닌 것 같고, 공무원이 되거나 공사를 가려니 시험을 봐야하고, 변리사도 되는 것도 쉬운 일이 아니다. 여기저기 기웃기웃하다 결국은 학점과 영어가 일정 부분 되는 대부분의 취업 희망자들은 삼성전자로 향한다.

오히려 전자공학과 학생들의 선망하는 회사는 현대자동차이다. 자동차에 전장품의 비중이 점점 커지고, 채용 인원도 전자과와 기계과의 비율이 비슷해지고, 남양연구소는 경기도 화성에 있고, 보수도 국내 최고 수준 등등의 이유이다.

그만큼 길은 많은데, 변화가 워낙 심하고, 국제적으로 워낙 경쟁이 치열하다보니, 공부하기도 어렵지만, 사회생활 하기가 더 어려운 업계가 전자, 정보통신 업계이다. 이 분야로 가려면 각오를 단단히 해야 한다.

기계 부문

나는 의사, 약사 다음으로 근무 안정성이 높은 분야가 기계 기술자라고 생각한다.

취업 깡패의 두목이다. 철 밥그릇이다. 왜 그럴까?

첫째, 노하우를 축적하는데 10년 이상이 걸린다. 전자산업은 산업의 패러다임이 바뀌면 옛 기술이 쓸모가 없어지는 경우가 많다. 아날로그 TV, VTR이 그랬고, 피쳐폰 기술도 그렇듯 수도 없는 사례가 있다. 3년 된 기술자가 20년 된 기술자보다 우수한 경우가 허다하다. 젊은 사람은 새 기술을 받아들이는데 빠르고, 나이든 사람은 늦기 때문에 그런 현상이 나타난다.

반면에 기계 기술은 하루아침에 이루어지는 기술이 아니다. 문서로 표현하기 어렵고, 경험으로 축적되는 기술이 훨씬 더 많다. 따라서 대부분의 큰 기계─ 자동차, 중기계, 조선, 비행기 등─들은 10년은 되어야 그 기계의 그 파트에서 전문가 소리를 듣는다. 그만큼 진입 장벽이 높고, 많은 경험을 필요로 하기 때문에 직업이 안정적이다.

둘째, 산업의 경쟁이 그리 치열하지 않다. 장치 산업이기 때문에 투자에 많은 자금이 소요되고, 제대로 된 제품을 만드는데 오랜 시간이 걸리기 때문에 국제적으로도 주요 제품은 회사별로 역할들이 나누어져 있고, 타 회사 제품에 뛰어들어 함부로 경쟁하려하지 않는다.

셋째, 사업장이 주로 지방에 있다. 수도권 학생들의 기피가 심하고, 지방의 우수 인재들은 한정되어있기 때문에 경쟁이 그리 치열하지 않고, 대학 동문 선후배간에 유대 관계가 강하기 때문에 서로 밀어주고 끌어주는 경향이 강하다.

앞에서 이야기했지만, 전자과 학생들조차도 현대자동차와 현대모비스를 가장 선호한다. 위의 두 가지 이유에 연구소가 경기도에 있다는 장점 때문이다.

기타 기계 산업 또는 기계 전공자들의 세 가지 주의 점을 살펴보자.

첫째, 전자회사에 입사한 사람들의 퇴직률이 아주 높다. 기계는 대부분 대기업 사업장들이 충청남도, 경상남도에 많기 때문에, 우선 수도권에 근무하려고 삼성전자나 LG전자로 많이 취업한다. 그런데 전자회사에서는 냉장고, 세탁기를 제외하고는 기계기술자들은 스스로가 주류가 아니라고 생각한다. 주로 기구 설계나 생산 설비 관리, 운영을 주로 한다. 그러다 보니 사기가 꺾이는 경우가 많다. 세탁기나 냉장고를 하려니 LG는 창원, 삼성은 광주로 가야한다.

둘째, 제품군별로 진입장벽이 아주 높다. 같은 기계라도, 장기간 자동차분야에서 근무하던 사람이 조선이나 중기계 분야로 넘어가기 어렵다. 조선하던 사람이 비행기 분야로 넘어가기 어렵다. 기계 분야는 제품 군 별로도 진입장벽이 워낙 높기 때문에 입사한 후에도 3년 내 빠른 시간 내에 진로를 결정을 해야 한다. 예를 들어 수도권 대학을 나왔는데 경상도에 직장을 잡았으면 그것을 계속할 것인지, 수도권으로 올라와야할 것 인지를 빨리 판단해야 한다. 삼성전자에 입사한 기계기술자라면 거기서 적성에 맞는 업무를 찾을 것인지, 기계 주력 산업으로 갈 것인지를 결정해야한다. 전자산업은 변화가 워낙 심하기 때문에 변신이 어느 정도 용이한데, 기계 산업은 변경이 아주 어렵다.

셋째, 지방에는 지방대의 영향력이 절대적이다. 울산은 조선, 화학, 자동차 산업이 발전한 도시이고, 창원은 항공, 생산기계, 중기계 산업이 발전한 도시이다. 울산은 울산대(현대 재단)의 영향력이 아주 크며, 창원은 부산대의 영향력이 아주 크다. 수도권 학생들이 적응하기가 쉽지 않다. 그런데 이것이 텃세 때문이 아니라, 지금까지 많은 수도권 출신들이 이 지역에서 지역 근무자들에게 많은 실망을 안겨준 때문이다. 선배들의 업보 때문에 후배들이 힘들어진 상황이다. 관계를 잘 만들고, 성실하게 임하면 충분히 극복할 수 있다.

기계 산업이 국가 산업의 기초이다. 기계 산업이 강한 나라는 하나같이 국가 산업 경쟁력이 강하다. 미국, 독일, 프랑스, 일본, 스위스가 대표적인 국가들이다. 반면, 기계 산업이 약한 나라는 금융 위기 이후에 제대로 일어서지 못한다. 유럽의 나머지 국가들이 여기에 해당된다.

따라서 기계공학과를 지망하거나, 기계공학을 전공하고 사회진출을 준비하는 학생들은 기계기술자로서의 소명의식과 자부심이 중요하다.

화공 부문

70년대 박정희 정부의 중화학공업 육성 정책으로 한때 최고의 인기를 누린 적이 있었다. 그러다 80년대 넘어서면서 잠시 침체했다가 2010년대 들어서면서 인기가 급상승하게 되었다. 이유를 정리하면 크게 아래 2가지이다.

첫 번째, 조선·플랜트 산업 분야에서 인력 수요가 급증했다.

원래 화공과를 나오면 화학 원료를 만드는 회사나 화학제품을 만드는 회사에 입사했다. 화학공장은 공정이 대부분 자동화되어있어서 회사 규모에 비해서 많은 인력이 필요치 않았다. 그 다음이므로 화학 인력 수요가 많이 늘어난 분야가 외국계 회사들이었다. 전자산업, 특히 반도체 산업이 발전하면서 거기에 사용한 수많은 화학제품들이 필요하게 되었다. 워낙에 종류가 많다보니, 외국계 화학 회사들이 대거 한국에 들어오게 되었는데, 여기에 필요한 인력 수요가 크게 늘었다. 이때만 해도 인력의 수요와 공급이 어느 정도 맞았다.

그런데 조선과 플랜트 산업 분야에서 화공 인력 수요가 급증한 것이다. 우리나라의 조선과 플랜트가 대부분 석유, 에너지 관련된 유조선, 시추선, 정제 공장, 화학 원료 생산 공장 등에 집중되다보니, 화공 인력 수요가 급증하였다.

두 번째, 약대시험에 유리하다고 해서 진학 인기가 올라갔다.

화공 인력의 수급에 불을 지른 사건이 약대시험(PEET)시험 제도 개설이다. 그렇지 않아도 화공 인력이 부족한 상태에서 특히 명문대의 화공과 학생들이 대거 약대

시험공부를 하기 위해서 휴학하고, 약대 시험 합격해서 약대로 가버리니 인력 공백이 더 크게 생겼다. 처음에 의학전문대학원 시험 시절에는 생명공학 관련과가 의전 시험에 유리하다고하여 생명공학과로 많이 진학하였는데, 생명공학과 졸업하여 의전에 못간 사람들의 취업 진로가 애매한 것을 보고, 2010년 이후 화공과의 인기가 급등한 것이다. 약대시험 안 되도 화공과 자체의 취업이 워낙에 잘되기 때문이다.

화공과 진로는 크게 3분야로 나눌 수가 있다. 수도권에 남으려면 외국계 기업에 들어가서 기술 영업 중심의 업무를 보고, 주력 화학 공장이나 연구소에 가려면 충청도나 울산, 여수가 주 활동 무대이다. 조선·해양 플랜트 분야도 울산, 거제도가 중심이다. 석유화학 플랜트 설계 업무는 수도권에도 설계실이 많이 있는 것으로 알고 있는데, 그것은 각자 더 세밀하게 조사하기 바란다.

식품/ 환경/ 간호 부문

식품과 의약품, 화장품 간에는 아주 밀접한 관계가 있다. 사람 몸으로 들어가는 것과 사람 몸에서 나오는 것이라는 측면에서는 식품공학과 환경공학도 연관성이 있다.

먼저 식품산업을 살펴보자. 식품산업은 식품, 식자재, 외식산업까지 다 포함하면 시장 규모가 200조 원으로 국가 GDP의 20% 정도를 차지하는 대표적인 내수산업으로 수많은 고용 창출과 창/폐업이 이루어지는 분야이다.

내수 중심의 산업이 되다보니 급여 수준이 그리 높지는 않으나 고용 시장을 놓고 보면 아주 안정적인 산업이다. CJ, 롯데 등의 대기업 계열사와 식품 전문 그룹인 SPC 그룹이 대표적이며, 이들 회사는 대기업 계열사 수준으로 높은 편이다.

식품 회사들의 특성을 살펴보면,

첫째, 안정적인 산업이다. 수 십 년 동안 안정적으로 사업을 유지해온 회사들이 많다. 주인이 바뀐 회사들을 보면 대부분이 창업주 2세들이 타 산업에 함부로 뛰어들었다가 부도가 나면서 주인이 바뀐 것이지, 식품 산업이 안 되어 부도가 난 중견 기업들은 별로 없다.

둘째, 알짜회사들이 많다. 장기간에 또는 대를 이어 연속으로 사업을 진행하다보니 부채비율이 낮고, 현금 보유율이 높은 회사들이 많다.

셋째, 수출 매출이 점점 늘어난다. 중국시장이 점점 내수시장화 되어가고, 중국 중산층 이상들의 중국 식품에 대한 불신감이 높다보니, 식품산업이 중국을 중심으로 수출 수력 산업이 될 가능성도 있다. 한류를 잘 활용하면 동남아시아 뿐 아니라, 세계시장으로도 나갈 충분한 기회는 있다.

취업이라는 측면에서 살펴보자. CJ, 롯데, SPC 등의 대기업에 들어가는 것이 가장 좋을 것이다. 그런데 식품공학과 학생들 사이에서 가장 인기가 있는 회사는 화장품 회사이다. 또한, 대학원을 나오면 삼성, LG, 린나이 등의 주방 가전이나 용품 제조회사에 입사할 기회도 많이 있다. 따라서 식품 산업은 범위가 아주 넓기 때문에 대학 4년 동안 충분히 폭넓게 세상을 볼 필요가 있다.

남성의 입장에서도 식품회사는 매력적이다. 전자나 기계 산업보다 보수는 적지만, 여성 비율이 높기 때문에 사내 결혼의 가능성은 그만큼 높다. 외벌이로 많이 버는 것보다 내가 조금 적게 벌더라도 배우자가 상당히 버는 것도 좋은 경우이다.

다음으로 환경공학과이다. 이대는 식품공학과와 환경공학과가 같이 있어서, 딸과 함께 고민한 적이 있다. 주위의 이야기를 듣고, 인터넷 조사를 해보니 상당히 매력적인 산업 분야였다. 그 특성을 살펴보면, 3가지 특성이 있었다.

첫 번째, 대기업 취업 기회가 많다. 대형 사업장에는 반드시 환경 전문 인력이 필요하다. 취업의 종류에 관계없이 다 필요하다. 따라서 회사를 골라서 갈수 있다.

두 번째, 공공 부문에 진출할 기회가 많다. 국내외적으로 환경 규제가 점점 심해지므로, 환경부뿐 아니라 산업에 관련된 정부부처나 지자체, 산하기관 등에 들어갈 기회가 많다.

세 번째, 중국 진출 기회가 많다. 중국이 아주 심각한 환경 문제에 봉착했고, 그것들을 한국 수준으로 개선하는 액수가 수백조원의 비용이 소요될 것으로 예상된다. 한국이 환경 부문에 있어서는 중국에 상당히 앞서있기 때문에 중국까지 감안하면 아주 장기적으로 안정적인 직업이 될 수 있다.

네 번째, 아직 개설 대학이 많지 않다. 따라서 아직 희소성이 있으며, 교수가 될 기회도 많다.

간호학과는 남녀 모두에게 매력 있는 전공 분야이다. 학교에 관계없이 취업률 100%, 평생 직업 가능. 그런데 한 가지 맹점이 있다. 종합병원에 가면 3교대에 근무 강도가 강하고, 동네병원으로 가면 급여가 절반으로 준다는 것이다. 그래서 여성들 경우에는 취업 후 직업 포기율이 높기 때문에 남성들에게 매력이 있는 것이다. 결혼하고 애를 낳고 간호사를 계속하자니 3교대 때문에 너무 힘들고, 동네 병원으로 가자니 탁아비와 사회 활동비가 제대로 지급되지 않으니 딜레마에 빠지는 것이다. 그런데 우리 친척 중에 한 며느리가 간호사인데, 그 장점을 파악하니 딸, 조카까지 간호사가 되었다. 양가 부모들이 애기들을 봐주시면 좋겠지만, 그렇지 않은 경우라도 충분히 주위의 의견을 들어 직업은 유지하는 것이 좋다.

우리나라도 급속히 고령화가 되고, 국가 전체적으로 의료서비스와 의료비용이 늘어나는 상황에서 간호사는 계속 지속적이고, 수요가 늘어나는 직업이 될 것이다.

남성들도 여성들의 출산, 육아에서의 애로사항 등으로 직업 포기가 많기 때문에 간부 간호사가 될 가능성이 높고, 특히 대학병원에서 기반을 잘 잡으면 거기서도 핵심 인력이 될 수 있고, 학업을 계속하면 교수가 될 가능성도 그만큼 높다.

중소기업

종소기업은 다양한 직종에 다양한 기술로 다양한 제품을 만들어낸다. 그리고 신규 인력 채용의 80% 이상이 중소기업에서 이루어진다. 또한, 서울과 수도권에 있는 기업은 대부분 중소기업들이다. 그런데 구직자들의 중소기업 기피가 심한데, 중소기업에 어떤 문제들이 있는가?

중소기업 기피 이유에 대해서는 인터넷 찾아보면 수도 없이 많은 이유들이 있고, 나는 그렇게 된 핵심적인 이유에 대해서 짚고 싶다.

그 이유의 첫 번째는 '할 일과 일할 사람은 정해져 있는데 중간에 회사가 너무 많다' 는 것이다. '할 일'은 시장의 수요, 매출 등과 같은 말이다. 파이의 크기에 비해서 포크 들고 달려드는 사람들이 너무 많다는 것이다. 그러다 보니 대기업이나 공공기관에 대해서 교섭력이 떨어져서 수주 사업에 있어서도 제대로 가격을 못 받고, 유통에 있어서도 협상력이 떨어져 납품 가격을 제대로 받지 못하는 결과가 나타난다.

정부의 중소기업 지원 정책과 창업지원 정책을 이용해서 필요이상의 중소기업들이 만들어졌고, 정리되어야 될 회사들이 제대로 정리가 안 되다보니

두 번째는 '좀비 회사와 좀비 직원이 너무 많다' 는 것이다. 좀비 회사나 좀비 직원에 대해서 말하려면 끝도 없지만, 쉽게 말해서 좀비 기업은 '스스로 가치와 이익을 만들어 독자 생존하지 못하면서 회사 직원과 다른 회사에 폐를 끼치는 회사'를 의미한다. 좀비 직원은 '스스로 회사의 가치와 이익 창출을 못하면서 다른 직원과 소속 회사에 폐를 끼치는 직원'을 뜻한다.

좀비 직원이 '진성 창업'을 한 기업을 좀비기업으로 만들고, 또, 그 좀비기업에 취업한 진성 직원을 '좀비 직원'으로 만드는 악순환이 계속된다.

이런 악순환이 중소기업 기피를 불러왔다. 그래서 중소기업계에서 좀비기업과 좀비직원을 솎아내지 않으면, 중소기업의 취업 기피는 불가피하다.

가치 경제활동 전략

앞에서 나는 '경제활동'은 인류가 생존하기위한 수단이라고 정리하였다. 개인의 입장에서는 부모의 '교육활동'의 수혜를 받아 사회에 나와 새로운 '재산', '거주', '교육'의 가치를 만들고, 다음 세대에 그 가치를 대물림 하는 핵심 '가치 생산' 과정이다.

우리는 "30년 배워서, 30년 일하고, 30년 누리면서 산다."고 정리할 수 있다. 30년 배운 지식과 지혜로 30년 경제활동을 하며, 그 성과물을 활용해서 나머지 30년을 살아간다. 얼마나 누릴 수 있을 것인가는 30년의 경제활동 시기의 성과가 거의 결정지을 것이다.

나와 나의 다음 세대를 위해서도 경제활동은 잘 하여야 한다. 나는 '가치 경제활동 전력'으로 아래와 같이 경제활동의 목표를 정리해보았다. 이 목표를 달성하기위한 사상과 계획이 '가치 경제활동 전략'이다.

경제활동 목표

- 좋은 직장 구하기
- 좋은 직장 만들기

- 혁신 및 위기 관리하기
- 좋은 관계 형성, 유지하기
- 오래 직업 유지하기
- 재산 형성하기
- 좋은 거주지 마련하기
- 자녀교육 잘 시키기

아주 쉬워 보인다. 좋은 회사 들어가서, 열심히 일해서 좋은 회사 만들고, 변화기에는 혁신과 위기관리를 통해서 회사를 지속시키고, 이를 통해서 30년 이상 회사에 다니고, 그 과정에서 임직원들과 주위 사람들과 좋은 관계 맺고, 수입의 일부를 저축해서 집도 사고, 재테크를 통해서 재산증식도 하고, 자녀 교육도 잘 시키는 지극히 상식적인 이야기다. 그런데 '안 되는' 이유가 너무나도 많다. 가장 평범하게 살기가 가장 어렵다 했던가? '남들만큼'이 가장 상식적이고 보편적일까? 그 기준이 무엇이고, 그 기준점을 제대로 설정하고 있는가 한 번 살펴볼 필요가 있다.

시기별 경제활동 전략

1기(결혼 ~ 결혼 후 10년), 내 집 마련

재산은 물론 사회진출 시부터 열심히 모아야 한다. 결혼 후에는 정말 치열하게 저축해야 한다. 결혼 후 1년간은 저축하기가 참 어렵다. 결혼 준비 시기 혼수를 한다고 해도 결혼하고 나면 살 것들이 왜 그렇게 많은지, 양가 찾아다니랴, 아기까지 바로 생기면 아기에게도 많은 돈이 들어간다. 그래도 결혼을 결심한 이상 숙제는 빨리 해치우는 것이 낫다.

결혼 후 10년간은 내 집 마련에 전력해야 한다. 첫 애가 초등학교 고학년이 되면 저축하기가 무척 힘들다. 이 시기에 몇 가지 명심할 사항이 있다.

자녀에게 너무 많은 투자를 하지 말라는 것이다. 애기는 스스로 잘 자란다. '내 아이는 특별하다'는 생각을 버려야 한다. 먹는 것 잘 챙겨 먹이고, 환기 잘 되는 곳에서 키우면 잘 자란다. 햇볕이 잘 안 들고, 환기가 잘 안되면 아토피 피부염과 기관지 질병이 많이 걸린다. 이것만 조심하면 어디라도 좋다. 자녀의 유아기 때 돈 쓰는 것은 나중에 시간 지나고 나면 아무 표시도 남지 않는다. 아기들은 자기가 사는 집이 좋은지, 안 좋은지도 모른다. 부모나 집안 가족들 등 주위의 사람들이 가장 중요하다. 양가에 자주 찾아뵙고-가능하면 도움도 많이 받아내고- 주위 사람들의 사랑을 듬뿍 받게 하는 것도 중요하다.

자녀 교육에 연연하지 말 것. 앞에 '교육 활동'편에서 이야기했지만, 애들은 글자는 최대한 늦게 가르치는 것이 좋다. 열심히 놀게 하고, 많이 들려주고, 보여주고, 말과 그림으로 표현하게 하라. 어릴 때 가르치려 하지마라. 특히 문자로 가르치려 하지마라. 또한, 애들은 심심해야 창의력이 길러진다. 심심하게 내버려둬라. 스마트폰 절대로 금물이다. 텔레비전도 가급적이면 보여주지 마라. 차라리 음악이나 자연의 소리나 옛 이야기를 들려주어라.

집을 구할 때 월세는 절대 금물이다. 전셋집 마련이 여의치 않아서 형편상 월세로 시작했다면, 둘이 힘을 합쳐서 돈을 모아 빨리 전셋집을 구하거나 집을 사야 한다. 결혼 초기 몇 십만 원의 월세가 재산 형성에는 치명적인 영향을 미친다. 월세를 벗어날 때까지는 애기를 안 갖는 것도 한 방법이다.

빌라(다세대 주택)도 한번 생각해볼만 하다. 이후 '거주 활동' 편에서 자세히 설명하겠지만, 본 집을 마련할 때까지는 빌라도 괜찮은 대안이다. 앞으로 점점 전셋집이 없어지는 상황에서 월세를 내는 것 보다는 융자내서 빌라를 사는 것도 한 방법이다.

아파트 전세보다 빌라 사는 것이 더 낫다. 예를 들어 같은 전용 18평 아파트를 1억5천만 원에 전세를 얻는 것보다 1억 원짜리 빌라를 사고, 5천만 원은 큰 평수 아파트를 사기 위한 자금으로 준비하는 것도 좋다. 4억 원짜리 아파트를 사는데 곧바로 전세를 내놓으면서 사면 현금은 1억 원만 있으면 되니, 전세를 놓으면 집 사는 데는 큰 자금이 들지 않는다.

2기(결혼 후 10년 ~ 20년), 자녀 교육

첫 자녀가 고학년이 되면 적당한 거주지를 정해서 정착하게 된다. 막내가 대학 들어갈 때까지는 이사하기 어렵다. 이때까지 내 집 마련을 못해서 이사를 다니게 되면 자녀에게 큰 손실을 입힌다. 첫 자녀가 중학교 입학하기 전까지는 빌라라도 내 집 마련을 해야 한다. 집은 가치 활동의 베이스캠프이다. 베이스캠프를 옮겨 다니면 모든 활동이 안정이 안 된다. 융자를 내서라도 내 집 마련이 되었다면 그 다음부터 명심할 사항이 있다.

주택 융자금은 가급적 첫째가 대학에 입학할 때까지는 갚아라. 엄밀하게 말하면 순 자산의 합이 현재 사는 부동산 가격을 넘어서야 한다는 것이다. 뒤에 '주거 활동' 편에서 자세히 설명하겠지만, 첫 자녀가 대학에 들어가면 그때부터는 노후 대비를 해야 한다. 늦어도 첫 자녀가 대학 졸업할 때까지는 주택 융자금은 갚아야 한다. 그러지 않으면 노후대비가 되지 않는다.

적어도 년 1천만 원은 저축해야 한다. 보통 초등학교 6학년에서 고등학교 2학년까지 많은 사교육비가 소요되는데, 사교육비를 투자하려면 중학교2학년에서 고등학교 2학년까지 집중 투자하라. 나머지 시기에는 가급적 비용을 아껴라. 재수를 염두에 두면 크게 조급할 일도 없고, 크게 돈 들어갈 일도 없다. 대학 들어가면 저축하지 하는 생각은 금물이다. 자녀가 중고등학교 다닐 때 저축 못하면, 대학 들어가도 저축 못한다.

이 시기가 자녀에게는 아주 중요한 시기이다. 그렇지만 이 시기가 자녀 장래를 모두 결정짓는 것은 아니다. 재산을 만들어둬야 자녀에게 '기회'를 줄 수 있다. 재산을 다 소진하고 자녀에게 '기회'를 못주는 우를 범하지 말자.

3기(결혼 후 20년 ~), 노후 대비, 노후 맞이

자녀가 대학에 들어가면 본격적으로 노후대비를 해야 한다. 가장의 입장에서는 사회생활을 할 연료도 별로 남지 않았다. 모든 자녀가 대학에 입학하면 대부분 아버지들은 50대를 넘을 것이고, 조만간 은퇴를 해야 한다. 은퇴 후 국민연금이 나올 때까지 소득도 불확실하고, 자녀 결혼자금도 만만치 않다. '결혼 자금은 너희가 벌어서 마련해라.' 하지만, 아들 같은 경우에는 그러려면 결혼에 아주 큰 제약을 받게 된다.

자녀가 사회진출하고 결혼을 했다고 해서 부모의 역할이 끝난 것은 아니다. 부모는 자녀를 평생 보살펴줘야 한다. 재산형성도 도와줘야 하고, 손녀 양육도 도와줘야 한다. 나는 앞에서 '베풀 수 있는 관계'가 중요하다고 했다. 평생 자녀를 보살핀다는 것은 부담이 아니며, 평생 '베풀 수 있는 관계'를 만들어가는 것이다.

그래서 가치 투자가 중요하다

다음 장에 이야기할 가치 투자는 생활 투자이고, 포트폴리오 투자이다. 가치 투자는 평생 하는 것이고, 평생 공부를 해야 하는 것이다.

다음 장에서 자세히 다루겠지만, 매년 천만 원씩 저축하면서 투자 수익률이 년 3%인 경우에는 30년 후 총액이 4억 8천만 원 가까이 나온다. 5%인 경우에는 30년 후에 6억 7천만 원이 나온다. 그리고 30년 후에 4억 8천만 원에 대한 3% 수익금은 144만 원, 6억 7천만 원에 대한 5% 수익금은 333만 원이 된다. 그래서 이 가치투자 기법을 익혀야 한다. 경제활동 과정에서의 기회와 노후 대비가 확연히 달라진다.

이 가치투자 기법을 익히는 것도 중요하지만, 그 가치투자를 위한 종잣돈을 만드는 것이 더 중요하다. 그래서 저축할 때는 열심히 저축하고, 교육 할 때는 열심히 교육하고, 노후 대비할 때에는 열심히 노후를 대비해야 하는 것이다.

이 투자 노하우는 자녀에게 상속된다. 돈을 벌어본 사람이 자녀에게 돈 버는 방법을 알려줄 수 있다. 그래서 그 투자 노하우는 나에게만 중요한 것이 아니고, 자손에게 더 중요하다.

공무원같이 살기

경제활동에 있어서 공무원이라는 직업을 한번 짚어볼 필요가 있다. 경제적인 가치를 얼마나 만들어내느냐는 논외로 하고 취업시장에서 공무원의 인기가 가장 높다. 2014년 현재 한국 사회에서 가장 선망하는 직업이 공무원이기 때문이다.

"60세까지 정년이 보장되고, 평생 연금이 나온다."

많은 사람들이 '공무원'이라는 직업을 막연히 생각하면서, 선망하면서, 도전하는데, 몇 가지 점에서 짚어보자.

• 공무원 되기 – 공무원이 되고 싶으면 의사나 약사가 되어라

공무원이 되는 가장 쉬운 방법은 의사나 약사가 되는 것이다. 전국의 보건소에 의사가 부족하다. 의사는 웬만하면 보건소 의사를 할 수 있다. 보건소 의사는 공무원이다. 보사부, 식약청 약사들이 갈 자리 아직 많다. 그렇게 쉬운 공무원 되는 길을 놔두고 왜 불확실하고, 위험한 공무원 시험에 수많은 젊은이들이 청춘을 소비하는지 안타깝다.

혹자는 '의사나 약사가 공무원은 왜 하는가?' 묻는 사람이 있을 것이다. 그러면, 나는 '의사나 약사 될 만큼 노력도 안하고 공무원이 되려고 하는가?' 묻고 싶다.

의사나 약사는 이과에서 2%이다. 공무원은 문과, 이과 합쳐서 2%이다. 난이도가 같다. 그런데 '의사, 약사가 왜 공무원을 하려하는가?' 라고 질문을 할 것이다. 한 때, '사법고시 합격한 사람이 공무원을 왜 하느냐?' 질문도 했을 것이다. 지금은 변호사들도 서로 공무원 하려 한다.

의사가 되는 것과 공무원이 되는 것이 이제 난이도는 같다. 의사가 수입은 공무원보다 훨씬 많다. 공무원 중에서도 공중 보건의는 급여가 상당히 높은 편이다—의사 중에서는 아주 낮은 편이지만.

우리가 범하는 대표적인 이중 잣대이다. 의사되기보다 어려운 공무원을 '혹시나' 하고 쉽게 생각하고 수도 없이 덤벼드는 상황. 95%는 거기에 투자한 몇 년의 시간을 전혀 보상받지 못한다.

혹자는 경찰이나 소방공무원 시험에 도전할 것이다. 불행하게도 이 직군은 계급 정년이 있어 대기업보다도 직업 안정성이 떨어진다.

앞에서 나는 '메타 생각'을 언급했다. 하나의 목표를 달성하기 위해 정진하고, 그 목표점 이상에 올라서면, 목표점 이상의 또 다른 선택의 기회가 생긴다.

불확실한 것은 없다고 생각하자. '혹시나' 하는 생각으로 시간을 낭비하지 말자. 공무원이 되고 싶으면 깨끗이 수능 다시 공부해서 의예과로 가든지, 이공계에 가서 'PEET' 시험을 공무원 시험 공부하듯이 열심히 하는 것이 빠를 것이다.

• 공무원보다 더 잘살기 – 버는 돈, 공무원만큼만 써라

공무원이 되지 않아도 공무원보다 더 잘살 수 있다. 그 방법을 살펴보자. 공무원을 부러워하는 이유는 크게 두 가지이다. 첫째, 정년까지 신분이 보장된다. 두 번째, 평생 연금이 나온다는 것이다.

첫 번째, 연금문제를 이야기하면, 글로벌 대기업에 다니는 직원들은 20년만 근무해도 30년 근무한 공무원보다 더 벌 수 있다. 나머지 20년 이후 나머지 기간은 공무원 연금만큼 벌면 된다. 대기업 다니는 사람들은 20년 동안 벌면서 공무원 월급만큼만 쓰고, 나머지를 저축하면 공무원같이 살 수 있다.

공무원들이 정년보장 되고, 연금 나오는 것은 알고 월급 적은 것은 모르는 것인가? 공무원 월급으로는 부부가 맞벌이를 하지 않으면 자녀의 중고등학교 때 사교육을 시키는 것이 힘들다. 대기업 직원으로 대기업 수입에 걸맞게 소비하면서 공무원을 부러워한다면, '인과응보'의 원칙에 충실하기를 기대해 본다.

두 번째, 공무원 신분보장 문제. 대기업은 대부분 오너 경영자가 있고, 그 오너 경영자가 평생 그룹의 큰 경영을 하기 때문에 경영 기조가 큰 변화가 없다. 그런데 공직사회는 대통령이 5년에 한 번씩 바뀐다. 특히, 보수와 진보가 상대방을 서로 부정하기 때문에, 진영이 바뀌면, 상식 이하의 기조 변화가 일어난다. 부처의 수장인 장관은 수시로 바뀐다. 대통령의 의지와 장관의 생각 양쪽을 다 읽어 처신해야 하고, 야당과 언론의 공격과 감시도 막아내야 한다. 더군다나, 지자체 공무원 경우에는 대통령과 지자체장의 진영이 다를 수도 있다. 평생 신분이 보장된다지만, 평생을 변화에 적응하면서 사는 것도 엄청 피곤한 일이다.

일부 지방 관청을 제외하고는 근무시간도 기업 못지않다. 공무원 칼퇴근은 어디서 나온 말인지 모르겠다. 특히, 세종행정도시 근무하는 사람들은 장거리 출퇴근에 여름, 겨울의 에너지 절약 시책 때문에 근무환경조차 열악하다.

평생 직장은 보장받지만, 평생 근무하기는 빙하에서 살아남기보다 어려운 세계가 공직자 세계이다. 남의 떡이 커 보이는 착각에서 빠져나와 진정 이 사회에 가치를 만드는 일을 하는 것이 더 좋을 것이다.

• 공무원 시험 도전 – 필요조건은 충족시킨 후에 하라

그나마 가장 공정한 채용이 공무원과 공사 채용이다. 공정성과 객관성을 가장 잘 준수하려한다. 공무원과 공사의 채용에서는 상대적으로 출신 학교나 전공 차별이 적다. 그래서 공무원과 공사 취업 경쟁률이 20:1이 넘는다.

그런데 공무원, 공사 시험은 대기업 채용 시험과 차원이 다르다. 대기업 채용 시험은 뽑고 싶은 사람을 뽑는 것이고, 공무원/공사는 거의 성적으로 뽑는다. 필기시험에서 20:1은 정말 대단한 것이다. 노력한다고 되는 것도 아니고, 운으로 되는 것도 아니다. 그런 채용 방식을 나는 로또 취업이라 한다. 될 가능성보다 안 될 가능성이 훨씬 높은 시험, 만약에 안 되었을 때에는 대책이 없는 시험, 대책 없는 취업 준비는 하지 마라는 것이다.

• 공무원 도전, 이제 이공계가 나설 때이다

한국은 제조업 기반의 산업이 발전하여 공무원도 이공계 출신들을 많이 필요로 한다. 국방부, 국토교통부, 해양수산부, 미래창조과학부, 농림축산식품부, 산업자원부, 보건복지부, 환경부, 식품의약품안전처 등 대부분 부처에 이과가 많아야 한다. 교육부도 이공계 출신이 많으면 이공계 중심의 교육 정책을 펼 것이다. 그러나 지금은 문과 출신이 월등히 많다.

이제 이공계가 나설 때이다. 이공계는 취업이 어느 정도 보장되기 때문에 1~2년을 투자해서 공무원에 도전할만하다. 더군다나, 2, 3학년 때의 그 지옥 같은 전공공부를 해내면서 이미 공신이 되지 않았는가? 행정학이 전자기학, 유체역학, 유기화학보다 어렵겠는가? 어려운 공부를 해냈으니, 경쟁률이 높은 시험도 도전할 자격이 있다. 3학년 때까지는 학점과 영어 잘 관리해놓고, 3학년 2학기부터 슬슬 취업 준비를 본격적으로 시작하면 된다. 휴학을 하든, 졸업 후 1~2년 더 하든지 대학원을 가든지 이후에야 공무원 준비하기를 권장한다. 만약 공무원 공부를 하다가 실패하면 그때 취업 준비를 착실하게 하면 된다.

이공계가 공무원에 많이 진출하면 공직 사회가 달라질 것이고, 공직 사회가 달라지면 한국 사회도 달라질 것이다. 사회진출하면 30년 이상은 일해야 한다. 1, 2년 늦어진다고 인생에 큰 불 이익 없다. 이공대 생들이여, 눈에 보이는 쉬운 일자리를 당장 좇지 않았으면 좋겠다.

취업하기

경제활동의 첫 단추는 취업이다. 취업은 대부분 서류전형, 필기시험, 면접으로 구성된다. 공사, 공무원은 필기시험이 중요하지만, 대기업은 서류전형과 면접이 가장 중요하다. 대기업 중심으로 취업 전략을 살펴보자.

충분조건을 갖추어라

취업의 필요조건은 첫 번째, '사회가 원하는 전공', 두 번째가 '적절한 순위의 대학 졸업', 세 번째가 '학점'이라고 했다. 이 필요조건이 갖추어진 상태에서 충분조건이 '영어'와 '자세'이다.

'영어'는 필요조건이 갖추어진 상태에서의 '충분조건'이지 필요조건이 아니다. 사회는 '영어를 할 줄 아는' 필요 전공자를 구하지, 영어만 잘하는 사람은 별로 원하지 않는다. 왜냐하면 할 줄 아는 것이 아무것도 없기 때문이다.

충분조건의 두 번째는 '자세'이다. 특히 입시의 최종 관문인 면접에서는 '자세'가 중요하다. 내가 이야기한 16가지의 자세만 충분히 갖추면 충분조건을 만족시킨다. 그런데 필요조건을 만족 못시킨 상태에서 아무리 충분조건을 갖추어도 '면접 볼 기회'조차 주어지지 않는다.

자신이 원하는 직장이 있다면 적어도 '전공'은 다듬어두고 도전하기 바란다. 학벌은 대입을 다시 보든지, 편입을 해야 바꿀 수 있다. 편입은 워낙에 불확실성이 크기 때문에 권하기는 어렵고, 요즈음 많은 대학들이 부전공, 복수전공, 2중 전공 등을 제공한다. 사회가 원하는 전공을 이런 제도를 이용해서라도 확보할 필요가 있다.

유행을 타지 마라

소문난 잔칫집에 먹을 것 없다. 사회진출을 하면 적어도 30년 이상은 경제활동을 해야 한다. 글로벌화, 양극화 되어가는 상황에서 10년, 20년 후의 상황을 전망하는 것은 의미가 없다. 더더욱 지금 인기 없는 직업, 직장은 전혀 의미가 없다. 2013년 이후 '증권회사직원'이 곤경에 취하는 것을 보면 알 수 있을 것이다. 한때는 증권맨이 주가만 오르면 대부분 '인기배우자' 설문조사에서 의사를 제치고 1위를 했던 직업이었다. 현재는 세 가지 관점에서 봐야 한다.

첫 번째, 현재, 국제 사회에서 '한국'의 위상과 역할이 무엇인가? 세계가 단일 시장화 되어가는 상황에서 공무원을 제외하고는 어느 직종도 안심할 수 없다. 그래서 현재에도 국제적으로 경쟁력이 강하고, 미래에도 강할 직종을 찾아야 한다. 국제적인 경쟁력이 없는 산업은 언제 위축될지 모른다.

두 번째, 중국에 장기적으로 필요한 것은 무엇인가? 중국시장은 내수시장이다. 서해가 멕시코만 보다 작다. 비행기를 타면 중국의 대부분 해안 도시들에 3시간 안에 도착할 수 있다. 중국은 더 이상 해외 시장이 아니며, 중국은 아시아뿐 아니라, 세계의 경제 중심이 될 것이다. 중국에 필요한 것, 중국에 경쟁력이 있는 업종을 해야 한다. 그래야 그 산업이 국내에서 침체하면 중국에서라도 재취업할 수 있다.

세 번째, 인력 수요가 많은 분야는 어디인가? 국제적인 경쟁력이 있고, 중국에 필요해도 인력 수요가 적든지, 그 직군의 평균 급여가 적은 업종은 곤란하다. 대표적인 것이 한류 문화콘텐츠 산업이다. 중국에 아주 잘 팔리고, 경쟁력이 있다하더라도 중국을 상대로 큰돈을 버는 회사가 몇 개인가? 그 회사에 들어갈 수 있는가? 그 회사의 지속 가능성과 현재/미래 연봉을 감안하면 갈 수 있는 자리는 극소수이다.

따라서 사회진출은 신중하게 해야 한다. 조급하거나 남들이 다 한다고 따라가다 가는 낭패 보기 십상이다.

여성들의 취업 전략

여성들의 취업을 특별히 빼서 언급하는 것은 세 가지를 강조하고 싶어서이다. 첫 번째는 대기업 지방 사업장이 최고라는 점이고 두 번째는 사회진출 계획을 세울 때 임신/출산/육아 변수를 반드시 넣으라는 점, 세 번째는 결코 취업의 끈을 놓지 말라는 것이다.

첫 번째, 대기업 지방사업장이 여성에게는 최고의 직장이다. 호랑이를 잡으려면 호랑이 굴에 가라는 말이 있다. 대기업 지방 사업장 특히, 조선, 철강, 자동차, 화학 등의 핵심 사업장에는 여성 근로자, 특히 대졸 여성 근로자들이 거의 없다. 대부분 의 남성 근로자과 직장생활을 하면서 자세와 대응을 적절하게 한다면 , 3년 이내에 연애나 결혼할 가능성이 거의 100%이다.

강남 테헤란로에 근무하면, 몸매 좋은 여성들 사이에서 웬만큼 외모에 투자하고, 신경 쓰지 않으면 제대로 눈에 띄지도 않는다. 또한, 그런 지역에는 남자들이 눈만 높아서 여성의 외모를 아주 중요하게 보는 경향이 있다.

지방 사업장에 취업하면 사내 결혼할 가능성도 월등히 높아질 뿐만 아니라, 대기 업 지방 사업장에서 맞벌이를 하면 그 지역에서는 유지이고 귀족이다.

앞에서도 이야기했다. 서울 출신 이공대생들이 지방 가서 정착하기 어렵다고, 그 래서 많이들 올라온다고. 이제 여성들이 나서서 그들을 받아주기 바란다. 과감하게 지방 내려가서 그 지방 대기업의 결혼 적령기의 남성 근로자들과 연애하고 결혼해서 자녀를 낳고, 정을 이루어서 살면 서울보다도 훨씬 큰 풍요로움과 행복을 얻을 수 있을 것이다.

호랑이 굴에 가서 호랑이를 잡으면 엄청난 혜택이 주어진다.

두 번째, 경제활동시의 임신/출산/육아 문제를 심각하게 고려하라. 남자들은 2~3년의 군대 공백이 생기지만, 이것은 사회진출이 2~3년 늦어지는 것이다. 반면, 여성에게 있어서 임신/출산/육아기를 제대로 극복 못하면 아무리 좋은 직장과 직업, 능력이라도 놓칠 수 있는 위험이 있다.

3년 이상 공백이 생기면 다시 전공 직업으로 돌아가기가 무척 어렵다. 그리고 전공 직업으로 돌아가지 못하면 여성들은 재취업을 해도 2백만 원 벌기가 거의 불가능하다. 주위에 출산/육아 문제를 극복하지 못하여 직장을 그만두고 자녀가 크고 (고등학교 이상) 나서 직장을 그만 둔 선택을 크게 후회하는 여성들을 아주 많이 본다. 특히, 교사, 공무원들 같은 경우에는 후회가 절절하다.

이것을 극복하는 방법은 크게 두 가지가 있다. 첫 번째, 양가 부모에게 도움을 받는 것이다. 친정이 도와줄 수 없는 상황이라면, 애기를 봐줄 수 있는 시댁을 찾아야 한다. 직장 여성에게는 25평 아파트 전세를 얻어줄 수 있는 시댁보다 손주를 양육해줄 수 있는 시댁이 훨씬 낫다.

그렇지 않으면 두 번째로 대학원 진학이다. 직장은 출퇴근 시간이 있지만, 대학원은 지도교수에게 사정을 이야기하면 배려를 받을 수 있고, 요즈음은 교수와 대학원 인원을 워낙에 늘리다보니 대학 교수 입장에서는 대학원생 받아들이기가 무척 어렵다. 그래서 대부분 이공계 in서울대학들은 학생들에게 대학원 진학을 권유한다. 연구소나 자신이 원하는 직장에 가기 위해서는 대학원을 나오는 것이 유리하다. 그렇지만 여자들은 다르다. 대학원은 출산/육아로 공백이 생길 위험이 생겼을 때 그것을 메울 마지막 카드이다.

따라서 여성들은 가급적이면 대학 나오자마자 취업하고, 결혼하고, 출산/육아로 장애가 생기면 대학원을 진학하면 된다. 굳이 학부마치고 대학원을 진학할 필요가 없다.

   세 번째, 결코 취업의 끈을 놓지 마라. 맞벌이를 하면 집안도 엉망이 되고 자녀도 엉망이 되는 반면, 생각만큼 저축은 잘 되지 않는다. 살림, 육아 문제로 부부가 싸우다가 여성이 직장을 그만두는 경우가 많은데, 결코 그래서는 안 된다. 남자든, 여자든 30년을 아무 일없이 경제활동을 꾸준히 한다는 것은 아주 어려운 일이다. 어떤 변수가 생길지 모른다.

   그런데 가정 경제의 수입을 남성 1명에게 전적으로 의존하는 상태에서 그 가장이 무슨 일이 생기면 그 가정은 바로 절벽 밑으로 추락하는 것이다. 따라서 향후 여성의 경제활동은 선택이 아니라 필수이다.

   엄마가 경제활동을 하면, 자녀들이 어릴 때에는 당연히 전업주부가 돌보는 자녀보다 상대적으로 외모나 성적이나 정서적으로 떨어진다. 그러나 자녀들에게 신경을 쓰지 못해도, 사회에 기여한 바가 음덕으로 쌓이고, 자녀들의 내공이 된다. 결국 나중에 자녀들은 일하는 엄마를 자랑스러워한다. 그리고 자녀에게 다양한 기회를 줄 수 있다. 그리고 엄마가 열심히 산 모습을 보고 자란 자녀들이 나중에는 공부도 더 열심히 하고, 의지력도 강하고 부모가 자식 간에 소통도 잘되고, 자신감도 생겨 사회생활도 더 잘한다. 또한, 재산 관리를 꼼꼼하게 하면, 자녀가 결혼하고 나서도 다양한 도움을 줄 수 있다.

   또한, 남편도 안전판이 있으므로 더 소신껏 자신감 있게 열심히 사회생활도 할 수 있다. 경제활동을 하는 여성은 남편이 '사업 하겠다'는 것만 잘 저지하면, 외벌이 가정보다 훨씬 더 누리면서, 많은 기회를 활용하면서 살아갈 수 있다. 그래서 이 땅의 워킹맘들에게 하고 싶은 이야기는, 워킹맘들이여 결코 적업의 끈을 놓지 말라!

면접에 임하는 자세

나는 '면접서적'을 보고, 팀플레이로 면접 연습하는 것은 의미가 없다고 생각된다. 기업의 면접관들은 대부분 현업에 근무하는 면접관들이기 때문에 '면접서적'에 무슨 내용이 있는지도 모른다. 면접관들이 보는 것은 자세와 진정성이다. 10~15분의 면접 시간에 무엇을 볼 수 있겠는가? 하지만 대부분 면접관들은 20년 이상 업무를 하면서 많은 사람들을 봐왔기 때문에 사람에 대한 파악들은 상당히 잘하는 편이다. 돌발적인 질문에 대한, 당혹한 상황에서 나타나는 면접자의 '자세'를 보는 것이다. 연습으로 되는 것이 아니다.

한 가지 주의할 사항은 '저 면접관이 저 질문을 한 의도가 무엇이고, 무슨 답을 원하는가?'를 순간적으로 파악하는 순발력은 필요하다. 예를 들어 80년대에 가장 많이 나오는 질문은 '데모(또는 학생운동)에 대해서 어떻게 생각하느냐?' 또는 '노조에 대해서 어떻게 생각하느냐?'였다. 면접관은 그 면접자가 어떤 생각을 가지는지는 관심도 없다. 회사가 학생운동이나 노조에 대해서 부정적으로 이야기해주는 것은 면접관에 대한 예의이다. 자기생각대로 다 말하는 것은 면접관의 입장에서는 면접자가 '이 회사에 굳이 들어올 생각이 없다'로 보이는 것이다.

경제활동 방법론

학업을 마치고 사회 나가서 경제활동을 시작하면 수많은 난관에 부딪히게 된다. 그 난관을 30년 동안 극복하면서 사회생활을 해야 한다. 사회생활은 학교생활보다 훨씬 어렵다. 학생 때는 국·영·수가 어렵고, 공업수학, 전자기학이 어렵다 했지만, 사회생활은 훨씬 더 어렵다.

업무 자체가 힘든 것보다도 조직과 나를 맞추고, 나와 주변사람들과 관계를 맞추고 유지하는 것이 더 어렵다. 좋은 사람도 있지만 싫은 사람도 있고, 나쁜 사람도 있다. 학생 때는 싫은 사람은 상대를 안 하면 되었지만, 사회생활은 필요에 따라 싫은 사람, 나쁜 사람과도 관계를 가지면서 살아야 한다. 더군다나 직속 상사가 싫은 사람이면, 사회생활은 아주 힘들어진다. 결혼을 하면 자기 혼자만의 몸이 아니다. 배우자가 있고, 자녀가 생기고, 양가 부모님들도 일정부분 책임을 져야 한다.

그래서 사회생활을 하는데 있어서는 가치자세가 더더욱 중요한 것이다. 목표는 확실하다. '행복하기 위해서' 경제활동을 하는 것이다. 30년 이상을 경제활동을 유지해야 한다. 몸이 아플 수 때도 있고, 사고를 당할 수도 있고, 회사를 나올 수도 있다. 승진에 누락될 수도 있고, 돈을 날릴 수도 있다. 나이가 들면 몸과 머리의 순발력도 떨어지고, 이해력도 떨어진다. 재취업하기도 점점 힘들어진다. 하지만 '행복'이라는 최종 목표를 향해서 우리는 정진해야 한다. 그런 차원에서 '가치자세'를 다시 되새겨 보자. 일단, 대기업에 취업한 신입 사원을 기준으로 설명하겠으며, 대부분은 대기업이나 중소기업에 해당되며, 대기업 근무의 단점이 중소기업 근무의 장점이 될 수 있으므로, 마지막으로 중소기업 근무의 장점에 대해서도 정리하겠다.

최종 목표는 30년간 직장에서 살아남기이다. 사회생활은 워낙에 경우의 수가 많고, 상황이 다르기 때문에 아래 내용은 일부일 것이다.

좋은 직장 만들기

일이 되는 방향으로 생각하자. 경제활동을 하는데 있어서 가장 중요한 자세이다. 부정적인 사고보다는 긍정적인 사고, 긍정적인 사고보다는 적극적인 사고가 필요하다고 앞에서 이야기하였다. 공부는 자기 혼자서 열심히 하면 잘할 수 있지만, 회사 업무는 조직이 움직여야지 이루어진다. 큰 조직으로 갈수록 관계가 많아지고 복잡해진다. 직원들의 입장에서는 그 중에서도 직속 상사와의 관계가 가장 중요하고, 그 다음에 유관부서와의 관계가 중요하다.

상사가 업무지시를 했을 때, '모르겠는데요', '안 해 봤는데요', '이걸 왜 제가 해야 되죠?' 라는 말은 절대로 안 된다. '모르니(또는 안 해봤으니) 잘 가르쳐 주십시오' 라고 해야 한다.

어떤 아이디어가 있어서 상사에 제안을 하거나, 타 부서원에게 협조 요청을 할 때 '이것이 회사에 큰 이익이 된다(내 실적도 된다)'는 것은 상대방에게는 별 의미가 없다. 직원들은 다 바쁘고, 새로 일이 생기는 것을 거의 다 싫어한다. 그리고 회사 이익에도 별로 관심 없다. 따라서 '내가 거의 다 할 테니 당신이 조금만 도와주면 당신에게 어떤 이익이 된다' 는 것으로 설득한다.

'적은 내부에 있다'는 말이 있다. 협력 업체나 고객을 설득하기보다 내부 임직원 설득하기가 훨씬 어렵다. 직원들이 사내 직원을 도와주는 경우는 크게 세 가지이다. 첫째, 상사가 도와줘라 해서, 둘째, 나에게 이익이 되어서, 셋째, 그 사람이 좋아서 그래서 회사 내에서는 관계를 잘 만들어야 한다. 사람들에게 '기분 좋은' 사람이 되어야 한다. 그 방법은 여러 가지 책을 찾아보기 바란다.

혁신 및 위기 관리하기

직장생활을 하다 보면 여러 번의 위기를 맞게 된다. 내 자신의 위기일 때도 있고, 우리 부서의 위기일 때도 있고, 회사의 위기일 때도 있다. 좋은 회사와 그렇지 않은 회사의 가장 큰 차이는 이 위기관리를 어떻게 하느냐에 달렸다.

사전에는 위기(危機)가 '위험한 고비나 시기'라고 나와 있다. 한편, 기회(機會)는 '어떠한 일을 하는 데 적절한 시기나 경우'라고 나와 있다. 즉, 위기는 위험이자 기회이다.

자신의 위기뿐 아니라 조직의 위기관리를 위해서는 특히 아래 3가지에 유념해야 한다.

첫 번째, 지속적인 정보수집, 업계 동향 살피기. '나는 연구개발직이니까, 연구개발만 열심히 하면 돼'하고 생각하면 안 된다. 타부서 사람과도 폭 넓게 교류하면서, 업계나 회사 전반적인 상황을 잘 이해해야 한다. 옛말에 '누울 자리를 보고 다리를 뻗어라' 했다. 다리를 뻗으려면 누울 자리 상황이 어떤지 파악해야한다. 마케팅이나 역사 등 경영, 인문학적인 소양도 갖출 필요가 있다. 기획, 홍보, 관리팀 사람들과 친숙하게 지내려면 그런 교양도 갖추어야 한다.

두 번째, 회사의 혁신 프로그램에 적극 참여하기. 그래야지 회사에서 '위기'다 하면, 그 위기의 상황과 내용, 심각성 등을 파악하고 대처할 수가 있다.

가지 많은 나무 바람 잘 날 없다고 큰 회사들은 항상 위기라 한다. 그런데 이런 상황 판단이 본인 자신에게도 좋은 기회를 줄 수 있다. 예를 들어, 업무나 부서원 중에 안 맞아 부서이동을 생각하고 있는 상황에서 그냥 '부서 옮기겠다' 하다가는 조직에 찍힐 위험이 있다.

이렇게 위기 프로그램이나 혁신 프로그램이 가동될 때 자연스럽게 타 부서로 이동할 수도 있다. 또한, 부서 내에서 이런 프로그램이 운영될 때, 의미를 알고 참여하면 훨씬 더 좋은 성과를 낼 수도 있다.

세 번째, 아이디어 수시로 제안하기. 아이디어 있을 때에는 깔끔하게 정리하여 부서장이나 직속상사에게 제안하는 것이 좋다. 당장 받아들여지지 않더라도, 주위 사람들에게 '아이디어가 많은 사람'으로 인식을 줄 수 있다. 또한, 이런 아이디어들을 잘 기록하고, 정리해두면, 다음에 적절한 시기에 조직에 큰 도움을 줄 수도 있다. 아이디어는 발상 시점과 활용 시점이 다를 경우가 많기 때문에 지금 제안한 아이디어가 받아들여지지 않았다고 실망할 필요가 없다.

좋은 관계 형성하고 유지하기

남의 탓 안하기. 나는 앞에서 '남의 탓만 안 해도 절반은 성공'이라 하였다. 우리를 불행하게 하는 사자성어 2가지가 '남들같이'와 '남 때문에'라고 언급하였다. 인간관계를 잘 유지하는데 가장 중요한 항목이 '남의 탓 안하기'이다.

'남의 탓'은 '자기 편한 대로 생각할 때 생긴다' 고 하였다. 남의 탓의 유형에는 두 가지가 있다. 일이 잘못되었을 때 핑계를 대기 위한 '남의 탓'과 내가 힘들고 괴로울 때, 그 원인을 '남'에게 돌리는 '남의 탓'이 있다.

첫 번째 경우에는 원인을 잘 밝혀내고 일이 되는 방향으로 개선을 하든지, 해결을 하면 된다. 많은 경우에 사람들은 사장이나 상사, 경우에 따라서는 동료나 후배를 탓하기도 한다. 그런데 대부분 경우 자기 자신이 해결해야 하는 경우가 많다. 그런데 또 '남이 해줘야 한다' 고 생각하면 답이 없는 것이다. 그 '남'을 설득하든지, 내가 직접 하든지 아니면 문제 해결을 다음으로 미루는 방법밖에 없다. 대부분의 경우 '아쉬운 사람이 우물을 판다'는 이치에 따른다. 그런데 내가 아쉽지 않다고 외면하다가는 나중에 재앙을 맞을 수가 있다. 아쉬운 사람이 어떻게든 해결한 후에 내가 아쉬울 때 외면해버릴 수가 있다. 따라서 조직 생활에서는 항상 협력과 합의가 중요한 것이다.

두 번째, 대부분 경우 내 탓이다. 그렇지 않은 경우는 염치가 없는 사람과 일하거나, 염치없는 사람이 내 상사일 때 자주 발생한다. 앞에서 나는 '염치없는 사람은 가급적이면 피하라'고 했다. 그 팀이 싫어서 다른 팀에 갔는데, 또 염치없는 사람이 있다. 결국 염치없는 사람과의 관계는 나 스스로 극복해야 한다.

가장 좋은 방법은 '좋은 사람'의 도움을 받는 것이다. 어느 조직이나 모두가 다 염치가 없을 수는 없고, 모두가 다 '좋은 사람'일 수는 없다. 항상 섞여있다. 내가 '좋은 사람'과 친해지고, 그의 도움을 잘 받을 수 있는 방법은 나 스스로 '좋은 사람'이 되는 것이다.

내가 '염치없는 사람' 때문에 힘들다면, 다른 사람도 그 사람 때문에 힘들 가능성이 크다. 그러면, 나 스스로 힘든 상황을 극복할 수 없다면, 다른 사람과 협업하여 극복하면 된다. '염치없는 사람'과도 적절한 관계를 유지해야 한다. 조직 내에서 어떤 사람과도 나쁜 관계를 만들어서는 내 자신에게 좋을 것이 없다. 좋은 말이지만 어디 그 실행이 쉬우랴? 정답도 없고, 해결이 안 되는 경우도 많다. 그렇기 때문에 '남의 탓 안 하겠다'는 자세로 노력하는 수밖에 없다.

염치 챙기기. 역으로 나 스스로는 염치를 챙겨야 한다. 항상 도와주고 가르쳐주는 사람에게 감사해야 하고, 보답한다는 생각으로 생활해야한다.

겸손하기. 그러다 보면 주위 사람으로부터 겸손하고, 예의바른 사람으로 인식될 수 있다.

즉, 좋은 사람 5명이 있고, 싫은 사람 5명이 있다면, 좋은 사람 5명에 가치를 두고 생활하면 된다.

오래 직업 유지하기

오래 직장 다니려면 가장 중요한 항목이 주위사람과 '좋은 관계'를 만들고 유지하는 것이다. 그래도, 업무에 치이고 사람에 치이고, 직장생활에 지치면 직장에 대한 회의를 느낄 때 가 많다. 입사 '3일', '3개월', '3년' 이 고비라는 말도 있다.

 '나의 자존감', '나의 비전', '나의 미래'라는 생각은 좋은 회사 다니는 사람들일수록 이런 고민을 하다가 퇴직하는 사람들이 많다. 대부분 자기 자신을 극복하지 못해서 나오는 경우이다.

 회사가 부실해서 회사의 미래가 불확실하다고 생각한다면 현재 일은 충실히 열심히 하면서, 다른 회사를 알아보면 된다. 회사에서 '이 일이 내 일이 아니다'라는 생각이 들면 적성에 맞는 직무나 부서를 찾아보면 된다.

 '나의 비전'을 오로지 직업이나 직장에서만 찾으려할 필요는 없다. 주5일 근무에, 사회적으로 다양한 활동을 할 기회는 점점 늘어나기 때문에 다양한 자기 계발의 기회가 있다.

 '내가 진정으로 하고 싶은 일'이 있다 싶으면 그런 것은 취미로 하면 된다. 정 회사를 옮기고 싶다면 35세 이전에 옮겨야 한다. 회사를 옮기면 무조건 손해다. 손해를 감수하면서 옮기더라도 35세 이전에 옮겨야 한다. 그 이후에 옮기면 자기 스스로의 에너지와 능력을 감쇄시키는 요인이 된다. 그리고 35세까지 한 직장에 자리를 잡았다면 그때부터는 어떻게 60세까지 버틸 것인가만 고민하면 된다. 잘릴까봐, 승진 누락될까봐, 안 좋은 부서 전배될까봐 하는 걱정들은 부질없는 짓이다.

 60세나 그 이상까지 버틴다는 목표만 세우고, 60세까지 버틸 방법만 고민하면 된다. 그러면, 결과적으로 나도 행복해지고, 가족도 행복해질 수 있다.

욕심을 버려라

 나는 '가치자세'를 이야기할 때, 욕심은 '원인 이상의 결과를 바랄 때' 생긴다고 하였다. 평사원일 때에는 회사생활하면서 크게 욕심낼 일도, 조급할 일도 없다. 대부분이 중소기업 경우에는 사장이, 대기업 경우에는 임원이나 고급 관리직들이 조급해서 욕심을 내는 경우가 대부분이다.

이런 경우에는 사장이나 상사의 입장에서 그 사람을 이해하려는 노력이 필요하다. 나이가 들면-특히 40대 후반 이후-에는 순발력, 암기력, 지각력 등 많은 육체적, 정신적 성능이 떨어지고, 자녀들 학비는 많이 들어가고, 나가도 갈 곳도 없고 등등의 예상했거나 예상치 못한 이유로 조급해질 수밖에 없다. 따라서 '제로-베이스'에서 시작해야 한다. 업무는 성실하게 수행하면서, 지속적으로 설득하여 합리적이고, 효과적인 방법을 합의에 의해서 찾아가야 한다.

일반 사원 때 주로 나타나는 욕심 증후군은 첫 번째, '파랑새 증후군'으로 대표되는 더 좋은 직장, 더 좋은 직업 없나 기웃, 기웃 대는 것, 두 번째, 업무보다는 인사고과서에 나오는 스펙 챙기기에 더 관심을 갖는 것 등이다. 세 번째는 고과가 안 좋거나, 승진에 누락되었을 때 억울해하거나 분노하는 경우 등이다.

모두 다 30년 직장생활을 하겠다는 목표를 위해서는 전혀 도움이 안 되는 증세들이다. 첫 번째 파랑새 증후군 경우는 나 스스로 열심히 일하여 성과와 능력을 길렀을 때 기회가 오는 것이지, 기웃거린다고 될 일이 아니다. 전직해서도 또 그럴 가능성이 크고, 전직 자체가 많은 손해를 감수해야 한다.

두 번째 스펙 쌓기 경우는 과장정도까지는 그 수가 통한다. 그 이상은 안 된다. 진실 되게 일해야 오래갈 수 있다.

세 번째 경우는 두 번째 경우에(스펙 쌓기에) 밝은 사람 때문에 피해를 봤다고 생각하는 경우에 많이 발생한다. 대부분의 경우 상사는 이미 알고 있든지, 아니면 업무적으로도 두 번째 경우의 사람(스펙이 좋은 사람)이 더 업적이나 능력이 뛰어난 경우이다.

30년 재직을 목표로 직장생활을 한다면, 1~2년 승진 늦어지는 것, 아무 문제도 안 된다. 빨리 승진하면 빨리 퇴직할 가능성도 같이 커진다.

또한, 직장 생활을 하는데 있어서는 능력이나 실적도 중요하지만 관계도 아주 중요하다. 특히 행복의 필요조건에 나오는 '베풀 수 있는 관계' 그 우호적인 관계가 위험으로부터 날 보호해주거나 구해줄 구원자가 될 수도 있다.

따라서 본인이 제공한 원인 이상의 결과를 바라지 말 것이며, 원인에 훨씬 못 미치는 결과가 나오더라도 억울해하거나 좌절하지 말라. 못 받은 만큼은 음덕으로 저축되어, 언젠가는 찾아먹을 것이며, 자신을 돌아보고, 미진한 부분을 보완할 기회가 될 수도 있다.

지속적인 가치 투자활동 하기

경제활동 목표 중 '재산 형성하기' 목표를 달성하려하면 가치 투자활동은 필수이다. 웬만큼 연봉을 많이 받아서는 '재산 형성하기'가 아주 어렵다. 왜냐하면 첫 번째, 사회진출 하자마자 거액의 연봉을 주는 곳이 없다. 두 번째, 연봉이 올라가면 세금과 4대 보험료가 누진제로 많이 늘어난다. 세 번째, 연봉에 걸맞게 좋은 지역에 살면, 그 지역에 걸맞게 주거비, 생활비가 많이 든다.

따라서 근로소득을 저축해서 재산 형성하기는 무척 어렵다. 맞벌이를 하면 외벌이보다 훨씬 더 많이 저축할 수 있다. 그러나 두 명 다 퇴직하거나, 둘 중 한명이 실직하면 그 소득 감소의 고통은 훨씬 커지는 것이다.

예를 들어 은퇴 후 연 3%의 이자 소득을 받는 사람과 연 6%의 투자 소득을 얻는 사람을 비교해보자. 5억의 현금이 있는 사람이 3%의 이자 소득을 받는다면 년 1천 5백만 원 밖에 되지 않는다. 12개월로 나누면 125만 원밖에 되지 않는다. 연금을 받지 않는 상태에서는 원금을 축내지 않기가 거의 불가능하다. 연금 나올 때까지는 일을 해야 한다. 반면 6%의 투자 소득을 얻는 사람은 월 250만 원이다. 어느 정도는 노후에 부부가 생활이 가능하다. 즉, 6% 투자 소득자는 5억 재산으로 3% 소득자 10억 보유 재산의 이자 소득을 얻을 수 있다.

더 중요한 것은 30년 동안 꾸준히 지속적으로 생활투자를 해온 사람은 사회진출 30년 후에 집을 제외하고 10억 이상의 재산을 형성할 수 있지만, 근로소득을 저축만 한 사람은 집을 제외하고 5억 이상 저축하기가 거의 불가능하다. 그러면 10억 재산가가 년 6%의 투자소득을 얻을 때와 5억 재산가가 년 3%의 이자소득을 얻을 때를 비교해보면 월 500만 원 대비 125만 원, 4배의 차이가 난다.

그래서 맞벌이로 근로소득을 높이는 것도 중요하지만, 투자 소득을 높일 방법을 찾는 것도 장기적으로는 아주 중요한 것이다.

재미있게 일하기

내 적성에 맞는 일은 회사에 들어가서 찾아라

취업의 필요조건(또는 충분조건)은 내가 원하는 직장에 침투하기 위한 침투수단이다. 인공위성 궤도에 올라가기 위한 로켓이다. 이렇게 궤도에 진입하고 나면, 자세를 바로 잡고, 무슨 업무를 할 것인지를 판단해야 한다. 내가 통신위성인지 군사위성인지, 과학위성인지도 판단해야 한다.

내가 희망하는 부서에서 일을 시작하든, 회사가 배치하는 부서에서 일을 시작하든 업무를 베우고 시작하게 된다. 그런데 종합대학에는 50여 개의 전공이 있지만, 글로벌 대기업에는 200개 이상의 직무가 있다. 훨씬 넓은 전공 세계가 열리는 것이다. 뿐만 아니라, 대학은 한번 학과를 결정하면 학과 자체를 바꾸기는 어렵고, 부전공, 복수전공 등으로 변신을 해야 한다. 반면, 회사는 수시로 신규 사업부와 팀들이 만들어졌다 사라지고 한다.

생각보다 훨씬 다양하고 재미있는 업무와 부서가 있다. 내 적성에 맞고 재미있는 업무를 중장기적인 관점에서 찾아가면 된다. 장기적으로 직위가 올라갈수록 부서 이동의 기회는 더 많아진다. 더 폭넓은 업무 역량을 필요로 한다.

나는 '회사 분위기가 안 맞다', '업무 적성이 안 맞다'는 이유로 퇴사를 하기보다는 장기적으로 자신에게 맞는 자리를 찾아 끝까지 버티기를 바란다. 힘들게 들어온 회사를 쉽게 나오기에는 당신의 수고가 너무 아깝지 않은가.

내가 진짜 하고 싶은 일은 취미로 하라

내가 어려서부터 하고 싶던 일이 있을 것이다. 선생님이 되고 싶다, 간호사가 되고 싶다. 그러면 봉사활동으로 하면 된다. 요리사가 되고 싶다. 음악가가 되고 싶다. 시인이 되고 싶다. 미술가가 되고 싶다. 역사가가 되고 싶다. 그러면 취미로 하면 된다.

현재는 사회적인 동호회도 많고, 학원도 많고, 책도 많고, 모든 정보가 완전히 개방되어있으므로, 노력과 의지만 있으면 얼마든지 할 수 있다. 자신이 하고 싶은 것을 굳이 직업으로 할 필요가 없다.

취미를 하려면 가능하면 은퇴 후에 용돈벌이가 되는 이상의 수준으로 하면 좋다. 그게 안 된다면 봉사활동 정도는 할 수 있는 수준으로는 해야 한다.

직업은 돈을 벌기 위해서 하는 경제활동이다. 재미있는 일, 하고 싶은 일을 찾기보다는 하는 일을 즐기면 된다. 일을 재미있게 하면 된다. 일이 재미없으면 주변의 사람들과 관계를 좋게 하여, 사람들로부터 즐거움을 찾으면 된다. 전투는 재미로 하는 것이 아니다. 살아남기 위해서 하는 것이다. 즐거움을 찾을 방법은 많다. 즐거움을 찾고, 즐겁게 사는 것이 중요하다.

제너럴리스트인가? 스페셜리스트인가?

사회경력 5년 정도 되면 가장 많이 던지는 질문이다. 시키는 일만 하다가, 일을 찾아서 해야 하고, 부하직원들이 생기기 시작하면서 관리 일이 시작되는 시점.

나는 단언한다. 스페셜리스트가 되어야 한다. 그런데 그 스페셜리스트가 한 가지 일만 할 줄 아는 사람이 아니다. '문제 해결 능력이 있는 사람'이 스페셜리스트이다. '창의적이 사람'은 다른 사람과 소통을 잘하며, 남이 원하는 것을 잘 찾아 처리해서 다른 사람을 '감동시키는' 사람이다.

문제 해결을 위해서는 자기가 하고 싶은 것만 해서는 안 된다. 주변의 것, 문제 해결을 위해 필요한 것들을 스스로 찾아서 알아가야 한다. 그게 아니라면 아는 사람의 도움을 받아야 하고, 그 아는 사람을 찾을 줄 알아야 한다.

아무리 허드렛일 같아도, 경제활동을 하면서 중요하지 않은 일은 없다. 항상 배운다는 생각, 필요한 일이라는 생각, 중요한 일이라는 생각으로 업무에 임해야할 것이다.

스페셜리스트, 창의적인 사람보다 훨씬 더 되기 힘든 사람이 남에게 '기분 좋은 사람'이다. 나도 아직 그 방법은 모른다. 아시는 분이 있으면 좀 가르쳐 주시기 바랍니다.

중소기업에서 살아남기

앞에서는 대기업 취업과 대기업에서의 경제활동 중심으로 설명하였다. 그런데 실제 현실적으로는 중소기업이 훨씬 많고, 고용 비율도 80% 이상이다.

종소기업은 워낙에 다양한 직종에 다양한 업체가 있기 때문에 자신에게 맞는 회사에 취업도 어렵고, 거기서 살아가기도 어렵다. 중소기업에서의 취업과 경제활동에 대해서만 쓰려 해도 책으로 몇 권이 되므로 거기서 가장 중요한 5가지만 짚어보자.

첫 번째, 중소기업은 회사 선택이 우선이다

중소기업은 좀비기업도 많고, 알짜기업, 강소기업도 많다. 중소기업은 직원이 자기만 열심히 한다고 되는 조직이 아니다. 좋은 회사를 선택해야 한다.

중소기업 취업자들이 회사 선택에 있어서 가장 많은 오류를 범하는 부분이 회사 규모(매출, 인원수, 코스닥 등록 여부)와 아이템으로 판단하는 것이다. 중소(중견) 기업은 규모가 되는 회사 중에도 좀비회사가 많다. 그리고 아무리 조사를 해도 내부 사정을 파악할 수 없는 회사가 대부분이고 실제로 들어가 봐야 알짜회사인지 좀비회사인지를 알 수 있다.

기본적인 조사를 마치고, 입사를 하면 크게 세 가지 관점에서 회사의 가치를 파악해야한다.

  첫 번째가 사장의 인성, 능력, 철학, 비전 등이다. 중소기업의 가치는 사장(창업주)의 가치가 대부분를 차지하기 때문에 사장을 잘 파악하면 거의 회사를 파악할 수가 있다.

  두 번째가 핵심인력 수와 그들의 능력을 봐야 한다. 회사는 한명의 사장이 다 만들 수 없다. 그래서 핵심인력의 능력과 위치가 중요한데, 아무리 능력이 있어도 그 핵심인력이 사장에 대한 발언권이 약하거나, 언제든지 잘릴 수 있는 위치라면 아무 의미가 없다.

  세 번째가 업계에서의 위치이다. 중소기업은 '기술력이 좋다'는 것은 아무 의미 없다. 업계에서의 위치, 대기업이나 정부/공공기관과의 관계와 같이 업계에서의 위치가 더 중요하다. 대기업과 경쟁관계에 있다면 크게 발전하기 어렵고, 해당 기업이 업계 2위 업체인데, 1위 업체의 영향력이 절대적이라면 이 또한 큰 비전이 없다.
  이런 회사의 상황을 파악하고 입사 및 근무를 판단해야 한다.

두 번째, 회사와 동반성장해야 한다

  중소기업 임직원 중에도 대기업 직원 이상의 대우를 받는 사람도 많다. 그러려면, 직원 스스로가 핵심 인력이 되어야 한다. 아무리 회사가 급성장을 해도 스스로 핵심인력이 되지 못하면 좋은 대우를 받지 못한다. 한편, 조직 체계를 잡았고, 핵심 멤버가 구성된 상황에서는 핵심 멤버로 들어가기가 무척 어렵다. 반면, 제대로 조직체계/사업체계를 못 잡은 회사는 우수 중소기업이 못될 가능성이 크다. 따라서 현재 상태뿐 아니라, 미래 상태까지 예측하기는 무척 어렵다. 경영진이나 직원들과 많은 대화를 나누면서 가늠해야 한다.

세 번째, 중소기업이 요구하는 능력을 보유해야 한다

대기업에서 요구하는 능력과 중소기업에서 요구하는 능력이 상당히 다르다. 대기업은 부서와 업무가 아주 세분화되어 있어서, 전문 업무 역량과 타부서와의 협업 능력, 소통 능력이 중요하다.

한편, 중소기업은 여기에 추가해서 경영진과의 소통능력, 문제해결 능력이 중요하다. 그러려면 사장의 철학과 비전을 잘 이해하려는 노력을 해야 한다. 또한, 대기업은 어려운 문제에 부딪히면 주위에 도와주거나 해결해줄 사람이 많이 있지만, 중소기업에서는 스스로 해결해야 하는 경우가 많다. 따라서 문제해결을 위한 주변 지식이나 정보도 중요하다.

네 번째, 회사에서 살아남는 것보다 업계에서 살아남아야 한다

좋은 중소기업에 입사해서 은퇴 할 때까지 함께할 수 있으면 더할 나위 없이 좋지만, 중소기업은 이렇지 못하다. 잘 나가던 회사도 1년 만에 갑자기 망할 수 있고, 1위 업체가 시대의 흐름을 잘 읽지 못하면 쓸모없는 회사가 될 수도 있다.

그리고 중소기업 경력은 동종 업계에서는 어느 정도 인정을 받을 수 있지만, 한 발짝만 벗어난 업계 회사로 들어가도 전 직장에서의 경력이 인정을 못 받는 경우도 많다. 실제로, 입사지원서를 보면 경력 백화점인 경우도 수없이 많이 본다. 즉, 안 해본 기술이 없는 사람들이 있다. 다 잘하면 상관이 없는데, 많이만 해보고 깊이가 없는 사람들도 많이 본다.

따라서 중소기업에 다니는 사람들은 언제 회사를 나오더라도, 스스로 빨리 재취업할 수 있는 능력과 스스로의 가치를 만들어야 한다. 즉, '나는 어떤 사람이고, 어떤 강점이 있고, 날 채용하면 회사에서 어떤 이득을 얻을 수 있다'는 스토리를 만들어야 한다.

그것들을 잘 다듬고 준비하면 공무원보다 오래 업계에서 경제활동을 할 수 있다. 그러지 않으면 춥고 배고픈 광야에서 유목민 생활을 해야 한다.

다섯 번째, 악착같이 저축하라

중소기업은 대기업에 비해서 급여 수준이 낮고, 신분 보장이 약하기 때문에 악착같이 돈을 만들고 모아야 한다. 나이가 들어 능력이 예전같이 않게 되면 나와 내 가족을 지킬 수 있는 것은 지금까지 모아둔 재산이 큰 부분을 차지한다. '남들같이' 쓰려하지 말고 많은 것을 포기하고 저축하고 집을 빨리 마련하라. 집은 가정과 경제활동의 베이스캠프이다.

창업은 하지마라

경제활동을 논하면서 마지막으로 당부하고 싶은 말씀이다. '도전하는 기업가는 아름답다.'는 말은 나라님 말씀이고, 나는 한국에서 '사업을 해서는 안 된다.'고 확신하는 사람이다. '한 푼이라도 남의 돈이 오질다'는 우리 어머니의 말씀이 진리이다.

기술 있는 사람은 취직하면 되고, 돈 있는 사람은 투자하면 된다. 기술도 어중간하고, 돈도 어중간히 있는 사람들이 대부분 사업한다.

나는 '창업 저지 컨설팅'을 하면 95%이상 창업을 저지시킬 자신이 있다. 기회가 되면, 창업하겠다고 고집부리는 남자의 아내들을 상대로 '남편 창업저지 컨설팅' 사업을 해볼까하는 생각도 하고 있다.

원리는 간단하다. 내가 만든 '사업계획서'양식에다 남편이 내용을 채워 넣어 제출하면, 검토하면서 하나씩, 하나씩 안 되는 이유를 부부에게 설명해주면 된다. 그 중에는 정말 사업이 될 만한 아이템이 있을 것이다. 그러면, 투자유치 방법이나, 정부지원 방법을 알려주고, 나도 일부 투자할 것이다.

이유는 간단하다. 첫 번째, 할 일과 일할 사람은 정해져 있는데 중간에 숟가락 걸친 사업가가 너무 많다는 것과 두 번째, 대부분 사업을 시작하면 아쉬운 입장에서 시작하여 아쉬운 입장으로 사업을 한다는 것이다.

본인의 도전정신, 승부욕으로 시작하지만 가족들이 짊어져야할 위험은 어떻게 감수할 것이고, 사업이 잘 못 되었을 때 가족들이 입을 피해는 어떻게 보상받을 것인가?

사업실패에 대한 안전장치가 전혀 갖추어져 있지 않고, 사업 실패에 대한 무한책임을 져야 하는 한국 사회에서는 사업을 한다는 것이 나뿐 아니라 가족과 주위 사람들까지 위험지대로 내 볼 수 있다는 측면에서 사업은 하여서는 안 된다고 생각한다.

한 가지 대안은 '투자 취업'이다. 본인이 하고 싶은 사업 분야가 있다면, 그 분야를 업으로 하는 진성 기업을 찾아서, 투자조건부로 취업하는 것이다. 처음부터 투자하면 안 되고, 일정기간 근무한 후에, 투자조건과 근무조건을 정하여 투자 취업하는 것이다. 그러면, 본인은 자신이 하고 싶은 일을 할 수 있고, 투자를 잘하면 투자수익을 얻을 수도 있고, 투자지분만큼 상당한 입지를 가지고 일할 수 있는 것이다.

사업가에게도 좋고, 투자자에게도 좋은 '투자취업' 생각해볼만 하다. 그러나 내 경험상 상당히 신중하게 결정해야 한다.

이제는 엄마들이 나서야 한다

남성의 근로소득은 보금자리를 만들고, 자녀를 양육하고, 노후를 대비하는 용도로 쓰이고, 과정에서 위험으로부터 가족들을 보호하기 위한 목적으로 쓰여야 한다. 자녀 교육 때문에 내 집 마련이 안 되고, 노후 대비가 안 되고, 위험으로부터 가족을 보호할 수 없다면, 총알이 빗발치는 전쟁터에 보호 장치도 없이 적진에 뛰어드는 것과 똑같은 것이다.

이론은 아주 쉽다. 자녀의 사교육비는 엄마가 벌면 된다. 아빠의 소득은 주거비, 노후대비, 위험관리에 쓰면 된다. 한국의 남성들은 취업하면 30년 이상을 일하면서 살아야 한다. 열심히 일한 대가는 노후에 받아야 한다. 30년 넘어 열심히 일했는데 남는 것은 집과 퇴직금밖에 없다?

남성 인권 유린이다.

엄마가 버는 만큼 자녀 사교육 시키면 된다. 많이 시키고 싶으면 많이 벌면 되고, 적게 벌면 적게 시키면 된다. 억대 연봉을 받아도 쥐꼬리 받아왔다고 남편 원망하는 여성들은 나가서 돈을 한번 벌어보면 사회에서 백만 원 벌기가 얼마나 어려운지 알 것이다.

욕심을 버리자, 감사하자 그리고 고민하자. 나와 가족과 자녀의 행복에서 무엇이 중요한지. 그러면 답을 찾을 수 있을 것이다.

이제는 아빠들도 주장해야 한다

자신이 벌어준 돈이 어디에 쓰이는지 파악해야 한다. 무조건 저축은 되어야 한다. 저축액을 떼고 쓸 곳을 고민하면 된다.

이제 아빠들이 자녀의 진로 지도에 나서야 한다. 세상은 다양한 직업이 있다. 많은 사람들을 만나고 직업의 세계 이야기를 들어야 한다. 피곤하고 돈 들고 별 이익이 없을 것 같아서 사람 만나는 것을 피하지 마라. 동문회, 동호회, 봉사활동 적극 참여하면서 사회에서 일하는 많은 사람을 만나고, 많은 직업을 접하라. 자녀의 진학 지도도 아는 만큼 비용이 절약된다.

누릴 것은 꼭 누려라. 주말에 잠자거나 TV만 보지 말고 취미활동, 사람 만나기, 독서, 문화 활동 등 제한된 비용 범위에서 누릴 건 누려라. 그래야 노동에도 활력이 생긴다.

비싼 지역, 좁은 집에서 안방과 거실을 넘나들며, 가족들 눈치보고 살지 말고, 내 방을 주장하라. 남성에게 서재 방은 삶의 차원을 달리한다. 공부는 자녀 자신이 하는 것이다. 자녀 공부 때문에 내 삶을 희생하지 마라. 계속 기회를 줄 수 있으면 된다. 단, 동기부여, 방향 제시는 아빠가 해야 한다.

4장

행복가치 재산활동

교육활동을 통해서 취업이 되고, 경제활동에 의해서 근로소득이 생기면 그 다음부터는 재산 증식을 해야 한다. 재산 증식은 재산활동에 의해서 이루어진다. 그러면, 행복가치 재산활동에 대해서 살펴보자. 부동산 투자부분은 5장 행복가치 거주활동에서 다루고 현재 장에서는 주식, 현물(금, 외화 등)과 보장성 자산 중심으로 다루겠다.

행복가치 재산활동이란?

———

행복가치 재산활동은 행복가치 투자이며, 행복을 만들어내기 위한 재산증식 활동이다. 행복가치 투자는 가치투자이며, 포트폴리오 투자이며, 생활투자이다.

가치 투자란, 가치 있는 것에 투자하는 것이다. 항상 상품에는 본연의 가치가 있고, 사람들에 의해서 매겨지는 가격이 있다. 가치도 시간에 따라 변동하지만, 가격도 항상 변동한다. 투자 수익은 가격 상승에 의해서 이루어진다. 가격 상승은 가치가 올라가서 가격이 상승할 수도 있고,

가치에 비해서 가격이 낮은 상품이 가격을 회복하는 과정에서 가격이 상승할 수도 있다. 따라서 상품 본연의 가치를 잘 파악하는 안목을 갖는 것이 중요하다.

포트폴리오 투자란, 상품들 간의 가치와 가격의 시차를 이용하는 투자이다. 어느 시기에 주식이 고평가되어있고 부동산이 저평가되어있다면, 주식을 팔아 부동산을 산다. 그 후 주가가 떨어지고, 부동산 가격이 오른다면 다시 부동산을 팔아 주식을 사는 방식이다. 항상 상품의 가격과 가치는 변동하고 가격과 가치 사이에는 간격이 발생하고, 상품들 간에도 간격이 발생하기 때문에, 항상 그 간격을 파악하는 것이 중요하다.

생활 투자란, 사람이 경제활동을 시작한 이후에 하는 평생 투자이다. 판단력이 흐려져 손실 위험이 커지지 전까지는 계속 투자활동을 해야 한다는 것이 생활 투자이다. 근로활동을 중지한 이후에도 투자활동은 계속되어야 한다.

행복가치 투자, 왜 필요한가? (목적)

행복가치 투자는 재테크이다. 재테크가 왜 필요한가? 나에게 가치투자는 사업 실패로 거액의 빚을 진 상황을 탈출하게 하는 결정적인 역할을 해주었다. 경제적인 위기 상황에서 벗어나게 해준 세 가지 요인이 아내의 맞벌이, 형제들의 도움 그리고 재테크였다.
아내의 맞벌이가 도움이 된 것은 당연한 것이고, 형제의 도움은 이자를 절반으로 떨어뜨리는 역할을 해주었다. 부채 규모가 크다보니 제1금융권에서는 그만큼 담보대출이 안 되어 제2금융권으로 옮겼더니 엄청난 이자 부담이 발생했다. 형제들이 일부 자금을 빌려주어서 제1금융권으로 옮겼더니 이자가 절반 이하로 줄었다. 세 번째가 재테크였는데, 순 부채를 없애는데 결정적인 역할을 하였다. 사두었던 빌라 가격이 회복되고, 주식과 금에서의 상당한 투자 수익이 발생했기 때문이다.

행복가치 투자(또는 재테크)의 목적은 재산을 증식시키는 것이다. 재산 증식의 필요성은

첫 번째, 경제적인 기반조성
두 번째, 위험 대비
세 번째, 노후 대비
네 번째, 자녀에 대한 투자
다섯 번째, 노동해방

로 정리할 수 있다. 이를 통하여, 행복의 필요조건인 건강을 지킬 수가 있고, 관계된 사람들과 나누고 베풀 수 있고, 경제활동과 재산활동의 성과를 증대시켜 만족을 채울 수 있다.

첫 번째, 경제적인 기반조성을 조성해야 한다. 결혼 후 보통 내 집 마련 기간을 10년으로 잡는다. 그런데 10년 동안 예금이나 적금에 넣어두면 돈을 헛되게 쓸 수 있다. 또한, 10년이라는 장기간에 1억 원이 넘는 재산을 재테크를 하느냐, 은행 이자만 받느냐에 따라 금액으로도 큰 차이가 날 수 있다. 따라서 경제적인 기반의 잡는 시기에의 재산 투자활동은 아주 중요하다. 두 번째, 세 번째는 새삼 말할 필요도 없다.

네 번째는 자녀에 대한 투자. 한국에서는 자녀가 초등학교 고학년에 올라가면 본격적인 사교육에 투자하게 된다. 대부분의 경우 결혼 후 약 15년 후 가 될 것이다. 이때까지 안정적인 보금자리를 마련해야 하고, 그것을 기반으로 본격적인 자녀의 대학 입시를 위한 교육활동에 돌입하게 되는데, 이때까지 모아둔 재산이 없거나, 투자기법을 모르면 근로소득의 상당 부분을 사교육에 투자해야 한다. 그러면, 더 이상의 재산 증식은 힘들어진다.

또한, 이 투자 지식, 노하우는 자녀에게 전수할 수도 있다. 즉, 지식과 경험의 상속이 이루어진다. 그 자녀는 이후에 부모의 일정한 경제적인 지원과 전수된 투자 지식에 의해서 경제적인 기반을 보다 더 일찍 잡을 수가 있다.

다섯 번째, 노동해방. 경제활동을 하는 남성, 특히 가장의 입장에서는 아주 중요한 가치이다. '먹고살려고 일을 하느냐?', '먹고살만해서 일을 하느냐?' 는 상황내지는 위치가 일하는 자세를 완전히 달라지게 할 수 있다.

45세 즈음에 월 200만 원 이상의 투자 소득이 발생하면 자녀 교육비에도 상당히 도움이 될 뿐만 아니라, 실직을 하더라도 실업급여와 투자 소득으로 상당기간 유지할 수가 있으므로, 직장생활을 상당히 정신적으로 여유 있게 할 수가 있다. 또한 투자 수익이 월 500만 원 이상 되어, 직장 생활을 안 해도 먹고사는데 아무 지장이 없는 상태에서도 일을 한다면, 직장생활이나 근로활동에서 새로운 가치를 찾을 수 있을 것이다. 보다 창의적으로 일을 할 수 있고, 주위 사람들과의 관계도 훨씬 원만하게 유지할 수 있을 것이다.

반면, 투자소득이 없고, 부동산 원금/이자 상환 비용 또는 월세 비용이 들어간다면, 여유는 고사하고 항상 쫓기고 아쉬운 입장에서 근로활동을 해야 한다. 특히 외벌이 가장의 입장에서는 출구 없는 공간에서 최소 10년을 발버둥 치는 삶을 살아야 한다. 그렇게 준비 안 된 상태에서 '카더라' 방송을 타고 허구를 쫓는 투자를 하거나, 사업을 시작하면 있는 재산도 날리고, 잘못하면 다니던 직장까지 그만두게 되는 상황이 발생할 수 있다.

근로소득으로 아등바등 살아도 나름 행복을 찾을 수는 있겠지만, 경제적인 여유가 있는 사람과는 그 행복의 질이 상당히 달라진다.

그래서 행복가치 재산활동은 선택이 아니라 필수인 것이다.

행복가치 투자의 원리

재산의 4가지 성격

우리가 증식하려는 재산은 4가지 성격이 있다. 바로 수익성, 보존성, 교환성, 효용성이다.

- 수익성은 일정한 기간 내에 수익을 내는 성격이다.
- 보존성은 얼마나 오랫동안 가치가 보존되는가 하는 성격이다.
- 교환성(또는 환금성)은 얼마나 빠른 기간 내에 가격만큼의 다른 재화/용역으로 교환할 수 있느냐하는 성격이다.
- 효용성은 소유자에게 얼마나 편리하고, 쓸모 있게 사용될 수 있느냐하는 성격이다.

대체로 부동산은 수익성, 효용성은 높은데, 보존성과 교환성이 떨어진다. 주식은 수익성과 교환성은 높은데 보존성과 효용성이 떨어진다. 현금은 보존성, 교환성은 높은데 수익성과 효용성이 떨어진다. 동산은 효용성은 높은데 수익성, 보존성, 교환성이 떨어진다.

재산의 이런 성격을 이해하고 재산 증식을 위한 행복가치 투자 원리를 알아보자.

포트폴리오 투자 원리

재산 투자에 있어서 가장 중요한 것은 안전성과 수익성이다. 안전성이 높아도 수익성이 없으면 안 되고, 수익성이 높은데 안전성이 없으면 안 된다. 이것들을 상호 보완하는 것이 포트폴리오 투자이다.

[그림 1]과 같이 재산은 수익성 자산과 교환성 자산, 보장성 자산으로 나눌 수 있다. 수익성 자산은 투자 수익 가능성이 큰 자산으로 주식, 부동산, 금, 외화를 들 수 있다. 교환성 자산은 현금으로 예금, 적금 등의 형태로 보유하게 된다. 보장성 자산은, 보존성에다 사고 위험을 보장해주는 기능이 포함된 보험, 연금 등의 재산이다.

우리는 취업을 하면 근로소득이 만들어진다. 이것을 예금 통장에 넣고(①), 일부는 보험료나 연금으로 납입한다(②). 일정한 금액이 모이면 수익성 자산에 투자한다(③). 일정한 기간이 지난 후에 수익이 발생하면, 수익성 자산들 간에 차익 투자를 한다(④).

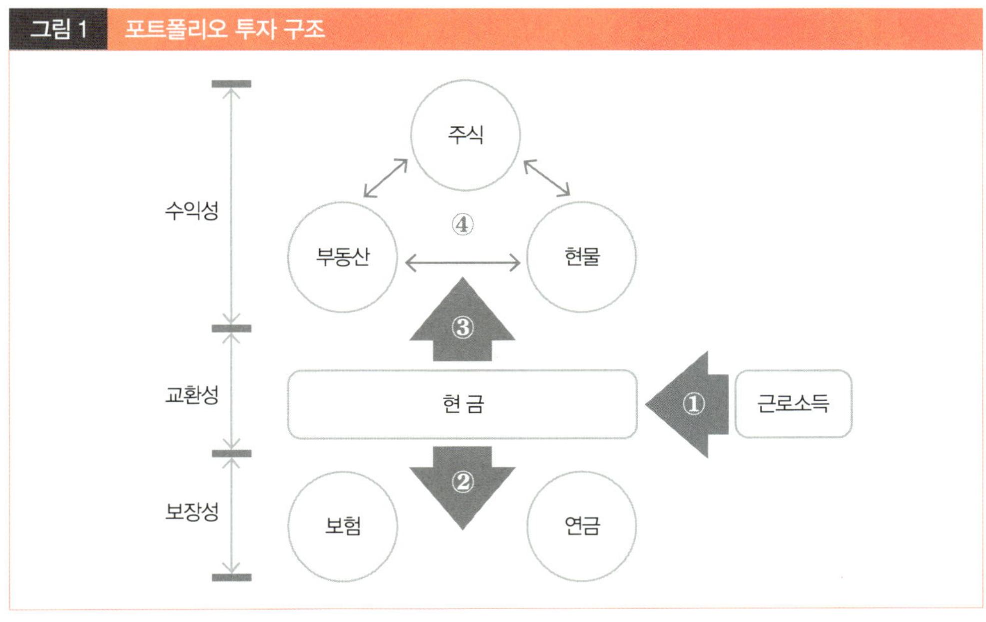

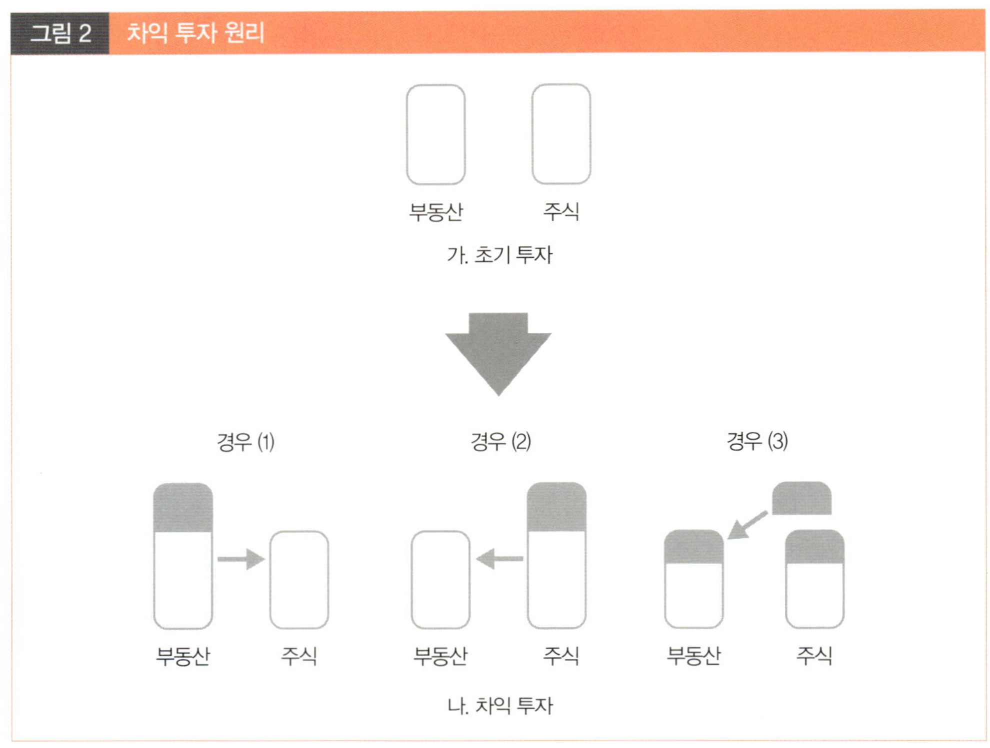

포트폴리오 투자 원리는 [그림 2]와 같다.

가. 초기 투자 : 처음에 부동산과 주식에 5천만 원씩 투자를 하였다. 부동산은 전세를 끼고 사면 5천만 원이면 웬만한 투자성 매물을 살 수 있다. 2년 동안 열심히 추가 저축을 해 둔다.

나. 차익 투자 : 전세계약 기간이 만료되는 2년 후에 가격 차이를 비교한다.
　경우 (1) : 부동산 가격은 오르고, 주식 가격은 그대로 이거나 떨어졌다.
　– 부동산을 팔아서 주식을 추가 매입한다.

　경우 (2) : 부동산 가격은 떨어지거나 그대로이고, 주식 가격은 올랐다.

   – 주식을 팔아 부동산 전세 임대를 월세로 전환하거나, 추가로 투자용 부동
     산을 한 채 더 산다.

   경우 (3) : 부동산 가격도 떨어지고, 주식 가격도 떨어졌다.
   – 그동안 저축한 돈으로 주식을 추가 매입하거나, 투자용 부동산을 한 채 더
     산다. 또는, 전세 임대를 월세로 전환한다.

  물론, 부동산 가격도 오르고, 주가도 오르는 경우도 있을 것이다. 가장 흐뭇한 경우일 것이다. 이때는 당연히 상황을 봐서 차익 투자를 하든지, 투자 자산을 현금화해서 관망 모드로 들어간다.

  이렇게 행복가치 투자는 근로를 통해서 근로소득을 얻어가면서 평생에 걸쳐서 이루어져야 하며, 자녀들에게 상속되어 지속되어야 한다(생활 투자). 또한, 가격과 가치 사이의 차이를 이용하는 투자이며(가치 투자), 자산들 간의 시간적인 가격 차이를 이용하는 투자(포트폴리오 투자) 이다.
  또한, 보장성 자산도 '약관대출'을 이용하여 투자 자금화 할 수 있으므로, 위험 보장을 보장받으면서도 수익성 자산에 투자할 수 있다.

포트폴리오 투자 수익률

  [그림 3]을 보면 투자 수익률별 증식 재산을 알 수 있다. 매년 1천만 원씩 30년간 저축하면서 투자했을 때, 투자 수익률별 증식 재산을 그린 그래프이다. 2%(현재 예금 금리, 복리)로 투자 수익을 발생시키면 30년 후에 투자원금 3억 원, 증식자산 1억 1천만 원가량 된다. 중간에 3억 원짜리 거주지를 마련했다면 현재 투자 자산은 1억 1천만 원정도 되고, 매년 투자 수익은 220만 원(월 약 20만 원) 가량 될 것이다. 물가

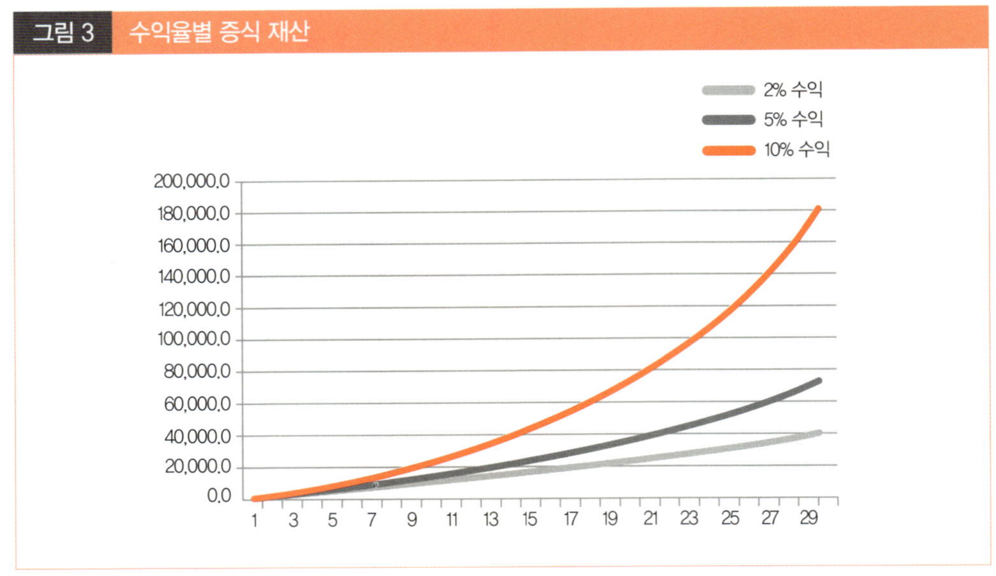

상승률을 감안하면 화폐가치도 제대로 보존하지 못한 상황이 발생한다.

　5% 수익률로 30년을 투자했을 때, 증식 재산은 4억 원 정도, 거주지를 제외한 투자 자산은 4억 원, 연 투자 수익은 2천만 원 정도 된다. 퇴직금과 연금을 감안하면 적당한 자산과 투자 수익금이 된다.

　10% 수익률로 30년을 투자했을 때, 증식 재산은 15억 원 가량, 거주지를 제외한 투자 자산은 15억 원, 년 투자 수익은 1억 5천만 원 정도 된다.
　불행하게도, 앞으로 이런 일은 발생하지 않을 것이다. 나는 30년간 매년 10% 이상의 투자 수익을 발생시킬 합법적인 투자처는 없다고 생각한다. 그렇지만, 포트폴리오 투자 기법을 이용하면 경제 상황에 따라서 연 5~10%의 투자 수익률은 기대할 수 있다. 투자 자산 5억 원, 연 수익 2천만 원 이상의 투자 모델은 만들 수 있다.

포트폴리오 투자 시 주의사항

이렇게 투자해서 돈을 다 벌 것 같으면 누가 돈을 못 벌겠는가라고 말하지만, 자산 투자에서는 돈을 버는 사람보다 잃는 사람이 훨씬 많다. 다음에 자세히 설명하겠지만 크게 두 가지는 명심해야 한다.

첫 번째, 장기적으로 금융 비용 감당할 수 있어야 한다. 대부분의 투자는 융자를 일부 활용하여 이루어지게 되는데, 금융 비용을 감당할 수 없으면 투자를 포기하면서 거액의 손실을 감수하게 된다.

두 번째, 가치 있는 자산에 투자해야 한다. 자산의 가치를 판단할 능력과 안목을 길러야 한다.

세 번째, 현금 유동성은 항상 유지해야 한다. 융자를 얻었다 하더라도 원금을 당장 갚을 필요는 없다. 그리고 이자 내고 나서 저축을 못한다면 그런 무리한 투자를 해서는 안 된다. 이자가 나가고, 융자 원금이 남아있더라도 저축은 꾸준히 지속되어야 한다.

투자환경 분석

이전에 없었던 투자환경 (2014년 5월 기준)

2011년 유럽 발 금융위기가 발생한 후 이전에 없었던 특이한 투자환경이 지속되고 있다. 물가, 주가, 부동산 가격, 현물 가격 등 모는 재산 가격이 하방 안정화되면서 상승할 조짐을 별로 보이지 않는다. 반면, 무역 수지 흑자에 따른 시중의 유동성 자금은 급속도로 늘어나 700조 원을 넘어섰다. 자금이 방향성만 잡으면 폭발적으로 이동할 잠재 여건은 만들어졌다.

이럴 때 일수록 현금 확보 즉, 저축의 중요성이 크다. 그만큼 화폐 가치의 하락 가능성이 적고, 자산 가격이 움직이기 시작할 때 수익을 올릴 가능성이 크기 때문이다. 부문별로 살펴보면 다음과 같다.

주식시장

주식시장은 대체로 3년 주기로 움직여왔다. 1997년 외환위기 이후 폭락장을 살펴보면 2001년, 2003년, 2008년, 2011년을 들 수 있다. 그런데 이번의 주식 시장은 예년과 다른 것 같다. 종합주가지수가 2011년 7월 폭락이후 3년째 옆걸음을 치고 있다.

종합주가지수로는 고점대비 15%정도밖에 떨어지지 않았지만 50%이하의 시가를 형성하는 대형주들이 아주 많다. 2008년 당시의 전전 고점에도 미치지 못하고 있다.

부동산 시장

부동산 시장은 지금까지 10년 주기로 움직였다. 대표적인 급등기별로 주요 지역과 진정 방법을 정리하면,
- 1970년대 말 : 강남중심, 오일쇼크와 5공화국의 가격 억제 정책에 의해서 진정
- 1980년대 말 : 수도권전역, 6공화국의 신도시 정책으로 진정
- 2000년대 중반 : 버블세븐 중심, 글로벌 금융위기와 신규 아파트 공급으로 진정

2008년 미국발 금융위기 이후에 매매가는 지속적으로 떨어졌으며, 하우스푸어, 렌트푸어 등을 양산하며, 전셋값은 급등하고, 월세 전환율이 월등히 올라간 상태이다.

현물시장

금과 외환이 장기간 안정되면서, 투자 대상으로서의 매력을 잃은 상태이다.
즉, 정리하자면, 2014년 5월 현재 상황에서는 마땅한 투자처가 없는 없다. 그러나 언젠가 기회는 오게 되어 있다. 우리는 이 기회를 잡을 준비를 해야 한다. 안 올 것이라고 생각하다가 오면 또 잘못된 대처를 하게 된다.

행복가치 투자 자세

이런 환경에서 우리의 행복가치 투자 목적을 달성하기위한 투자 자세는

- 재산 증식을 위해서 평생 투자활동을 하겠다.
- 지속적인 노력을 통해서 착각 없고, 욕심 없고, 긍정적인 투자를 하겠다.
- 부자가 될 수 있다는 희망 투자활동을 하겠다.
- 후손에게 상속할 수 있는 재산과 노하우를 만들겠다.

로 정리할 수 있겠다.

행복가치 투자활동 전략

행복가치 위한 투자활동 전략은

- 투자 수익 목표 : 연 5%의 지속적인 투자 수익
- 투자방법
  - 주식과 부동산과 현물을 이용한 포트폴리오 투자 방법
  - 보험과 연금을 활용한 안전 투자 방법

주식투자 원리

주식투자 원리는 아주 간단하다. 쌀 때 사서 비쌀 때 팔면 된다. [그림 4]와 같이 주가는 전고점에서 떨어지기 시작하여 현저점을 지나 상승하기 시작하여 후고점에서 상승을 멈추고 다시 떨어지기 시작한다. 이 과정에서 주식을 쌀 때 사서 비쌀 때 팔면 된다. 그런데 이 쉬운 원리가 많은 사람들이 어렵다고 한다. 그러면 먼저, 주식 투자의 본연의 가치를 살펴보고, 주식투자가 어려운 이유를 살펴보자.

그림 4 주식투자 원리

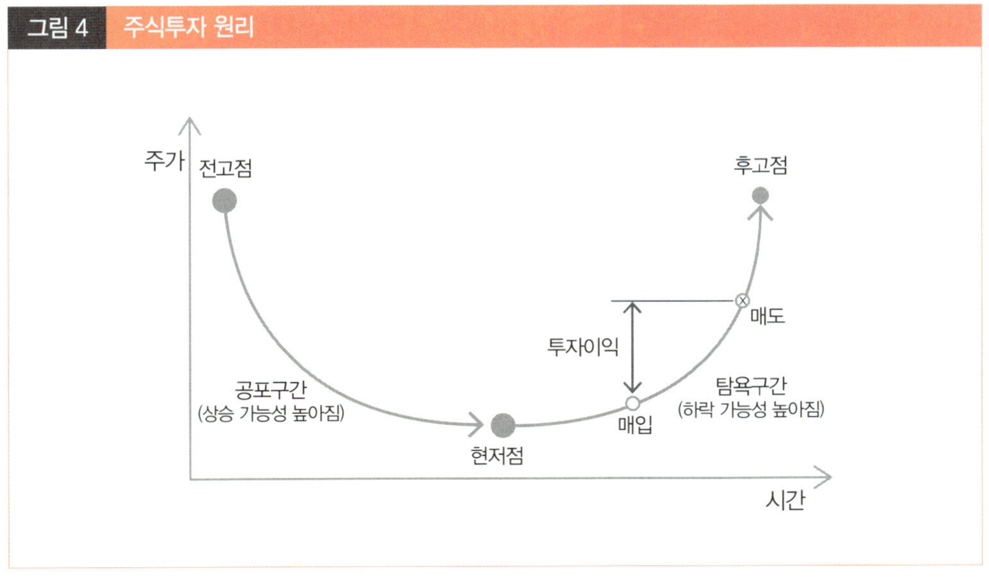

• 주식 투자의 매력

부동산, 현물과 같은 다른 포트폴리오 투자 대상에 비해서 주식 투자가 매력적인 것은

첫 번째, 언제든지 들어갈 수 있다.

두 번째, 단기차익과 장기차익과 배당금이라는 세 가지 수익을 추구할 수 있다.

세 번째, 국내외 경제 상황을 전반적으로 파악하는데 도움이 된다.

는 점이다.

• 주식투자의 본연의 가치

주식은 현대 자본주의를 구성하는 가장 기본적인 제도이다. 주식 시장을 통해서 산업 자본이 조달되고, 투자 수익이 분배된다. 산업과 자본이 권력화 된 현대 자본주의 시장경제 체제에서는 모든 경제 주체들이 주가를 끌어올리기 위하여 노력하고, 국가 산업의 성과가 주가 및 주식의 시가총액으로 반영된다.

주식의 시가총액은 변동이 있을 수 있지만, 궁극적으로 시가총액은 주식시장에 등록된 기업들의 가치합이다. 따라서 경제가 성장하면 주가 및 시가총액을 올라갈 수밖에 없다. 한국 경제가 발전한다면, 그 발전 분만큼은 주식 투자를 통해서 이익을 실현할 가능성이 높은 것이다.

• 주가 투자가 어렵게 보이는 이유

매수·매도 시점을 잡지 못한다. 투자종목을 잡지 못한다. 이 두 가지가 가장 큰 이유이다. 일반인들은 주식을 투자하려 해도 무슨 종목을 언제 사야 하는지, 언제 팔아야 하는지를 몰라서 못하는 경우가 많다. 이것은 주식이 오르거나 떨어지는 것을 맞추려하기 때문에 어려워 보이는 것이다. 주가는 맞추는 것이 아니다. 흐름을 타면서 상황에 따라 매매하는 것이다. 행복도 마찬가지이다. 결과가 아니라 과정이다. 가치 활동으로 만족을 채우는 과정이다.

사고 관성의 법칙. 앞에서도 여러 번 이야기했지만 사람들은 과거의 지식과 경험으로 미래에도 계속 그렇게 될 것이라고 생각한다. 주식 투자에서 이 사고 관성의 법칙을 극복하지 못하면 수익을 낼 가능성이 거의 없다.

[그림 4]에서 나는 주가 하락 구간을 '공포구간', 상승 구간을 '탐욕구간'이라고 정의하였다. 대부분 사람들은 주식을 매입할 때 향후 주가가 오를 것이라고 생각할 것이다. 오를 것이라고 산 주식의 가격이 떨어지고, 매입주식의 총 평가금액 줄어들면 공포감을 느낀다. 반면, 주가 상승 구간에서는 향후에도 주가가 오를 것이라 생각하고 계속 주식을 사는 경향이 있다. 산 주식이 오르자, 또 주식을 더 사면서 계속 주가는 오를 적이라는 착각과 함께 욕심은 탐욕으로 변화한다.

주식을 사고 나서 가격이 떨어져도 처음에는 잘 참는다. 그런데 일정한 기간이 지나면 공포감을 극복하지 못하고 팔아버린다. 또는 하릴없이 기다리다가 주가가 매입가에 도달하면 팔아버린다. 그리고 '다시는 주식을 안 하리라'고 결심한다. 이런 사람들에게는 주식 투자가 아주 위험해 보인다. 주식투자만큼 안전하고, 수익이 보장되는 투자도 없다.

그런데 한 가지 주지할 사항은 가치주인 경우에 주가가 하락할수록 상승할 가능성이 높아지고, 주가가 상승할수록 하락할 가능성이 높아진다는 것이다. 왜냐하면, 가치주에는 본연의 가치가 있기 때문이다. 그런데 가치에 비해서 가격이 하락하면, 가치와 가격의 격차가 점점 커진다. 반대로 가치에 비해서 가격이 올라가면, 가격에 거품이 낄 가능성이 크기 때문에 가격이 떨어질 가능성이 점점 커진다. 또한, [그림 4]를 보면 투자이익'은 매도시점에서의 금액과 매수시점에서의 금액 차이에 의해서 발생하는 것이지 주가의 변동과는 전혀 관계가 없다.

앞에서 주식은 '교환성'이 좋다고 하였다. 이것이 주식에 있어서는 두 가지 측면이 있다. 언제든지 주식은 현재가로 매도가 가능하다. 그런데 누구나 다 손해보고는 팔기 싫을 것이다. 대신에 판 가격보다 더 싼 가격에 살 수 있다면 이익이 될 수도 있다. 그러면, 다른데 돈쓸 일이 있는데, 주식을 팔아야하나? 말아야하나? 그런 측면에서 주식은 교환성이 좋을 수도 있고, 좋지 않을 수도 있다.

결론적으로 말하면, 가치 있는 주식을 사야하고, 사고파는 것은 언제든지 가능하다. 시기적으로 좋거나 좋지 않은 것은 없다. 시기별 주식을 사고파는 방법이 중요하다.

• 주가 폭락 원리

주가는 오를 때에는 급격히 오르거나, 완만히 오르는데 떨어질 때에는 항상 폭락을 한다. 그 이유가 크게 2가지이다. 기관투자가들의 공매도와 개인투자가들의 손절매이다.

공매도

기관투자가들은 수많은 시장 정보와 내외부의 각종 투자 지표들을 이용해서, 컴퓨터 프로그램과 펀드매니저의 수작업에 의해 다양한 방법으로 투자를 한다. 대표적인 것이 선물 옵션이고, 프로그램 매매이고, 공매도이다. 그런데 이 공매도는 주가가 떨어져야 이익을 보는 구조이다. 물론, 떨어질 것이라고 주식을 샀는데, 올라버리면 손해를 볼 수 있다. 거기에 대한 대책은 따로 세워두었다. 그런데 일반인들의 눈에 볼 때에는 주가가 폭락하면서 항상 (외국인의) 공매도 이야기를 들으니 공포심이 더 증가된다.

손절매

개인의 입장에서 손절매는 두 가지 경우에 있을 수가 있다.
첫 번째, 내가 산 주식이 가치주가 아니라고 판단되었을 때
두 번째, 폭락장이라서 추가 손실을 막기 위해서

첫 번째 경우는 종목 선택에 실수가 있었으니 손해를 감수를 해야 할 부분이다. 두 번째 경우는 다시 매입하는 것을 전제로 매도해야 한다. 재매입을 안 하면 손해 보는 것으로 끝나는 것이다. 손해보고 재투자 안할 생각이면 애초에 주식 투자를 시작해서는 안 된다.

이렇게, 일정한 수준까지 주가가 떨어지고 나면, 그다음은 등락을 거듭하면서 주가는 오르기 시작한다. 물론 2011년 유럽 발 금융위기 이후의 상황은 이전과 완전히 달라 아무도 모른다.

주식투자 방법

• 사칙연산 투자방법

[그림 5-1]은 사칙연산 투자방법이다. 주가가 저평가되어 있을 때 사서 푹 묵혀두었다가 일정한 기간이 지난 후에 파는 방법이다. 가장 쉽다. 신경 쓸 것도 없다.

주식시장 현황과 가치주를 잘 골라낼 안목만 있으면 가장 좋은 투자 기법이다. 나는 2002년 월드컵 직전에 이 투자방법을 이용하여 꽤 많은 수익을 올렸다. 초보에게는 가장 적합한 방법이다. 현대전자가 발목을 잡았다.

| 그림 5-1 | 사칙연산 투자방법 |

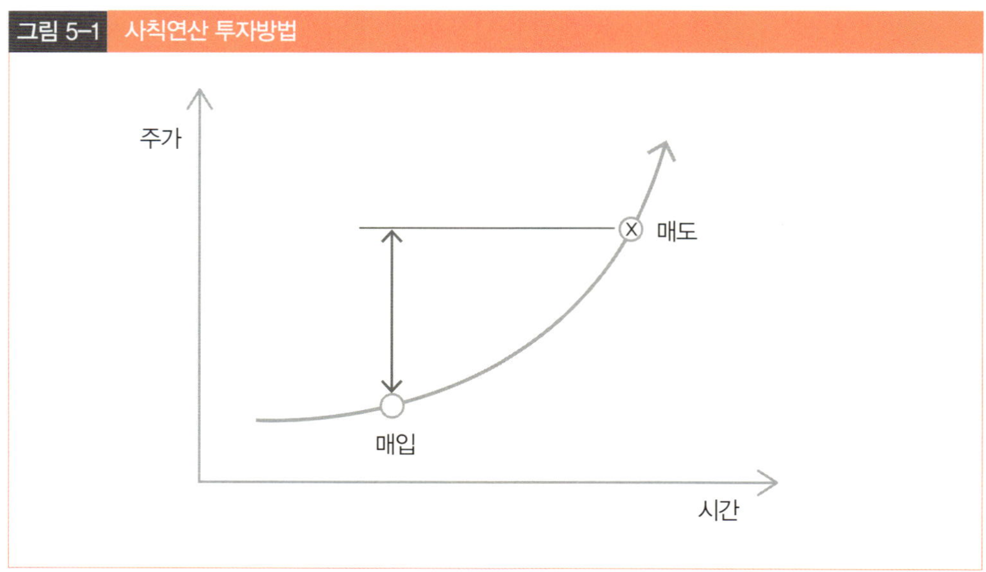

• 미분 투자방법

[그림 5-2]는 미분 투자방법이다.

HTS(Home Trading System)가 시작되던 2000년대 초반 각광받던 방법이다. 적은 투자금으로 단기간에 이익을 얻을 수 있을 것이라는 착각을 불러일으킨 방법이다. 나도 2003년 초반 잠시 해봤던 방식이다. 사칙연산 투자보다 에너지만 많이 투입하고 효과는 낮은 방식이었다. 중급들에게 많은 깨달음을 줄 수 있는 방법이다.

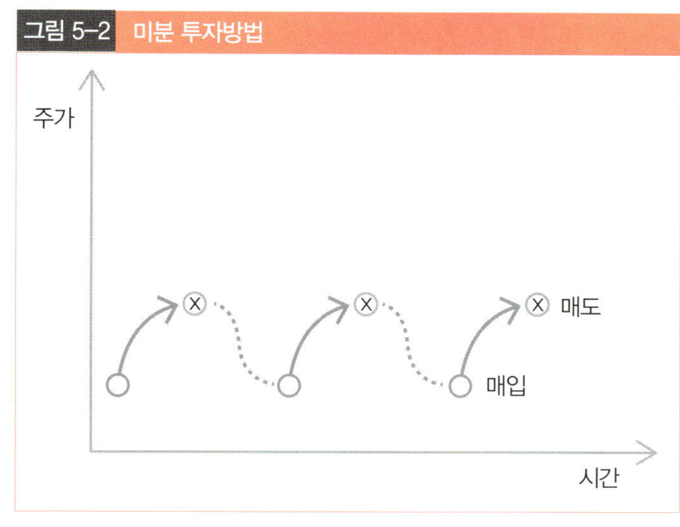

• 적분 투자방법

[그림 5-3]은 적분 투자방법이다. 가치주를 선택한 이후에 주가가 떨어질 때마다 누적해서 매수했다가 적정 목표 주가가 되면 한꺼번에 매도하는 방식이다. 가치주에 대한 확실한 판단 능력과 자금력이 뒷받침되어야 할 수 있는 방법이다. 물론 매도 타이밍도 잘 잡아야 한다. 고수들에게 최적

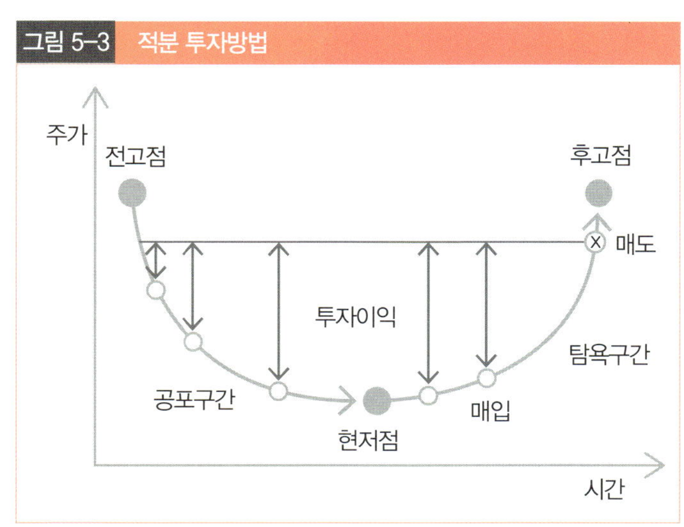

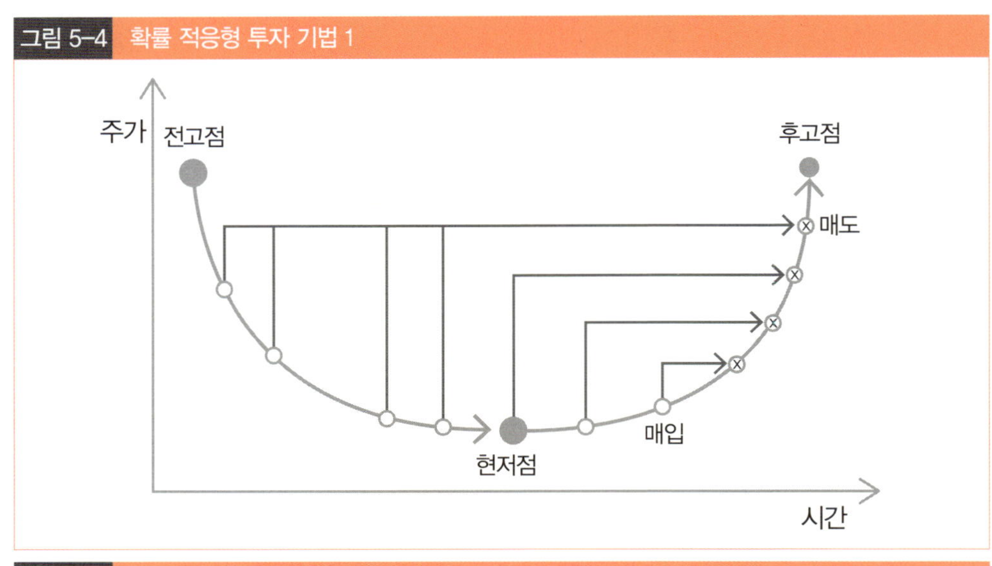

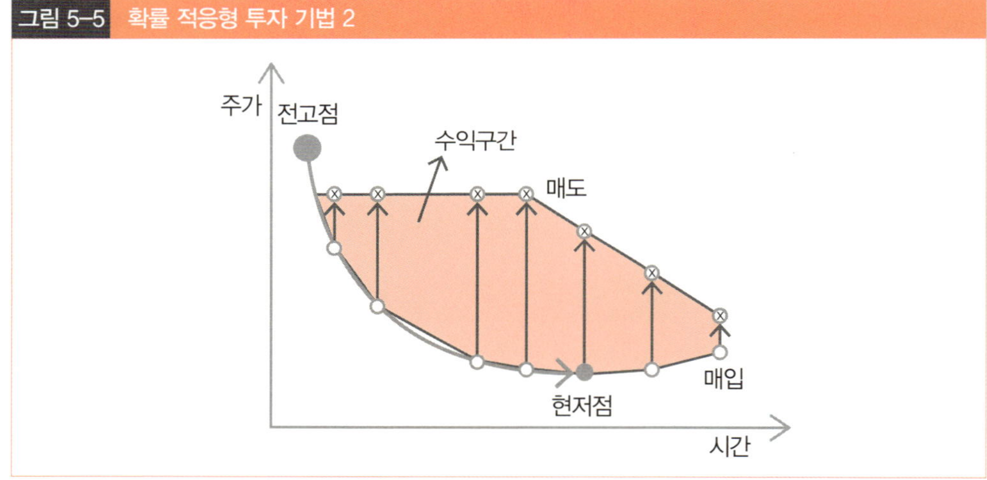

의 방법이다. 대부분의 중생들은 이정도 경지에 갈수 없기 때문에 [그림5-4]의 방식을 제안한다.

• 확률 적응형 투자 방법

[그림 5-4]는 확률 적응형 투자 방법이다.

결과를 안다면 이런 복잡한 방법을 쓸 필요가 없다. [그림 5-1]의 사칙연산 투자가 가장 확실하다. 가치주를 정확하게 선택하고, 저점과 고점을 정확하게 선택할 수 있다면, [그림 5-1]의 방식이 가장 쉽고, 확실하고, 가장 많은 수익을 올릴 수 있다. 인간이 그럴 수 없기 때문에 [그림 5-4]의 방법을 고안한 것이다.

주가가 떨어지면 수시로 주식을 산다. 급하락하는 구간에서는 듬성듬성 매수하고, 바닥에 가까이 가면 촘촘히 매수한다. 주가 상승기에는 듬성듬성 매수하고, 목표점 이상으로 올라가면 집중적으로 매도한다. [그림 5-5]에서 색깔로 칠해진 영역이 수익 구간이 된다.

포트폴리오 주식투자 방법

나는 가치자세를 이야기할 때부터 항상 강조했던 것이 기준위치와 현재위치와 앞으로의 방향이다. 나는 주식투자는 언제 들어가도 상관이 없고, 상황에 따라서 적절히 투자하면 된다고 이야기했다. 포트폴리오 주식투자에 있어서도 기준과 방향은 있다.

• 가치주 선정

가치주의 선택기준은 명확하다. 주가 복원력과 변동성이 높아야 한다. 주가 복원력이 높아야 전 고점으로 올라갈 수 있으며, 변동성이 높아야 단기 수익을 기대할 수 있다. 대형주의 경우,

첫 번째, 글로벌 경쟁력이 있는 기업. 즉, 한국이 국제적인 경쟁력이 있는 산업의 업계 1위 기업이다. 철강, 자동차, 화학, 전자, 기계, 건설부문에서의 국내 1위 기업들이다.

두 번째, 상당한 영업이익이 발생하는 기업이다. PER(주가수익비율)가 높고, PBR(주가순자산비율)이 적정해야 한다. 두 지수는 아래와 같은 식으로 구할 수가 있다.

PER = 주가/EPS(EPS = 당기 순이익/발생 주식 수)

PBR = 주가/BPS(BPS = 순자산/발생 주식 수)

이들은 공개 정보를 통해서도 충분히 습득 가능하다. 또한, 사업적인 내용은 전자공시나 인터넷 검색을 통해서 얼마든지 얻을 수 있다.

세 번째, 외국인 투자비율이 높아야 한다. 외국인 투자비율이 높다고 해서 무조건 좋은 것은 아니다. 그래도 적어도 10% 이상은 되어야 한다.

중소형주의 경우, 무조건 국내외적으로 독점적 우위에 있어야 한다. 즉, 해당 업계에서 무조건 1위 기업이라야 한다. 대기업은 국내 2위도 국제적으로 경쟁력을 가질 수가 있지만, 중소(또는 중견기업)은 국내 1위가 안되면 독점적 우위를 가질 수가 없다. 고배당주는 가치주 중에서도 매력 있는 주식이다.

보통 우량주가 투자금액대비 1% 정도의 배당을 하는데, 종목에 따라서는 2% 가까지 배당하는 종목이 있다. 이런 종목은 단기 차익을 조금만 남겨도 배당 비율이 높기 때문에 년 목표 수익률 5%를 달성하기가 수월하다. 내가 투자한 대표적인 종목이 유성기업이다.

• **진상주를 유의하라.**

겉으로 볼 때에는 엄연히 우량주인데, 변동성도 별로 없으면서 장기간 지속적으로 주가가 떨어지는 종목이다. 가장 대표적인 종목이 포스코인데, 남들 게걸

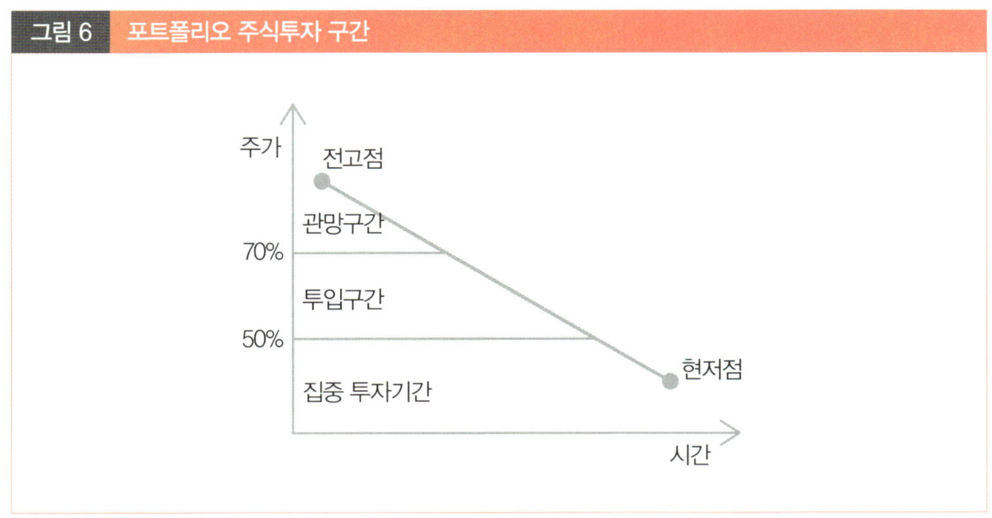

음 치던 2010년도에는 60만 원 이상 올라 흐뭇하게 하더니 그 이후로는 4년째 내리 하락이다. 이런 진상 우량주는 빼지도 못하고, 더 넣지도 못하는 난감한 상황이 발생한다. 가치주 포트폴리오 구성. 가치주도 진상주가 있고, 고배당주도 있기 때문에 소수종목에 집중투자해서는 안 된다. 고배당주가 어느 날 진상주가 될 수도 있고, 진상주가 매력적인 주식이 될 수도 있다. 따라서 적어도 10종목 정도로는 포트폴리오를 구성해야 한다.

• 기준점 설정

주식투자에 있어서 기준점은 전고점과 전고점의 50% 구간점이다. 단, 종합주가지수는 참고사항은 되어도 투자의 기준점은 되지 못한다. 종합주가지수는 고점대비 50%이하로 갈수 없는 상황이 되었고, 가치주의 전고점 대비 비율이 기준점이 된다.

• 투자구간 설정

주식투자에 있어서 가장 중요한 기준위치가 전고점과 고점대비 50%점이다.

관망구간. 가치주의 관망점은 전고점대비 70% 지점인데, 주가 하락기에도 70%이하로 잘 내려가지 않는 종목이 있다. 대표적인 기업이 현대자동차와 삼성전자인데, 이런 종목은 50% 지점으로 내려가기를 기다렸다가는 투자기회를 상실한다. 이 구간에서는 듬성듬성 주식을 사서 모으면서 추세를 지켜본다.

투입구간. 전고점대비 70%이하로 내려가면 본격적인 주식 매입을 하는데, 어느점까지 내려갈지 모르기 때문에 상승했을 때 적절히 매도하면서 단기 차익을 챙겨야 한다. 집중 투자구간. 전고점대비 50%이하로 떨어졌을 때에는 본격적으로 주식 매입을 해야 한다. 그런데 50% 이하로 떨어졌을 때에는 그만한 이유가 있다. 주가가 폭락한 이유가 기업의 본연의 가치를 손상시킬 정도의 이유가 되는지를 냉정하게 확인해야 한다.

• **포트폴리오 투자하기**

이렇게 포트폴리오를 구성해놓고, 투자게임을 한다. 여기서 명심할 사항은 '장기투자'는 한 종목을 오래 보유하고 있는 것이 아니고, 주식투자를 장기간으로(즉 평생)하는 것이다. 일정한 주가 이상으로 올라갔을 때에는 전량 매도하고 손을 털 수도 있다. 그렇지만, 주식은 계속, 지속적으로 모니터링하면서 매도와 매수를 반복해야 하는 것이다. 이렇게 주식투자에서 이익이 실현되고, 투자금을 회수했다면 그 자금을 다시 부동산에 투자할 수도 있고, 현물에 투자할 수도 있다. 투자 환경이 여의치 않다면 예금이나 보험에 넣어놓고 관망할 수도 있다.

예금이나 보험을 해약하지 않고도 약관대출을 이용해서 주식투자를 할 수도 있고, 투자수익이 발생하면 그 대출을 갚아 대출 이자 부담을 없앨 수도 있다.

• **언제 주식 투자에 들어갈 것인가?**

주식투자는 언제 들어가도 상관이 없다. 종목 선택과 투자비중 조절이 중요하다.

상승기 투자. 주가 상승기에 주식투자에 들어갔다면 2~3번 분할 매입을 한 후부터는 지속적으로 매도를 해야 한다. 주가 급락 조짐이 보인다면 바로 전량 매도하고 관망모드에 들어가야 한다. 상승기간이 그만큼 길었다면, 실현 수익도 그만큼 적게 기대해야 한다. [그림 4]에서 보듯, 주가는 내려갈수록 상승할 가능성이 커지고, 올라갈수록 하락할 가능성이 커진다. 이점을 명심해야 한다.

하락기 투자. 주가가 아무리 떨어져도 한꺼번에 대량 매입은 금물이다. 상승기에도 주가가 얼마나 오를지 모르지만, 하락기에도 얼마나 떨어질지 모른다. 그리고 종합주가지수는 큰 의미는 없다. 대세는 종합주가지수가 반영하지만, 투자는 개별 종목 단위로 하기 때문에 투자한 종목의 등락이 중요한 것이다.

주가 매입은 철저히 나누어서 해야 한다. 주가는 떨어질수록 기대 수익률은 높아진다. 대박장은 폭락장에서 가능하다.

주식투자 시 유의사항

• 투자자금이 마르지 않도록

주식은 많이 떨어질수록 많은 이익을 낼 수 있다. 중간에 투자자금이 소진되어 일정금액 주가가 오를 때까지 하릴없이 손가락 빠는 일은 없어야 한다. 가치 투자에 이익실현을 확신한다면 신용매매든, 약관대출이든 버틸 수 있는 범위 내에서 끝까지 가야 한다. 바닥에서 가장 큰 투자수익이 얻어진다. 바닥을 확인할 각오로 주식투자를 해야 한다.

• 분할 매수, 분할 매도

그렇기 때문에 주식투자에 들어가든, 빠져나오든 항상 분할 매수하고 분할 매도해야 한다. 다 팔았다가 더 오르니 다시 사서 손해 보는 사람도 많이 보았다.

• 비 가치주라고 판단되면 과감하게 손절매

가치주로 착각하고 투자할 가능성은 누구에게나 있다. 그런데 개인 투자금은 한정되어있다. 비가치주를 붙잡고 있으면 가치주에 투자할 기회를 놓친다. 비가치주는 과감하게 손절매하라.

• 업무에 지장이 없도록 하라

2000년대 초반, 직장인들이 주식투자하느라 업무가 뒷전인 때도 있었다. 포트폴리오 투자는 평생 하는 것이다. 회사 업무에 절대로 지장을 주어서는 안 된다. 잘못하면 직장에서 잘린다. 점심시간에 스마트폰으로 잠시 시간을 내서 하라. 일주일에 1, 2번 거래하면 된다. 그리 많은 시간을 소요할 이유가 없다.

• 매일 정리하고, 끊임없이 공부하라

매일 퇴근하면 투자현황을 정리하고, 퇴근 후나 주말에 신문, 인터넷을 보고 경제 공부를 해야 한다. 투자에서 가장 중요한 것은 현황 파악을 하고 방향을 잡는 것이다. 투자현황을 정리하면서 다음날 매매에 대한 시나리오가 나와야 한다. 이 종목이 이 이상 오르면 팔겠다. 이 이하 떨어지면 사겠다. 이 종목을 이 조건이 되면 사보겠다 등. 기준과 방향이 명확하지 않으면 착각에 빠질 가능성이 아주 커진다.

• 배우자와 항상 의논해서 투자하라

아내들은 주식투자를 대부분 만류한다. 시작할 때 아내를 설득할 수 있을 정도로 준비하고 아내의 동의를 받아낸 후에 해야 한다. 주식투자 때문에 부부간에 사이가 갈라진 경우를 수도 없이 보았다. 진입에 합의가 이루어졌다면, 과정에서도 항상 의논하면서 투자를 진행해야 한다. 여성들이 남성들보다 훨씬 현실적이기 때문에, 아내가 반대하면 다시 생각해봐야 한다.

• 착각에 빠지지 말라

언론에서 주가가 활황이다 하면 빠져나오든지 빠져나올 준비를 해야 한다. 나의 경우에는 언론에서 주식이 활황이라는 이야기가 나올 때는 60% 이상을 처분한 이후였다. 폭락장이 왔을 때에는 보유 비율이 최대 보유량대비 10% 이내였다.

그러기 위해서는 증권 전문가들의 말을 믿어서는 안 된다. 그중에서도 가장 속기 쉬운 말이

'아직 저평가되어 있다', '목표주가가 ○○○다'

'이동평균선이 OOO라서 매도/매수 시점이다'
등이다.

투자에서 혹시나는 절대 금물이다. 쉽게 말해 따불, 따따불은 절대 없다.

현물투자 방법

일반인이 접근할 수 있는 현물투자에는 금과 외화가 있다. 금과 외화는 아주 특수한 경우에 투자하는 대상이다.

내가 금에 투자했던 2007년은 세계적인 경기 호황으로 원유를 비롯한 원자재 가격이 급등하고, 금값이 원유가에 연동하는 것을 파악하고 금에 투자한 것이다. 2008년 짭짤한 수익을 남기고 매입한 금을 다 팔았는데, 또 2011년 또 외환시장의 유동성이 커지면서 2차 금 투자를 했다. 바로 다시 유럽 발 금융위기가 터지면서 또 상당한 투자 수익을 올릴 수 있었다.

• 금 자산의 특징

두 번 다 실물 경제 상황보다는 원자재나 외환 등의 유동성이 혼란스러울 때 금값이 오르는 것을 알 수가 있다. 또한, 금과 달러와 원화 사이에는 삼각관계가 있기 때문에 아래와 같은 관계가 성립한다.

- 금값이 오르고 원화가치가 떨어지면 : 2중 수익
- 금값이 오르고 원화가치가 오르면 : 본전

따라서 금에 투자하려면 금값의 추세뿐 아니라 환율 추이도 같이 봐야 하고, 금값이 오르면서 원화가치가 떨어질 때가 투자의 최적기이다.

• 금 투자 시 유의사항

한편, 금(또는 외화)투자에서 조심할 것이 있다. 살 때 3%, 팔 때 3%의 수수료에 세금까지 붙기 때문에, 매도가의 8% 정도는 비용으로 생각해야 한다. 따라서 15% 이상의 수익이 발생할 것으로 예상되지 않으면 투자 수익은 기대할 수가 없다.

반면, 어떤 사정에 의해서 원화 가치가 폭락할 위기에 있을 때에는 금이든, 외화에 투자하는 것이 좋다. 따라서 금이나 외화는 위기상황에 투자하기에 좋은 상품이다.

위험분산 투자방법

위험분산 투자 또는 보장성 투자 대상에는 보험과 연금이 있다. 이들 투자의 특징은 계약기간 내에 사고가 발생하지 않으면 만기가 되었을 때 무조건 손해 보는 상품이라는 것이다.

[그림 7]과 같이 납입 보험료는 시간에 비례해서 증가하는데, 수령 보험금은 언제든 사고가 나면 약정 보험금만 탈 수가 있는 특징이 있다. 그렇기 때문에 보장성 자산이고, 위험분산 자산이라는 것이다. 따라서 보장성 자산 투자는 아래 원칙을 따라야 한다.

| 그림 7 | 보험료와 보험금의 차이 – 위험분산 투자 원리 |

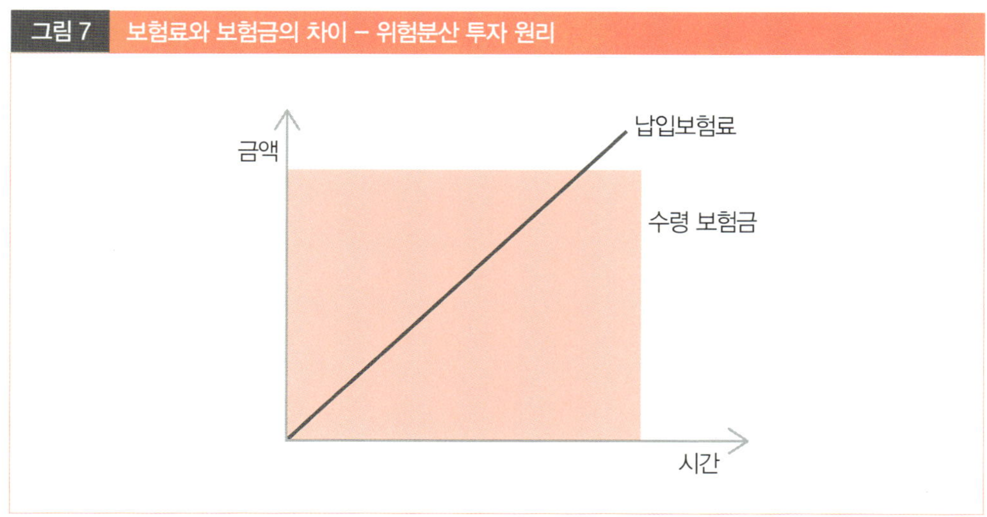

• **보장성 투자 원칙**

– 가급적 빨리 가입한다.

빨리, 장기간으로 가입할수록 보험료가 싸다. 가급적 빨리, 장기로 가입하는 것이 좋다.

– 전 구성원이 가입한다.

사고는 누구에게 닥칠지 모른다. 전 가족이 가입해야 한다.

– 평생 가입한다.

노후에는 보험 가입에 많은 제약을 받는다. 만기와 재가입을 고려해서 보험 계획을 세워야 한다.

– 국민연금은 당연히 가입해야 한다.

국민연금의 지급방법에 대한 논란이 많다. 그런데 이것을 알아야 한다. 은퇴이후의 돈 가치는 경제활동 기간의 5배 이상이라는 점이다. 즉, 65세 이후에 받는 50만 원은 40대에 250만 원을 버는 것과 같은 효과가 있다는 것이다. 국민연금은 생각할 필요가 없다. 무조건 가입해야 하고, 부부가 같이 가입해야 한다.

재산 상속 방법

　추가로 자녀들에게 재산을 상속하는 방법을 일부 알려줄까 한다. 부유층들 사이에서는 상식중의 상식이다.

　상속을 함에 있어서 가장 무서운 것은 상속세와 증여세이다. 수십억의 재산인 경우 상속세는 기본 공제금액이 커서 증여세만큼 부담스럽지는 않지만, 피상속자 사망 후 이루어지는 재산 이전 방식이므로, 상속 이후의 재산 운용 상황을 미리 파악할 수가 없다. 또한, 수명이 길어지면서, 피상속자 사망 시 상속자가 환갑이 넘는 경우가 허다하다. 따라서 재산 상속은 자녀가 경제적인 기반을 잡는 시기에 적극적으로 이루어져야하며, 자녀의 재산 증식을 적극적으로 돕는 것이 가장 현명한 방법이다. 그래서 부모의 입장에서는 투자 방법을 잘 알아야 한다.

　특히 상속세은 상속 시에 피상속자가 보유하고 있는 유가증권, 부동산에 의해서 부과되므로 생전에 이루어지면 다양한 방법으로 세금을 절약할 수 있다.

• 원칙

－ 자녀의 지출을 최소화하여 저축을 최대화시킨다.

　자녀들은 경제적인 기반을 잡는데 있어서 결혼 초기의 주거비와 교육비에 지출이 가장 크다. 따라서 이 비용을 줄여주어 자녀가 저축과 투자를 적극적으로 할 수 있게 도와준다.

- 장기적으로 분산하여 증여한다.

초기 증여는 빠를수록 좋다. 적법한 절차로 세금 부담을 하고 다양한 방법으로 간접 투자를 한다면 성인이 되었을 때 이미 상당한 재산을 형성할 수 있다.

- 투자 기법을 최대한 활용한다.

자녀에게 증여를 하면 일정 금액 이상 초과하였을 때 큰 세금을 부과 받지만, 부모가 자녀에게 돈을 빌려주는 것에는 별 제재가 없다. 따라서 자금을 빌려주는 방식으로 다양한 투자를 도와줄 수 있다.

• 방법

- 주식을 통한 상속

주식이 폭락을 하였을 때, 많이 오를 수 있는 주식을 사게 한다. 이때 투자금을 빌려주면 된다. 예를 들어 A라는 주식을 1억 어치를 사는데, 5천만 원은 증여하고 (일정 부분 증여세를 지불) 5천만 원은 빌려준다. 이 주식이 50%가 올라 1억 5천만 원이 되면, 5천만 원을 돌려받는다. 총 투자금에 대해서는 5천만 원 수익으로 50%이지만, 증여금 5천만 원에 대해서는 100% 수익이 된다.

물론, 폭락장에서 향후 어떤 주식이 다시 오를 수 있을지 예측하는 능력이 주식을 통한 증여에 있어서 가장 중요한 능력이다.

- 부동산을 통한 상속

부동산은 지렛대 효과가 주식보다 더 크다. 전세 가격이 70~80%까지 상승한 상태에서는 전세를 끼고 부동산을 사면 5천만 원만 있어도 3억짜리 부동산 구매도 가능하다. 이렇게 산 부동산이 20%, 6천만 원만 올라도, 제 비용을 제외해도 100%의 수익을 올릴 수 있다.

- 같이 살면서 재산 증식을 도와준다.

자녀와 한집에 같이 살며, 주거비, 생활비, 자녀양육비를 부모가 거의 지원해주면, 자녀의 입장에서는 본인들 용돈을 제외하고는 크게 비용 들어갈 일이 없게 된다. 대기업 다니는 맞벌이 자녀 부부의 경우에는 이런 방식으로 10년 안에 10억 재산 증식도 가능하다. 뿐만 아니라, 자녀들의 포트폴리오 투자를 도와준다면 자녀들의 재산 증식 규모는 훨씬 더 커질 수가 있다.

– 손주에게 상속한다.

자녀가 경제활동을 시작하면서 재산 증식을 도와줄 수도 있지만, 손주의 경우에는 아주 어린 시기에 미리 일정 금액 증여를 하고, 부모가 조부모가 대리 투자를 해준다면 사회진출을 할 때까지 25년 이상의 투자 수익을 얻어 손주의 재산으로 증식할 수 있다. 그랬을 때에는 손주가 사회진출 시에 이미 상당한 재산을 보유할 수 있다.

또한, 자녀의 재산 증식을 적극 도와서 피상속자가 사망 시 이미 자녀들이 충분한 재산을 보유했다면 굳이 자녀에게 재산을 상속할 필요 없이 손주들에게 바로 상속할 수도 있다.

• **시사점**

이렇게 재테크 기술은 본인의 재산증식뿐 아니라, 자녀, 손주로 이어지는 자손들의 재산 증식에도 결정적인 역할을 하기 때문에, 재테크 기술의 습득과 이를 통한 투자 수익증대는 후세들에게도 중요한 것이다.

더 중요한 것은 이 재산의 상속에는 채무형 업보의 상속이 포함되어있다. 재산과 재테크 노하우를 상속할 때에는 정신도 같이 상속하여 재산에 내재된 채무형 업보는 풀어야 한다. 베풂, 봉사, 기부를 통해서 채무형 업보를 풀어야 한다. 그러지 않으면 상속받은 재산이 재앙으로 후손에게 갈 수가 있다.

투자활동 경험을 공유한다

• 1기(1993~1997년) **: 삼성전자 시대**

이때에는 주식투자를 객장에 가서 하든지, 전화주문을 하던 시대다. 주가 조회가 실시간으로 되는 데는 객장밖에 없었다. 수원에 있을 때와 타임머쉰팀 있을 때 잠시 주식 투자를 했지만, 금액도 적었고, 투자에 대해서 모르던 시절이었다.

그런데 그 몇 백만 원 되는 돈 넣어놓고도 불안해하고, 매일 신문부터 찾는, 몇 십만 원 오르면 구름 위를 날라 다니고, 몇 십만 원 떨어지면, 좌절에 빠지는 내 모습을 보면서 '주식 투자하다가는 회사에서 해고 되겠다'는 생각까지 들었다. 그래서 몇 십만 원 정도만 벌고 그만두었다.

• 2기(1997년~2004년) **: 남대문시장 시대**

−1차 주식투자

주식투자에 큰 전기가 왔다. 1997년 사업을 시작하자마자 외환위기가 터지고, 두려운 마음에 남대문 시장을 철수하여 사무실을 내고 방문판매방식으로 사업을 유지하려했다. 그런데 그 마저도 잘 안되어 1998년 어느 날 사무실을 옮기려고 우리사주로 가지고 있던 삼성전자 주식을 3만 원대에 100여주로 팔았다. 그때 나는 다짐했다.

"I will be back"

그 이후 삼성전자 주가는 백만 원을 넘어섰다. 속이 쓰렸다.

2001년 벤처 거품이 꺼지면서 주가 대폭락이 있었고, 2002년 월드컵을 앞두고 주가가 상승조짐이 보였다. 약간의 여유자금이 있어 다시 주식 투자를 시작했다. 이 당시에 한 투자가 '사칙연산형' 투자였다. 당시는 주가상승 초반이었고 HTS(Home Trading System)도 완전하지 않고, 거래수수료도 꽤 비싸 2002년 1사분기에 사서 그냥 묵혀두었다. 잊고 지내다가 월드컵이 끝나고 나서 뚜껑을 열어보았다. 4종목을 샀는데, 3종목은 평균 50%의 수익률이 낫고, 현대전자(현 하이닉스전자)가 반토막이 나는 바람에 수익률은 30% 수준이 되어 버렸다.

−2차 주식투자

투자수익도 사업 실패 앞에서는 속수무책이었다.

다 팔아치우고 주식을 잊고 있는데 2002년 말 카드대란이 나면서 주가는 또 떨어졌다. 엎친 데 덮친 격으로 2003년 초가 되니 이라크전쟁이 터지면서 주가가 또 곤두박질 쳤다. 다시 주식 투자에 들어갔다. 이때는 '미분형' 투자였다. 이때 큰 실수를 한 것이 초반에 너무 많은 자금을 투입해버린 것이다. 사업도 여의치 않아 자금의 추가 투입은 어려운 상태에서 주가의 변동은 엄청 심하고, 본격적으로 HTS를 이용할 시점이라 마음이 조급해졌다. 투자할 여력은 별로 없고, 매일 증권거래 화면에 들어가 시간을 보냈다.

특허소송을 마무리 짓고 1년간의 투자 성과를 분석해보니 미분투자가 사칙연산 투자보다 수익률이 못했다. 즉, 그대로 투자금을 넣어두었을 때보다 단타매매를 한 실적이 더 나빴다. 그때 '미분투자는 할 것이 못 되는구나'하는 것을 깨달았다.

주식투자는 당분간 지속되었는데, 정보통신 사업을 시작하면서 주식 투자금까지 사업에 투입하기에 이르렀다. 투자수익은 꽤 되었는데, 사업에 실패하다보니 그 수익금은 흔적도 없이 사라졌다.

• **3기**(2005년~현재) **: 다시 직장인 시대**

−1차 금 투자

금값 상승에 환율 상승까지 간 시기였다. 부채와의 전쟁이 시작되었다. 자녀들 사교육도 끊고, 형제들이 빌려준 돈으로 일단 고금리는 피하고, 은행융자를 갚기 위한 필사의 노력이 시작되었다.

2007년이 되니 어느 정도 목돈이 만들어졌는데, 형제들 돈을 갚기는 모자라고, 은행에 그냥 넣어두기는 아까운 상황이었다. 다시 투자를 생각하고 있었지만, 주식은 아니라는 생각이 들었다. 거품이 많이 끼었다고 판단을 했기 때문이다.

그런데 그 당시 뉴스에서 매일같이 유가의 가격을 보도하면서, 꼭 금값과 같이 이야기를 했다. 금값과 유가가 연동하는 것을 파악할 수 있었다.

그래서 5월 어느 날 신한은행 창구로 찾아가서 상담을 했다. 상담직원은 '금은 별로 재미없고 펀드가 훨씬 낫다'는 이야기를 했다. 금값은 연초에 비해서 얼마나 올랐냐고 물었다. 10%정도 올랐다고 했다. 다시 한 달 후 찾아갔다. 또 펀드를 권유했다. 알았다하고 금은 어느 정도 올랐냐고 물어보니 10%에서 조금 더 올랐다고 했다. 투자 경험도 없고, 6%이상의 수수료와 세금 부담이 있기 때문에 결정이 쉽지 않았다.

그러는 사이, 아내가 사고를 쳤다. 해외펀드를 샀다는 것이다. 깜작 놀래서 해지를 하라하니 해지가 어렵다고 했다. 그래서 다시 금펀드를 가입하라하고(리스크 분산을 위해서) 다시 은행으로 갔다. 또 해외 펀드 권유하는 것을 뿌리치고 금을 샀다.

사고 나니 금값도 오르고, 달러 가격도 올랐다. 50%이상의 수익을 내고 다음해 2008년도 봄에 금을 다 팔았다. 펀드는 20%정도 손해를 보고 팔았다. 금펀드로 헤지를 해서 손실을 줄일 수 있었다.

−3차 주식투자. 포트폴리오 투자의 승리

2008년 들어 금을 다 처분 하고보니 대형주 가격이 상당히−고점대비 약 30%정도−떨어져 있었다. 금으로 수익을 냈으니, 가벼운 마음으로 주식투자를 재개했다.

누나 한명도 주식투자에 관심이 있어 일부 자금을 나에게 위탁했다. 그런데 또 9월이 되니 미국 발 금융위기가 터지면서 주가가 폭락을 했다. 현대중공업은 전고점대비 1/4까지 폭락을 했다. 있는 돈 없는 돈을 긁어모아 주식을 매집하기 시작했다. 잔고 평가액 기준으로는 수천만 원의 손실이 발생했다. 계속 추격 매수를 하는데, 주가는 계속 떨어졌으니, 아내를 설득하는 것이 관건이었다. 투자 원리를 설명해주고, 절대 안전하고, 주가가 회복되면 상당한 수익을 얻을 수 있다고 설명해주었다. 아내는 긴가민가하면서도 믿어주었다.

그렇게 1년이 지나고 포스코 주식이 폭등을 했다. 다른 주식들은 게걸음을 치고 있는데, 포스코 주식만으로도 그동안 손실을 다 만회하였다. 2010년이 되니 본격적으로 주가가 상승하는데, 하반기에 들어서는 보유주식의 절반 이상을 처분하게 되었다.

2011년 들어 투자한 누나에게는 투자수익과 함께 원금을 돌려주고, 돈을 빌려줬던 누나에게도 약간의 이자를 쳐서 갚아주고, 이제 회수 투자금을 어떻게 활용할지 고민에 빠졌다. 은행 융자금 원금을 갚자니 그만한 돈은 안 되고, 고주가는 당분간 유지 될 것 같았다. 그래서 생각한 것이 투자형 소형 아파트를 사는 것이었다. 주식에 다시 투자할 일이 있으면 추가 대출을 받을 생각을 하고 전세 끼고, 일부 융자를 끼고 아파트를 샀다.

-2차 금 투자, 4차 주식투자. 포트폴리오 투자는 계속된다

다시 환율이 상승하니 일부 자금은 금 투자를 하고, 관망을 하고 있는데, 2011년 7월이 되니 유럽 발 금융위기가 터졌다. 추가 대출을 받아 또 주식을 사기 시작했다. 2012년 말이면 아파트를 팔 수 있으니 그때까지만 추가 대출을 받자는 생각이었다. 9월에는 투자했던 금까지 팔아서 주식에 투자했다. 이때도 금액이 적어서 크게 표는 안 나지만, 금 투자는 30% 이상의 수익률을 올렸다.

4차 주식투자를 한지 1년 반 후인 2012년 말, 아파트 전세가 만료되었으니 다시 아파트를 팔 기회가 왔다. 그런데 이때는 주식 투자 실적도 상당히 양호했다. 10%

가량의 수익이 났으니 주식을 다 처분할 입장도 아니고, 그렇다고 아파트를 팔아서 주식을 추가 매입할 입장도 못되었다. 그래서 아파트 전세를 유지하기로 했고, 세입자도 나가겠다고 해서 세입자도 바뀌었다.

그런데 그 이후 투자 상황이 이상한 방향으로 흘러간다. 주가는 오를 조짐도 안보이고, 아파트 가격도 게걸음이고, 전세가만 많이 올랐다.

그러나 포트폴리오 투자는 계속된다. 변신하고 변화에 대응할 준비를 하면서.

이상의 포트폴리오 투자로 사업실패로 진 빚을 수월하게 갚을 수 있었으며, 시장에 대응하는 전략적 투자를 하고 있다. 주가가 아무리 게걸음을 쳐도 2012년, 2013년 주식투자수익률은 매매 차익과 배당금을 포함해서 8%이상을 유지했다. 2014년은 아무래도 어려울 것 같다.

5장

행복가치 거주활동

거주활동은 결혼하여 가정을 꾸리고 살기위한 보금자리 마련, 재산으로서의 내 집 마련, 투자를 위한 부동산 마련, 그리고 그 주거공간에서 이루는 가족들의 거주활동 등 네 가지 영역으로 나눌 수 있다. 즉, 부동산을 마련하고, 그 안에 사는 것이다. 주거공간으로서의 부동산은 다른 자산들에 비해서 아주 특별한 의미가 있다. 일반 가정들에게는 절반 이상의 비용을 지불하는 효용 자산이면서, 가치가 보존 또는 상승해야 하는 투자 자산이기도 하다. 즉, 우리 삶의 공간이며, 행복가치 활동의 베이스캠프이고, 우리 가족들의 보금자리기 때문이다. 따라서 부동산 구매 및 투자는 재산활동에서 떼서 '거주활동'에 넣었다.

행복가치 거주활동이란?

결혼을 하여 가정을 꾸리고, 자녀를 낳아 양육하며, 가족이 주거공간에 거주한다. 재산을 모아 내 집을 마련하고, 투자를 위한 부동산 구매까지 일련의 과정이다.

행복가치 거주활동의 필요성

앞에서 나는 재산의 가치는 수익성, 보존성, 교환성, 효용성의 4가지 조건을 갖추어야한다고 이야기하였다. 거주용 부동산과 투자용 부동산의 성격을 재산의 가치로 정리해보았다.

이 표에서 나타나듯이 거주용 부동산은 수익성과 교환성이 현저히 떨어진다. 임대가 가능한 주택이 아니면 수익이 날 수가 없고, 가격이 아무리 올라도 팔아서 그만한 부동산으로 이사를 가려면 그만한 비용을 지불해야한다. 투자 수익이 거의 발생하지 않는다. 또한, 현재 사는 집을 팔고, 더 나은 집으로 이사 옮기기도 어렵다. 그만큼 교환성도 떨어진다. 대신에 살면서 집을 어떻게 가꾸느냐에 따라서 보존성과 효용성은 유지할 수 있다.

반면에 투자용 부동산은 기본적으로 수익성과 보존성, 교환성이 좋아야 하며, 효용성이 좋아야 임대가 수월하다. 따라서 주거용 부동산도 투자용 부동산의 필요조건을 갖추어야 한다.

따라서 가정을 꾸리기 위한 거주지 마련, 재산으로서의 내 집 마련, 투자를 위한 부동산 마련, 행복가치를 높이기 위한 거주활동 4가지를 살펴볼 필요가 있다.

가치	주거용	투자용
수익성	저	고
(가치)보존성	고	고
교환성	저 (고)	고
효용성	고	고

용도별 부동산의 필요조건

보금자리 마련을 위한 부동산

보금자리로서의 효용가치가 있어야 한다. 결혼을 하여 자녀를 낳고, 행복가치 활동을 시작하기위한 베이스켐프로서의 주거공간이다. 전세 부동산일 수도 있고, 소유 부동산일 수도 있다.

- 주거환경이 쾌적해야 한다.
- 출퇴근이 편해야 한다.
- 처분이 쉬워야 한다.
- 월세 비용이 들지 않아야 한다.

내 집 마련을 위한 부동산

본격적인 자녀의 교육활동이 이루어지고, 노후대비를 위한 준비가 이루어지는 공간이다. 투자성이 있어야 한다.

- 보금자리로서의 효용가치가 있어야 한다.
- 교육환경이 좋아야한다.

– 부동산 가치보존이 잘 되어야한다.

투자를 위한 부동산

투자수익을 얻기 위한 주거공간이다.
– 세입자 입장에서 효용가치가 있어야 한다.
– 수익성, 가치보존성, 교환성이 좋아야 한다.

이상의 조건이 맞는 주거공간을 만들기 위한 행복가치 거주활동 목표를 아래와 같이 설정하고 이 목표를 달성하기 위한 가치자세를 살펴보고, 목표별로 전략과 방법을 생각해보자.

행복가치 거주활동 목표

- 행복가치 활동을 위한 보금자리를 마련한다.
- 투자가치가 있는 내 집 마련을 한다.
- 투자수익성 좋은 투자용 부동산을 마련한다.
- 우리 가족의 보금자리를 안락하게 꾸민다.

부동산시장 현황

위의 4가지 목표를 달성하기 위해서는 우선 현재와 과거의 부동산 시장 상황을 살펴보아야 한다.

• 과거 부동산 시장 돌아보기

부동산은 현재의 현황을 파악하기 이전에 과거의 역사를 돌아볼 필요가 있다. 왜냐하면, 과거와는 아주 다른 특색을 가지면서, 2007년 당시의 투기 붐 여파가 아직 워낙 크기 때문이다.

한국(특히 서울)에서 큰 부동산 붐이 3번 있었다. 1970년대 후반, 1980년대 후반, 그리고 참여정부 시절이다.

1970년 한국 경제는 세계에서 유례없는 고도성장 경제이었다. 사회적으로는 이촌향도 현상으로 도시 인구가 급속히 증가하여 도시의 부동산의 수요에 비해 공급이 모자랐다. 그러면서도 정부가 아파트 분양가를 엄격하게 규제하고 있었기 때문에 분양가와 시세 차에 의한 투기가 주요인이었다. 그러나 이때의 부동산 파동은 80년대 초반의 유류파동에 의한 경기 불황과 이은 5공 정부의 엄격한 부동산 규제로 거의 강압적으로 부동산 가격이 잡혔다.

7년 후 6월 항쟁으로 인해 전두환 정권에서 노태우 정권이 바뀌고, 88올림픽을 치른 뒤에 80년대 말 민주화 열기를 타고 규제가 느슨해진 틈을 타서 다시 부동산 가격이 폭등했다. 부동산 공급이 줄어든 상태에서 수요는 늘었고, 공급은 부족했기 때문에 일어난 현상이다. 그때는 정부의 신도시 200만 호 공급 정책 발표로 부동산 가격 급등 사태를 조기에 진화할 수 있었다.

상당기간 부동산 가격 안정기를 거치다가 1997년 외환위기가 터지면서 거꾸로 부동산 가격이 대폭 하락했다. 부동산 경기의 침체로 공급이 다시 부족해진 상태에서 수요가 다시 늘었는데, 정부는 시장의 메시지를 무시했다. 2001년부터 아파트 가격이 서서히 오르더니, 2004년도에 잠시 주춤하다가 2005년부터는 폭등하기 시작한 것이다. 그런데 이 당시의 부동산 가격 폭등은 다른 가격 폭등보다 상당히 악성이었다.

이전에는 전체 시장의 수요와 공급 불일치에 의해서 이루어졌던 것에 반해, 2000년대 후반부의 부동산 가격 폭등은 교육 이슈를 끌고 들어왔기 때문이다. 외환위기 이후 외환, 주식 등으로 상당한 수익을 얻은 집단들이 교육 특구라는 허구를 씌워서 학부모들의 불안감을 자극하여 버블세븐 지역과 일부 신도시를 중심으로 가격 폭등을 유발시켰다.

정부는 주택 보급률과 평균 부동산 가격 상승률을 제시하며, 이 시장의 메시지를 무시하는 바람에 피해는 커졌다. 너나없이 아파트 분양 추첨에 뛰어들었지만, 결과적으로는 수많은 미 입주 주택을 양산하고, 수많은 하우스푸어를 양산하면서 그 여파를 2014년 현재에도 받고 있는 것이다. '더 이상의 주택 공급은 공급 과잉을 부를 것'이라는 참여정부 시절의 전문가 의견은 옳았다. 그러나 정부가 신뢰를 잃고, 국민들이 불안해하는 상황에서는 옳은 말도 설득력이 없었던 것이다.

• 현재 부동산 시장 둘러보기

과거에도 그랬고, 현재도 그렇지만, 부동산 게임은 거의 수도권의 전유물이다. 지방은 가끔씩 일부 지역에 특별하게 발생하지, 90년 이후에는 거의 안정적이다. 그만큼 서울(또는 수도권) 사람들은 피곤하게 사는 것이다.

2014년 현재 부동산 시장의 현황은 수급 문제가 아니다. 1997년 외환위기 이후 쌓인 양극화와 출산율 저하로 인한 고령화, 혼인율 저하, 이혼율 증가 그리고 이로 인한 1안가구의 증가로 중대형 아파트 수요는 줄었고, 이제 더 이상 아파트 가격은 오르지 않을 것이라는 생각으로 구매를 기피하는 현상이 역력하다.

거주활동을 위한 가치자세

• 뚜렷한 목표의식

우리는 앞에서 행복가치 거주활동의 4가지 목표를 설정하였다. 우리의 거주활동은 평생 지속되며, 대를 이어 지속된다. 따라서 거주공간의 가치를 확실하게 명심하고 흔들림 없이 정진할 필요가 있다.

• 유행에 흔들림 없는 자세

앞에서 부동산 시장 현황을 살펴보았다. 앞으로 부동산 가격이 오를지, 안 오를지, 오른다면 어디가 오를지 아무도 모르는 상황이다. 이런 상황에서 부동산 가격이 오를 것이다. 내릴 것이다 속단할 이유가 전혀 없는 것이다. 똥밭의 학생처럼 자기 목표를 향해서 가면되는 것이다. 똥밭의 귀신 말을 들을 필요가 없다.

중요한 것은 '목표와 선택은 다른 것이다'. 내 집을 마련하겠다는 목표가 설정되면 언제, 어디에 있는 어떤 집을 살 것인가를 선택하면 되고, 그 선택을 위한 고민을 하면서, 선택을 위한 준비를 하면 된다.

그러려면 평소에 공부하면 된다. 인터넷을 통해서 정보를 수집하고, 관심지에 수시로 방문하여 거래 현황 및 가격 현황을 수시로 점검하면 된다. 준비 없이 '카더라' 방송을 듣고 섣불리 덤비다가 낭패를 보는 것이다.

거주활동 방법

목표 #1. 행복가치 활동을 위한 보금자리를 마련한다

• 전략

– 행복가치 활동을 위한 베이스캠프 마련

– 내 집 마련을 위한 기반 조성

• 방법

결혼을 하여 가정을 꾸리는데 있어서의 시작은 신혼집 마련에 있다. 행복가치 활동을 베이스캠프를 마련하고, 자녀를 낳아 양육을 하며, 내 집 마련을 위한 기반을 조성하기 위한 방법을 제시코자 한다.

1. 월세를 피한다.
2. 혼수는 최소로 한다.

맞벌이부부라면
3. 자녀 양육에 도움을 받을 수 있는 사람 거주지 근처에 자리 잡는다.
4. 부인이 출퇴근하기 편한 위치에 자리 잡는다.

　결혼 후 10년간은 내 집 마련에 집중할 시기이다. 이 이후에는 자녀 교육비가 많이 들어가기 때문에 저축하기가 무척 어렵다. 이 10년간은 보험을 포함하여 연 간 2천만 원 이상 저축하는 것이 좋다.

　신혼을 얼마로 시작하는가는 별로 의미가 없다. 양가가 여유가 있어서 아파트를 사서 시작하지 못할 바에는 1억 5천만 원짜리 아파트 전세나 7천만 원짜리 빌라 전세나 큰 차이가 없다. 단, 월세는 피해야 한다. 자금 마련이 쉽지 않아 부득이 월세로 시작한다면 최대한 빨리 월세를 탈출해야 한다. 결혼 초기 몇 십만 원의 월세가 재산 형성에는 치명적인 영향을 미친다. 아파트 전세가 어려우면 빌라(다세대 주택) 전세를 얻든지 그것이 여의치 않으면 빌라를 사는 것이 차라리 낫다. 융자를 끼고 빌라를 사면 소액으로도 구매가 가능하다.

　유의할 사항은 '여기서 말하는 빌라구매는 내 집 마련이 아니다'는 점이다. 워낙 전세 가격이 비싸고, 월세 전환율이 높기 때문에 전세의 대안으로서의 빌라 구매이다. 이 내용은 다음에 좀 더 자세히 설명하겠다.

　신혼 때 혼수를 좋은 것을 하는 것은 의미가 없다. 내 집을 마련할 때까지 몇 번을 이사가야할지 모르고, 소형 평수에서 30평 이상으로 이사를 가게 되면 살림살이를 거의 다 바꾸게 되기 때문이다. 특히 장롱, 화장대, 소파 등의 가구는 가능하면 구매를 피하는 것이 좋다. 거의 간이로 하면서 신혼 기분을 낼 수 있는 정도면 충분하다. 본격적인 살림살이는 내 집 마련 후에 장만하면 된다.

　결혼 후 10년 동안은 외벌이와 맞벌이의 재산 형성 차이는 큰 차이가 난다. 수입이 1.5배 차이이면 저축은 3배까지 차이가 날 수 있다. 따라서 가능하면 맞벌이를 해야 하고, 자녀 양육을 위해서는 자녀를 맡길 수 있는 사람 옆에 사는 것이 가장 좋다. 자녀를 다른 사람이나 기관에 맡기더라도 양가부모나 이모, 고모 집 옆에 사는 것이 좋다. 주위에서 도와주지 않으면 부부가 지치게 되고 싸우게 되고, 결국은 맞벌이를 포기하는 경우가 속출한다.

　또한, 맞벌이부부에게는 부인이 출퇴근이 편해야 한다. 부인은 임신, 출산의 과정을 거쳐야 하고, 아무리 가사 일을 같이 나누어서 한다고 해도 부인이 할 일이 많기 때문이다. 따라서 남편은 맞벌이하는 부인을 최대한 배려해줘야 한다. 아내들의 가장 큰 불만은 자신들이 집안일을 하면 '집안일을 한다'라고 말하고, 남편들이 집안일을 하면 '집안일을 도와준다'라고 남편들이 말한다는 것이다. 집안일은 기본적으로 아내가 더 많이 할 수 밖에 없기 때문에, 남편들이 적절히 집안일을 분담해야 한다. 부부가 서로 맞벌이를 하는 입장에서 남편의 현명한 생각이 올바른 가정을 이끈다.

자녀가 태어나도 이 시기에는 학군은 전혀 의미가 없다. 좋은 교육 기관도 전혀 의미가 없다. 영어 교육도 전혀 의미가 없다. 채광과 환기가 잘되어 자녀의 건강을 잘 지킬 수 있으면 된다. 애기들은 어디에서도 잘 자란다. 주거 공간이 좋은지 나쁜지도 모른다. 사랑해주는 부모님과 어른들만 있으면 애기들은 잘 자란다.

목표 #2. 투자가치가 있는 내 집 마련을 한다

• 전략
– 가치가 있는 집을 마련한다.
– 융자금은 빨리 처리한다.

• 방법
가치 있는 집을 마련한다.

자녀가 초등학교 고학년으로 올라가면 이사 가기가 쉽지 않다. 이사를 가더라도 전학을 하지 않는 범위에서 움직이게 된다. 따라서 내 집 마련을 하고나서는 10년 동안은 이사할 생각을 해서는 안 된다.

따라서 여기서의 가치는 재산가치, 주거환경의 조건을 충족시키는 가치가 될 것이며, 그 조건은 아래와 같은 조건이 될 것이다.

첫 번째, 10년 이상 살만한 가치가 있는 집

두 번째, 10년 동안 자녀 교육을 잘 시킬 수 있는 집

세 번째, 10년 이후에 팔았을 때 그 가치가 보존되는 집

이 될 것이다.

구입 시기는 중요하지 않다. 첫째 자녀가 고학년에 올라가기 전에 조건이 맞는 대상이 있거나, 부동산 가격이 상승할 조짐이 보이면 시행하면 된다.

중요한 것은 항상 내 집 마련을 위한 준비와 대비를 하는 것이 중요하다.

융자금은 빨리 처리한다.

자녀가 고학년에 올라가면 사교육비가 본격적으로 투입된다. 첫째 자녀가 고등학교 진학할 때까지 융자 원금을 마련하는 것이 좋다. 즉, 결혼 후 10년 이내에 내 집 마련을 하고, 15년 이내에 융자금을 상환한다는 목표를 세우면 되겠다. 목표가 10년이라면 충분한 시간이 있기 때문에 시간을 두고 고민하고, 부부가 잘 상의하면 된다.

융자금을 전액 상환할 필요는 없다. 대출금 이자보다 많은 수입이 생기는 투자처가 생기면 투자 수익으로 이자를 지불하면 된다. 하지만, 경기 상황, 금리 상황이 어떻게 될지 모르니, 융자금을 즉시 갚을 수 있는 대비는 하고 있어야 한다.

• 주의사항

여기서 주의사항!

첫 번째, 금융비용을 감당할 수 있어야 한다. 자녀가 고학년에 올라가면 사교육비가 본격적으로 투입되기 때문에, 주거비용(또는 금융비용)으로 지출할 수 있는 여지가 그리 크지 않다. 교육환경을 보고 버블세븐 지역에 들어가려하면, 내 집 마련 자체가 쉽지 않을 뿐 아니라, 무리한 융자를 얻어서 그 지역에 들어갔다가는 낭패를 보기가 십상이다. 앞의 교육 편에서 이야기했지만, 진학과 사회진출을 위한 방법과 기회는 다양하게 있다.

현재 위치에서의 최선, 무리가 없는 차선책을 찾는 것이 중요하다.

두 번째, 보금자리 주택은 투자의 대상이 아니다.

내 집을 마련할 때 가장 많이 따지는 것이 주거 환경, 교육 환경 그리고 투자 가치이다. 그런데 내 집은 투자 대상이 아니다. 쉽게 생각하면 '무리해서 투자 가치가 있는 집에 살다가 가격이 오르면 팔고 좀 싼 집으로 가지.' 생각하기 쉽지만, 집과 차는 업그레이드 성향이 워낙 강하기 때문에 다운 그레이드는 경제활동 시기에는 거의 불가능하다. 따라서 보금자리 주택은 주인이 비용에 책임을 져야 한다. 앞에서 투자가치가 있는 내 집 마련을 해야지, 투자를 위한 내 집 마련을 해서는 안 된다. 은퇴할 때까지는 거주용 주택은 처분할 수가 없기 때문이다.

목표 #3. 투자수익성 좋은 투자용 부동산을 마련한다

내 집 마련이 어느 정도 마무리가 되고(원금 상환 준비가 어느 정도 되고) 자금에 여유가 생기거나, 주식투자나 현물투자로 어느 정도 투자 수익이 발생하면 수익형 부동산 투자를 생각해볼만 하다. 부동산 투자는 주식 투자와는 다른 특성을 가진다.

부동산은 주식에 비해 환금성은 떨어지지만, 지렛대 효과가 크고, 오를 때 크게 오르는 성향이 있고, 월세 임대를 하면 고정적이고 안정적인 수입이 발생한다. 주거용 부동산을 중심으로 부동산 투자를 살펴보자. 단, 여기서는 상업용 부동산 투자는 뺐다. 상권과 경기 영향을 워낙에 많이 받기 때문이다. 상업용 부동산 투자에 대한 책을 쓰려면 500페이지는 족히 넘어갈 것이다.

• 빌라 투자

빌라 구매는 거주를 위한 구매와 투자를 위한 구매로 나눌 수가 있다. 먼저, 거주를 위한 구매를 살펴보자.

첫 번째, 같은 평수, 같은 지역이면 빌라 구매가 아파트 전세보다 싸다. 비싼 아파트 전세의 대체 수단이 될 수 있다.

두 번째, 부동산 임대시장의 시황을 걱정할 필요가 없다. 이 집이 다른 사람에게 팔지니 않을지, 계약기간 이후 월세를 달라 안할지, 전세를 얼마 올려 달라할지 등, 세입자로서 원천적으로 해야 하는 고민을 안 해도 된다. 아무리 살림이 적어도 한 번 이사하는데 최소한 1백만 원은 소요되고, 한 달간 정리하는 노고를 생각하면 이사 안하는 것도 이익이다.

세 번째, 집을 꾸미면서 살수가 있다. 임대 주택은 자기 집이 아니기 때문에 자기 돈 들여서 꾸미거나 보수/유지하기가 아깝다. 주인에게 이야기해도 최소한만 해준다. 빌라라도 자기 집이면 삶의 질을 높이기 위해서 투자할 수 있다.

네 번째, 투자용으로 전환할 수 있다. 큰 평수로 이사 가면서 투자용으로 전환할 수 있다.

다음은 투자를 위한 빌라 구매를 살펴보자. 빌라의 투자 포인트는 크게 두 가지이다.

첫 번째는 월세소득이다. 소액투자로 짭짤한 월세를 받을 수가 있다. 보증금을 뺄실 투자금액대비 월세를 계산하면 은행이자보다 훨씬 낫다. 대신, 중계 수수료, 수리비용, 세금 등을 빼면 큰 수익률이 안 될 수는 있다. 그렇지만,

두 번째는 재개발 이슈이다. 2008년 글로벌 금융위기 이후에 재개발 사업이 많이 중지되었지만, 언제 어디서 재개될지 모른다. 따라서 몇 군데 분산해서 투자하면 그중에 한군데 재개발이 일어나도 상당한 이익을 낼 수 있다. 물론, 재개발 기대용으로 투자를 했을 때에는 토지 지분이 가장 중요하다.

내 집 마련을 준비하는 사람에게는 전세 대체용, 투자 기회용 외에 또 새로운 의미가 있다. 그것은 시황 대응용이라는 측면이다. 1억 5천만 원에 아파트 전세를 얻는 것보다는 1억 원짜리 빌라를 사고, 5천만 원을 예치해두면, 부동산 가격 상승기에 조금만 더 자금을 추가하여 전세 끼고 중형 아파트를 살 수 있다.

빌라는 잘 팔리지가 않는다는 의견과 가격이 떨어질 수 있다는 의견들이 많다. 거주의 효용성이 있고, 재개발 가능성이 있다면 가격이 떨어져도 구매할 의미가 있다. 1천만 원 정도 떨어진다 하더라도 월 40만 원씩 3년간 월세 내는 것 보다는 이익이다. 안 팔리면 월세를 받거나, 전세를 놓고 이사를 가면 된다. 대부분 빌라는 매매가와 전세가의 차이가 크지 않다. 따라서 아파트 전세가와의 차이나, 월세비용 등을 감안하면 약간의 가격 하락은 감수할 만 하다.

• 아파트 투자

아파트 투자는 대부분 시세 차익을 얻기 위한 투자이다. 부동산 가격이 많이 오를 때에는 아파트가 최고의 투자 수단이었는데, 부동산 가격의 변화가 별로 없을 때에는 실효성이 별로 없다. 대부분 아파트로 하는 부동산 재테크는 전세나 융자를 끼고 아파트를 사서 일정기간 전세를 놓고, 일정한 차익이 발생하면 매도하는 방식이었다.

그런데 월세 소득은 미지수이다. 아파트 월세를 놓더라도 웬만한 경우가 아니면 월 100만 원 이상 월세를 받기는 힘들다. 대부분 세입자들도 월세는 40~60만 원 정도를 선호한다. 그러려면 소형 아파트(실평수 18평 이하)에 투자해야 하는데, 이 소형 아파트는 부동산 가격 상승기에 가격이 크게 상승하지 않는 경향이 있다.

아파트 투자는 시세 차익을 주로 노리는 투자인데, 시세 차익이 불확실하다면 월세를 받으며 관망하여야 한다. 즉, 가격이 오르지 않을 때에는 월세로 투자수익을 가늠하고(제반 비용을 제하면 은행 이자 수준임), 가격이 오르면 시세차익을 노리는 방식이다.

• 다가구주택 투자

앞에서 빌라는 재개발 기회나 월세를 주로 노리는 투자이고, 아파트는 시세차익을 주로 노리는 투자라고 하였다. 이 재개발 기회와 시세차익이 불확실할 때에는 월세를 받으면서 관망하라고 하였다. 이런 면에서 다가구주택 투자는 아주 매력적

인 투자이다. 다가구주택은 단독주택에 여러 가구를 넣어 임대를 하는 부동산 형태이다. 그 특징점을 살펴보면

첫 번째, 토지 지분이 많다. 다세대, 아파트 등은 실평수에 비해서 30~70%정도의 지분을 소유하게 되지만, 다가구주택은 해당 부동산의 토지를 실소유 하게 된다.

두 번째, 월세와 전세를 임의로 변경할 수 있다. 처음에 건축 당시에는 전세로 임대하여 건축비를 충당하고, 저축하면서 점차적으로 월세로 전환할 수 있다. 또한, 월세로 임대한 임대물도 필요에 따라 전세로 전환할 수 있다. 특히, 좋은 투자 기회가 생겨 투자금이 필요할 때 전세전환을 통해서 상당한 투자금을 확보할 수 있다.

세 번째, 부동산 가격의 변동률이 상대적으로 적다.

네 번째, 공간을 다양한 용도로 활용할 수 있다. 일부 공간을 영업용, 사업용 또는 취미 공간, 작업공간으로 활용할 수 있다.

반면, 단점도 있다.

첫 번째, 세금 부담이 크다. 다가구주택 임대를 하려면 임대사업자 등록을 해야 하는데, 소득세, 재산세의 부담이 크다.

두 번째, 부동산의 유지보수 비용이 크다. 이를 위한 금전상의 비용뿐 아니라, 세입자들과 실랑이를 하고, 신경을 쓰는 정신적, 시간적 비용도 만만치 않다.

이런 장단점을 감안하더라도 다가구주택 임대 사업은 투자 대상으로는 매력적이다. 특히, 주식-부동산-현물로 구성되는 포트폴리오 투자에 있어서는 자금의 유동성을 확보할 수 있어 좋은 투자기회를 잡을 수가 있다. 또한 고정적이고 안정적인 월세 수입이 들어오므로, 은퇴 후 노후 투자 대상으로는 적합하다.

우리 가족의 보금자리를 안락하게 꾸민다

내 집에서 누리는 만족(또는 행복)은 임대주택에서 누리는 만족과는 차원이 다르다. 내 집이기 때문에 투자할 수 있고, 개조할 수 있다. 집에서 나가라는 사람도 없다. 재개발되기 전에는 조건에 맞게 마음껏 누릴 수 있다.

내 집에서 누리는 만족과 주거공간에서 누릴 수 있는 만족을 정리해보자.

• 부동산 경기에 걱정할 필요가 없다

전세나 월세를 살면 주거 생활 외에도 부동산 가격변동 등 신경 쓸 것들이 많다. 이 집이 다른 사람에게 팔지니 않을지, 계약기간 이후 월세를 올려 달라 안할지, 전세를 얼마 올려 달라 안할지, 반전세로 월세를 달라 안할지 등등 신경 써야 할 문제가 너무 많다. 하지만 내 집에 살면 그런 걱정이 없다. 주택 가격의 변동이 있어도, 다른 집들과 같이 움직이므로 보금자리용 부동산은 가격 등락이 큰 의미가 없다. 단, 우리 지역은 안 오르는데, 다른 지역이 오를 때 문제가 된다. 또는, 우리 집은 안 오르는데, 옆집은 오르면 그것은 문제가 된다.

그래서 내 집 마련을 하고나서도 투자를 위한 대비는 하고 있어야 한다는 것이다. 가격이 움직이기 전에, 어떤 집이 오르고, 어떤 집이 안 오를지는 예상하기가 어렵기 때문이다. 즉, 내 집 마련을 하고나서 '걱정할 필요는 없지만, 계속 고민은 해야 한다'는 것이다.

• 내 집을 가꾸고 꾸미는 재미가 있다

전월세집의 딜레마는 내 집이 아니라는데 있다. 계약기간이 끝나면 계속 살게 될지, 나가게 될지 모르기 때문에 세입자는 자기 돈으로 집을 꾸미지 않게 된다.

그리고 이사를 다니다보면 가구도 파손되고, 긁히고, 가재도구도 많이 버리고, 새로 사게 된다. 그러다보면 중계수수료, 운임비 외에 버리고 사는데서 많은 비용이 소요되게 되고, 살림을 단출히 준비하다 보면 원하는 살림살이를 사는 것에 꺼리게 된다. 결론은 이사 안 가는 것이 이익이라는 판단을 하게 된다.

다세대 주택이라도 내 집이라면 내 집을 꾸미는 재미를 누릴 수 있게 된다. 화초를 키우든지, 미술작품이나 인테리어를 하든지, 다양한 취미를 가정 내에서 할 수 있게 된다. 특히 여성들에게는 집을 꾸미는 재미는 아주 큰 것이다.

• 서재방의 가치

요즈음 분양되는 아파트는 중대형도 방이 4개인 집이 별로 없다. 그런데 4인가족의 남성에게는 서재방의 의미가 아주 크다. 4인가족의 방3칸짜리 집은 가장에게는 자기 공간이 주어지지 않는다. 안방과 주방은 아내의 공간이고, 공부방들은 자녀들의 공간이고, 거실은 온 가족의 공간이다. 남편이 임의의 업무를 보려하거나, 취미활동을 하려면 가족의 양해를 받아야 한다. 밖에서 열심히 일해서 가정의 경제를 책임지는 가장에게 자신의 공간이 주어지지 않는다는 것은 참 슬픈 일이다.

아내들은 자신과 자녀들의 공간으로 3룸 주택으로 만족하지만, 남편들은 내 집 마련의 목표를 4룸으로 잡아야 한다. 열심히 일한 당신은 자신의 공간을 요구할 자격이 당연히 있다.

• 살림살이 마련에 있어서의 주의사항

목표로 하는 평수에 맞는 살림살이를 구입하라. 현재 사는 작은 집에 맞추어서 살림살이를 사게 되면 큰 평수로 이사 갔을 때 옹색하게 될 수가 있다. 따라서 목표 평수에 맞는 살림살이를 사는 것이 좋다. 공간문제 때문에 그럴 입장이 안 된다면 이사 가서 보조 가구로 사용할 수 있는 가구로 사는 것이 좋다. 가장 대표적인 것이 식탁이다. 현재 사는 평수에 맞추어 살다 큰 평수로 이사 가면 자녀용 보조 테이블로 활용 가능하다. 작은 평수에서는 소파대신에 등받이 의자를 구입하면 큰 평수 가서도 활용할 수 있다. 옷장은 목재를 안 사는 것이 낫다. 가장 부피가 크고 거추장스럽다. 대신 조립식 옷장을 사는 것이 좋다. 가재도구를 살 때에는 큰 평수 집에 가서 보고 사는 사람의 의견을 듣는 것이 좋다. 이런 식으로 살림살이 마련에서도 큰 평수 이사를 목표로 하면 큰 평수 이사를 앞당길 수 있다.

자녀용 가구는 아동용을 구매하지 않는 것이 좋다. 자녀가 어릴 때에는 예쁘게 꾸며주고 싶다. 그런데 자녀들은 금방 자란다. 초등학교 들어가고 6년만 지나면 중학생이 되고, 또 6년만 지나면 대학생이 된다. 12년 후 대학생의 방에 아동용 가구가 있으면 우스운 모양이 된다. 아예 살 때 대학생까지 살 수 있는 가구를 사든지, 간이용으로 사는 것이 좋다. 또는 큰 평수로 이사 갔을 때 부모가 쓰던 것을 주는 것도 괜찮다. 아니면 작은 평수일 때 붙박이장이 있는 집으로 가는 것도 좋은 방법이다.

내 집 마련을 하기 전에는 가능하면 살림살이를 사지 않는 것이 좋다. 살림살이 사는 것이 다 돈이다. 내 집 마련을 하기 전에는 가능하면 살림살이를 사지 말고 그 돈을 아껴서 내 집 마련을 앞당기는 것이 좋다.

행복가치 활동 현황표 작성 예시

그러면, 지금까지 이야기되었던 것을 종합하여 '행복가치 활동 현황표'를 작성해 보자. 다음 장에서 자세히 설명하겠지만, 이 현황표에 의해서 행복을 지수화 하여 평생 관리할 수 있다. 그 과정에서 성과 목표에 대한 의지를 더 강화할 수 있고, 그 성과를 달성하는 과정에서 우리는 행복감을 느낄 수 있다.

결혼 1년차

[그림 1]은 결혼 1년차에 작성한 활동현황표이다.
- **경제활동 성과 점수 : 40점** (조금 불만)
- 둘 다 사원이고, 연봉도 크게 만족스럽지는 않다.
- **재산활동 성과 점수 : 40점** (조금 불만)
- 결혼하느라고 둘이 모은 돈 다 쓰고, 올해 저축한 예금 5백만 원과 보험 적립금 500만 원이 있다.
- **거주활동 성과 점수 : 40점** (조금 불만)
- 5천만 원 융자내서 1억 원짜리 빌라를 샀다. 은행 이자가 월 20만 원 나간다. 그래도 내 집이니 전원세가 동향에 신경 쓸 필요 없고, 이사 다닐 염려 없다. 빨리 좋은 집으로 이사를 가야한다.

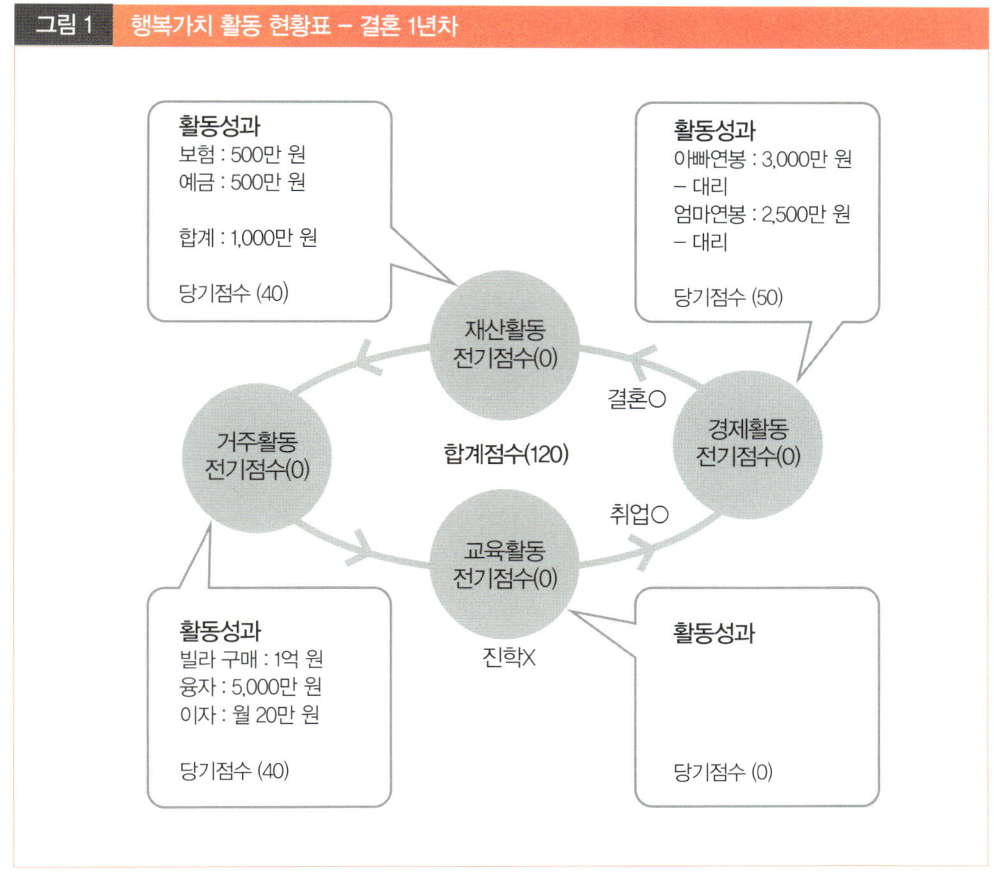

- **교육활동 성과 점수 : 0점** (없음)

– 자녀가 없으니 교육활동 점수는 당연히 0점. 빨리 자녀를 낳아야 점수를 얻을 수 있다.

- **총점 : 120점**

- **총평**

활동 점수는 아주 낮다. 모든 것이 부족하지만 사랑하는 사람과 결혼했으니 행복하고, 희망과 가능성이 있다. 물론 점수가 낮다고 불행한 것은 아니다.

결혼 5년차

[그림 2]는 결혼 5년차에 작성한 활동현황표이다.

- **경제활동 성과 점수 : 50점** (중간)
- 둘 다 대리로 승진했고, 연봉도 좀 올랐다.
- **재산활동 성과 점수 : 50점** (중간)
- 재산이 1억 천만 원 늘었다. 투자 소득도 5백만 원이 발생했다. 내 집 마련에는 부족한 금액이지만 몇 년만 더 고생하면 좋은 집을 마련할 수 있겠다.
- **거주활동 성과 점수 : 40점** (조금 불만)

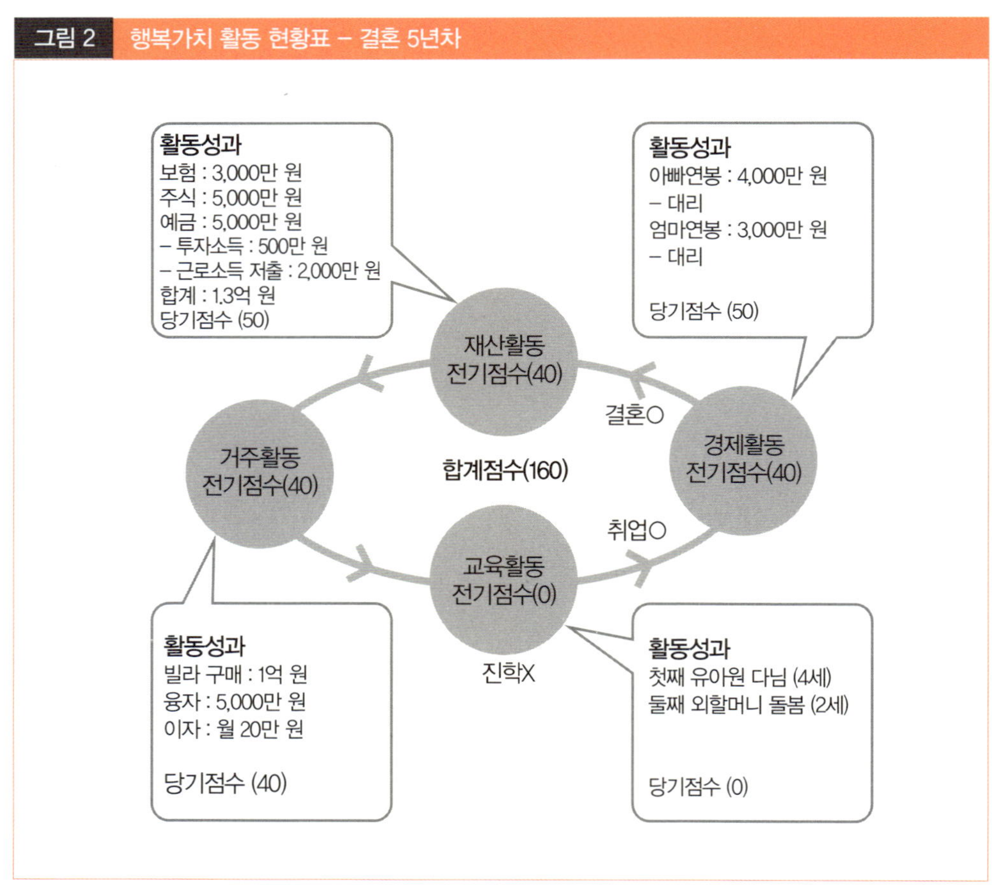

- 아직 바뀐 것은 아무것도 없다. 빌라 가격도 그대로이고, 원금을 갚지 않아 이자도 그대로이다. 계속 주택 마련을 위한 정보는 수집하고 있다.
- **교육활동 성과 점수 : 20점** (아주 불만)
- 두 자녀가 생겼다. 첫째가 딸이고, 둘째가 아들이다. 애들도 건강하고, 재롱도 예쁘고 아이들을 보고만 있어도 행복하다. 물론 자녀 돌보는 일이 힘들기는 하지만, 자녀를 키우는 행복은 더할 나위 없이 크다.

- **총점 : 160점**
- **총평**

자녀가 생긴 것만으로도 20점이 추가되었다. 경제활동도 개선되었고, 재산활동도 개선되어 내 집 마련의 기회도 만들어졌다. 자녀가 생기면서 거기서 생기는 행복도 커졌다. 부부간에 싸울 일은 더 많아질 것이다. 그것은 사랑과 믿음으로 극복해가야 한다. 부부간의 대화가 그래서 중요하다는 것이다. 부부는 서로 상대방의 생각을 예측만 하다가 부부싸움이 벌어질 확률이 높다. 부부간이라면 같은 집에서 살면서 같은 침대에서 잠을 자는 세상에서 가장 가까운 사이다. 부부사이가 좋은 편인가 나쁜 편인가에 가정의 분위기가 결정된다. 그래서 부부간의 대화와 소통이 가장 중요하다.

- **주위사항**

애기가 태어나서 행복하고, 애기의 재롱이 예뻐서 만족스럽다고 해서 교육활동 성과점수를 단순하게 높은 점수로, 80점 이상을 줘서는 안 된다. 이 가치 활동 성과표는 평생을 두고 관리하는 것이고 만점이 400점이다. 자녀교육은 최소한 25년간 평가가 이루어지며, 졸업 후 취업, 결혼, 자녀를 출산하여 자녀가 온전한 가정을 이루는 생애 단위로 평가를 하는 것이기 때문에 초반에 너무 많은 점수를 줘버리면 이후에 줄 점수가 없다. 각 항목별로 100점을 넘어서버리면 그 이후에는 행복가치 활동의 성취도를 평가할 방법이 없다. 따라서 교육활동 성과도 주관적인 만족도가

아니라, 활동에 의한 성과에 의해서 점수가 매겨져야하므로 자녀의

  초등학교 입학 시 까지(아동기) : 30점

  중학교 입학 시 까지(소년기) : 40점

  대학 입학 결과 까지(청소년기) : 60전

  사회진출 후 결혼 까지(성인기) : 80점

  결혼이후 : ~100점

  으로 평가하는 것이 맞다.

행복은 점수를 많이 준다고 이루어지는 것이 아니다. 행복활동 과정에서 사소한 성과까지 만족하고 감사하는 과정에서 행복은 이루어지는 것이다.

결혼 10년차

[그림 3]은 결혼 10년차에 작성한 활동현황표이다.

- **경제활동 성과 점수 : 60점** (약간 만족)
- 부부가 둘 다 과장으로 승진했으나, 아내는 중소기업에서 근무하기 때문에 연봉이 크게 오르지는 않았다. 소득이 늘어난 만큼 비용도 많이 발생할 수 있으니, 한명이 실직하면 경제적인 타격이 클 수 있다. 소득과 지출의 균형을 잘 맞추면서 한명 실직에 대한 대비 필요

- **재산활동 성과 점수 : 60점** (약간 만족)
- 내 집 마련하면서 유동성 자산은 1억 9천만 원으로 줄어들었다. 10년간의 보험금 납입으로 보장성 자산이 크게 늘었다. 약관대출을 통한 투자 가능자금 5천만 원 확보. 주식투자를 통한 투자소득 500만 원 하였고, 연 2천 5백만 원 이상의 근로소득+투자소득 발생을 기대할 수 있게 되었다.

- **거주활동 성과 점수 : 60점** (약간 만족)
- 드디어 30평대 아파트 내 집을 마련하는데 성공했다. 융자가 1억 원이 있기 때

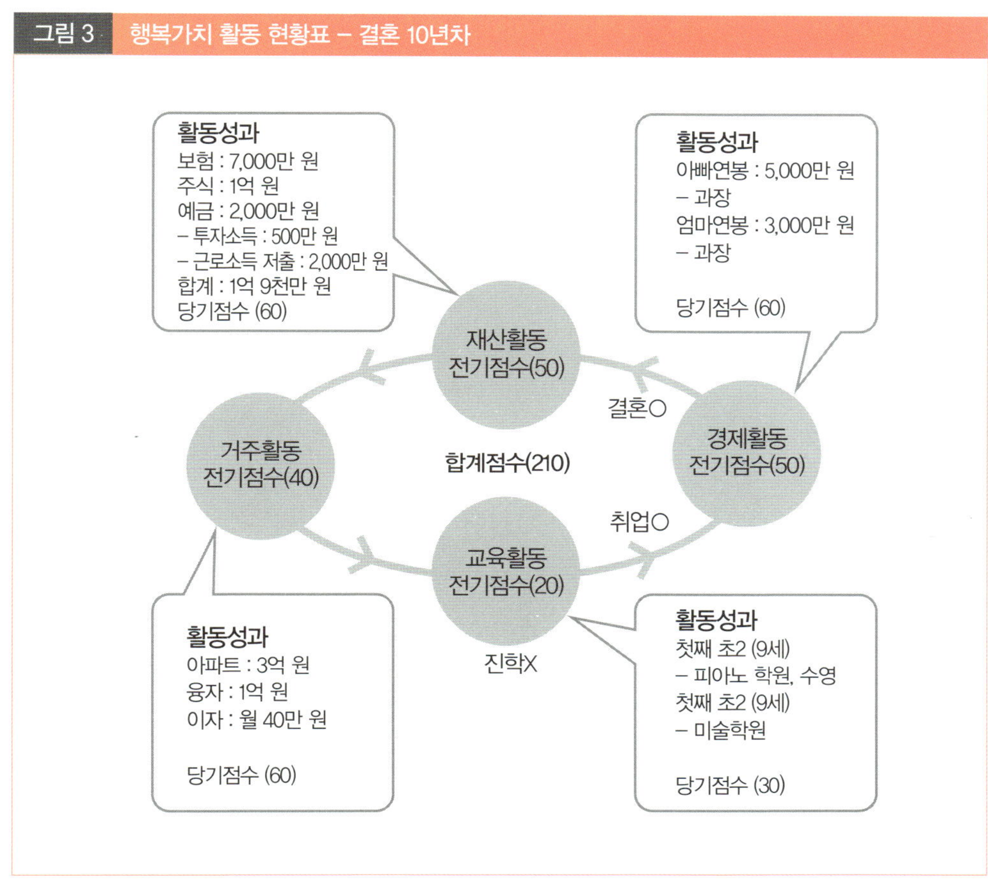

문에 월 이자가 40만 원씩 발생하고 있으나, 투자 소득으로 지불이 가능하므로, 큰 문제는 아니다.

- **교육활동 성과 점수 : 30점** (아직 불만)

– 첫째가 초등학교에 다니고, 둘째가 유치원에 다닌다. 아직은 본격적인 사교육 게임에 돌입하지 않았기 때문에 부모와 자녀가 아직 여유가 있다.

- **총점 : 210점**

- **총평**

이제 평균 50점을 넘었다. '아직 50점이냐?' 생각할 필요가 없다. '벌써 50점을 넘어섰구나'고 생각하면 된다. 5년 전에 비해 50점의 점수 향상이 있었다.

모든 행복가치 활동에서 성과가 발생하여 5년 전에 비해 50점의 점수 향상이 있었다. 하지만 아빠도 20년 더 경제활동을 할 대책을 세워야하고, 엄마도 본격적인 자녀교육 게임에 돌입하면 직업을 어떻게 해야 할지 고민할 가정에서 중요한 시기이다. 재산활동에서는 저축을 통한 투자금액과 투자수익률을 키워 향후 자녀의 사교육비는 투자 수익으로 충당하면 상당히 이상적이다. 초등학교 고학년으로 올라가면 자녀교육문제로 다른 지역으로의 이사가 어려우므로, 5년 동안 현재 거주지가 최선인지 고민할 필요가 있다.

이렇게 행복 프레임워크는 400점을 만들기 위해 평생을 두고 콘텐츠를 채워나가는 과정이다. 점수의 객관적인 기준은 없다. 독자들의 성과와 만족도에 대한 주관적인 판단으로 점수를 부여하면 되는 것이다. 중요한 것은 향상되고 개선되는 과정이 중요한 것이다.

이 과정에서 우리 모두가 행복해졌으면 하는 것이 나의 바램이다.

거주활동 경험을 공유한다

• 1기(1993년) **: 봉천동 시대** (8평)

신혼집 마련

나는 1993년 결혼을 하면서 봉천동 언덕에 있는 다가구주택의 2층 절반을 전세로 얻었다. 작은 쪽이라 실평수는 10평이 안되었고, 채광과 통풍이 잘되는 도로 편을 얻었다. 현재 사는 아파트의 거실면적 정도 된다. 현재 거실을 마커로 칸을 그리면 20여 년 전 살던 집의 공간을 그릴수가 있다. 안방, 주방, 욕실, 작은방. 공간은 작아도 꿈만 같았다. 사랑하는 사람과 가정을 꾸미고, 사랑스러운 우리 첫째 아이가 태어난 시기이다.

우리 부부 둘 다 열심히 일을 했지만 그해 가계 흑자는 별로 발생하지 않았다. 혼수를 준비 한다고 해도 살아가면서 살 것도 많았고, 첫째 아이가 태어나면서 출산 비용으로도 많은 돈을 지출했기 때문이다.

• 2기(1994년~2000년) **: 응암동 시대** (13평)

가족 보금자리 마련

첫 애를 낳고 해가 넘어 1994년이 되었다. 사내공모에 지원했던 타임머신 팀원으로 선발되어 강남 논현동으로 출근하게 되었다.

그런데 우연히 성수동의 한 조합아파트의 전세가 아주 터무니없이 낮은 가격에 나왔다. 30평형의 물건을 보고는 아내는 그 전세 매물에 정신을 빼앗겨 버렸다. 나는 미심쩍었지만, 아내가 워낙 강하게 원하니까 일단 진행은 해갔다.

그런데 이사일 1주일을 앞두고, 집주인이 일방적으로 계약을 파기해버린 것이다. 살던 집은 결혼을 앞둔 예비부부가 계약을 해뒀는데, 우리까지 계약을 파기하면 이 결혼 예정 부부들에게 큰 민폐를 끼칠 것 같았다.

한편에서는 '필요한 물품만 빼서 처갓집에 잠시 머물고, 나머지는 창고에 보관했다가 새로 전세가 구해지면 이사를 하자'했지만, 나의 얄팍한 자존심은 집 없이 쫓겨나는 이 상황을 도저히 용납할 수가 없었다. 1주일 안에 이사할 집을 찾으니 미분양 빌라밖에 없었다. 처갓집에서 2킬로 정도 떨어진 응암동에 꽤나 전망 좋고 예쁜 빌라를 급하게 계약하고 이사를 단행하였다.

나는 앞으로 닥칠 불행에 가슴 아팠다. 내가 예상한 불행은

1. 월 수십만 원의 은행 이자를 내야 한다.

2. 유주택자가 됨으로 해서, 이제 아파트 분양의 기회가 희박해졌다.

3. 이제 수원으로 돌아가기는 어렵다

는 것이었다.

이렇게 응암동 시대는 시작되었고, 여기에서 7년을 살면서 많은 일들이 일어났다. 회사를 그만두고, 아내와 남대문에서 아동복 사업을 시작하였으며, 사업을 시작하자마자 2007년도에 외환위기가 터지면서 사업적인 위기를 맞았다. 애들은 외갓집에 맡겨두고 주말에만 찾아와서 보고, 다시 일요일 밤이면 외갓집에 데려다주는 생활이 반복되었다.

교훈

1. 요행수를 바라지 않았으면 미심쩍은 그런 전세는 미리 포기했을 것이다.

2. 조금만 겸손했다면 이삿짐을 창고에 보관하고 제대로 된 전세를 구해서 이사했을 것이다.

- **3기**(2001년~2003년) : **대조동 시대** (22평)

넓은 평수 전세로 이사

2000년 첫째 아이가 초등학교 2학년 올라갈 때 회사 근처에 있는 대조동으로 이사를 단행하였다. 첫째가 초등학교에 올라가니 책상도 필요하고 책꽂이도 필요한데, 외갓집에는 학생의 물품을 둘 공간이 없었다. 이사를 하려니 전세라도 평수를 넓혀서 갈 형편이 못되었다. 가정의 이사를 염두에 두고, 회사는 미리 1999년 말에 처갓집 근처로 이사해두었다.

그렇게 첫째 아이가 초등학교 입학 후 1년간은 그렇게 생활하였다. 둘째 아이도 근처 유치원을 다녔으므로, 방과 후에 사무실에 잠시 들러 점심을 먹고 학원으로 가는 생활을 1년 동안 하였다.

사업이 양호하게 운영되어 1년 후인 2001년 초 드디어 응암동에 살던 빌라를 전세 놓고 자금을 추가하여 평수를 넓혀 대조동 다가구주택 전세로 이사를 하였다. 애들이 어려서 큰방에 침대 2개와 큰 테이블을 하나 사주어서 나누어서 쓰게 하고 그때부터 제대로 살림을 제대로 마련하기 시작했다. 자녀들도 부모와 같이 사니 정서적인 안정을 찾아가기 시작했다.

그런데 이 당시에 친척과 친지 집을 방문할 일이 많아졌다. 내 집 마련을 일찍 한 사람들은 부모의 도움을 받아 신도시 분양할 때 분양을 받았고, 1997년 외환위기 이후 아파트 가격이 떨어지자 많은 친척·친지들이 아파트를 사기 시작했다. 대부분 25평형내지 30평형대였다. 집들이다, 계모임이다 등으로 많은 아파트들을 방문하게 되었는데 갔다 오면 아내는 짜증을 내기 시작 했다. 나는 아파트를 별로 선호하지 않았고, 지금은 한참 돈을 모아야할 시기라고 생각했기 때문에 아파트 사는 데는 별 관심이 없었다. 비록 전셋집이라도 정을 붙이기 위해 나름대로 집을 쾌적하게 꾸미려고 노력하였다. 반면 아내는 아파트에 대한 집착이 아주 강했다. 여기서 교훈으로 하나 얻은 것은 대한민국의 여자들은 아파트를 무척 선호한다는 점이었다.

아파트 투자

이렇게 열심히 살고 있던 2002년 후반 어느 날, 아내가 통장을 하나 주며 아파트를 사와라 했다. 통장을 보니 몇 천만 원이 들어있었다. 나 몰래 저축한 돈이라고 했다.

인터넷을 뒤져서 현재 시세와 아파트 가격 추세를 보니 약한 상승세였다. 전세가와 가능 융자금을 산출하여 투자 가능한 범위를 가늠해보았다. 일산신도시 근처에 37평 방4개짜리는 가능해보였다. 그 당시 전세 살던 집도 실 평수 25평에는 약간 못 미치지만, 중형의 구비 조건을 갖추고 있었기 때문에 나는 실 평수 25평에는 성이 차지 않았다.

그래서 처갓집 근처 공인중개사 사무실을 찾았다. 조건을 이야기하니 방4개 38평형을 권했다. 전망도 좋고, 집 구조도 좋아 백만 원을 걸어 가계약을 하고, 집으로 와서 계약할 준비를 했다.

그런데 다음날 중개사무소에서 전화가 왔다. 그 내용은 집 주인이 현재 집을 팔고, 일산에 아파트를 사놓고, 해외에 교환교수로 가려한다. 그런데 일산 신도시에 가보니 가격이 너무 많이 올라 있더라. 따라서 몇 백만 원만 더 올려달라는 것이었다.

그 전화를 받고 내 머릿속에 스치는 생각은 '아차, 일산이구나!'하는 생각이 번쩍 들었다. '일산 신도시가 훨씬 투자 가치가 있다, 지금은 가격 상승기이기 때문에 거주용이 아닌 투자용 부동산을 구매할 때구나'하는 생각이 들었다.

전화를 받자마자 바로 아내를 데리고 일산 신도시로 달려갔다. 직감적으로 호수마을로 달려갔다. 투자용으로 사려면 가장 좋은 지역에 투자를 해야 한다고 생각했다. 우리 가족이 수시로 호수공원에 놀러오면서 선망의 눈으로 보던 아파트단지였다.

중계사무소에 들어가니 공인중개사께서 새로운 이야기를 해 줬다. 마두역 앞에 사법연수원이 들어선다는 것이었다. 그리고 그 얼마 전에 아내의 선배가 그 마두역 바로 앞에 가게를 사서 집들이를 간 적도 있었다.

그런데 처음 봤던 지역과는 꽤 큰 시세차가 나고, 37평과 47평은 가격차가 별로 나지 않았다. 그때 또 순간적으로 든 생각이 '근처에 법조타운이 들어서면 법조인들이 많이 살게 될 것인데, 법조인들이라면 47평을 훨씬 선호할 것'이다. 그런데 47평을 사기에는 예산이 아주 빠듯하였다. 미련을 못 버리고 계속 서성대고 있으니, 나중에 싸게 나온 매물을 보여주었다.

집을 방문해보니, 전세집이라 집안은 아주 썰렁해보였다. 그렇지만 '이 집이다'라는 생각이 들었다. 그래서 이 집을 사고, 전세에 융자에 있는 돈, 없는 돈 다 끌어모아서 현재 살고 있는 아파트를 구입할 수 있었다.

교훈

1. 부동산 가격 상승기에는 무리가 되더라도 최대한 투자가치가 있는 물건을 사야 한다.
2. 사소한 정보가 큰 가치와 가격 차이로 나타날 수 있다.

• 4기(2004년~현재) : 일산 시대 (40평)

내 집 마련

물론 투자용이라고 샀지만, 언제 끝날지 모르는 삼성전자와의 특허 소송이 진행 중이므로 이 집에 입주할 수 있을 것이라는 희망을 가지고 살았다.

마침 2003년 특허소송이 합의로 마무리 짓고, 보상금을 받고, 세입자와의 전세계약도 만기되어 새로 인테리어를 하고 이사를 했다. 물론, 남대문 아동복 사업은 정리하였다.

입주하기 직전 가족들을 데리고 입주할 아파트에 미리 방문했다. 썰렁해보이던 내부가 인테리어를 하니, 눈이 휘둥그레질 정도였다. 애들과 아내가 깜짝 놀라며 좋아하던 모습으로 나는 너무도 행복했다.

자녀들이 방학하자마자 우리 가족은 이사를 하고, 피닉스파크와 무주리조트로 2주 동안 스키여행을 갔다. 폭설이 내리는 속에서 온 가족이 무주리조트의 실크로드 코스를 타다 중간에 있는 카페에서 먹던 코코아차는 아직도 잊을 수 없다. 2주간 누렸던 그 스키여행은 우리 가족에게 평생 좋은 느낌으로 다가온다. 시련이 왔을 때 그것을 극복할 희망과 용기를 준다. 나는 이 스키 여행의 느낌과 천지인 한글 입력 발명 당시의 느낌으로 평생을 산다. 기분 좋은 충격은 평생 뇌리 속에 남는다.

이후의 부동산 투자

특허 보상금을 받고 시작한 IT사업은 비싼 수업료를 내며 실패로 끝나고, 우리 가족은 상당한 빚을 지게 되었다. 우리 가족은 이 보금자리를 지키기로 다짐을 하고 모두가 열심히 살았다. 애들은 사교육을 끊고, 아내는 남대문에서 아르바이트를 하고, 사업실패의 여파를 극복하기 위해 노력하는 동안 아파트 가격은 급등을 했다. 2007년, 나는 아파트 가격에 거품이 끼었다는 것을 직감하였다.

아내에게 '이 집을 팔고, 옆 동네 다가구주택을 사서 이사 가자'고 했다. 이사를 가면 이 집 부채를 다 갚고도 월세가 150 만 원 이상 나온다는 것이었다. 다시 이사 오고 싶으면 몇 년 더 돈을 벌어서 다시 오자는 제안이었다. 온 가족이 시큰둥했다. 조금만 더 오르면 이사하자고 발뺌했다.

그런데 2008년부터 아파트 가격은 폭락하기 시작했다. 나는 그 후 몇 억씩 빠지는 것을 보고 속이 쓰린데, 우리 가족들은 아무 생각들이 없었다. 그때 알았다. '처자식들에게 사는 집은 투자 대상이 아니다, 보금자리일 뿐이다'

이것을 깨닫고, 생활투자로 주식투자와 금 투자를 하는 사이에 응암동 빌라는 1993년에 샀던 가격보다 천만 원을 붙여서 팔았고(15년 만에 1천만 원), 2010년 말 주가가 올라 주식을 거의 처분하게 되었다. 융자금 원금을 갚자니 억울하고, 예금으로 두자니 대출 이자가 아깝고, 그래서 중소형 아파트에 투자하기로 결정하였다. 주식을 거의 다 처분한 마당에 당분간은 고주가가 유지될 것이라는 생각에 아파트에 투자하기로 판단한 것이다.

결과는? 2011년 7월이 되니 유럽 발 금융위기로 주가가 폭락하기 시작하는데, 종합주가는 큰 변화가 없는데, 내가 보유한 주식은 폭락에 폭락을 거듭했다. 할 수 없이 추가 대출을 받아 주식을 사서 모았다.

그러는 주가는 안정되고, 2012년 1차 전세계약 만료 날짜가 다가왔다. 아파트를 팔 것인가? 주가가 오르고, 보유 차익이 상당히 발생한 상태에서 부동산을 팔아 주식을 추가 매입한다는 것은 어려웠다. 그래서 아파트 전세 계약 연장으로 결정을 했는데, 주가는 그 이후 쭉쭉 떨어지고, 부동산 매매가는 거의 같은 상태에서 전셋값만 치솟았다. 그러는 사이 2014년, 다시 아파트 부동산에 있어서 결정을 내려야 할 시각은 다가온다. 팔 것인가? 계약을 이월할 것인가? 추가 투자를 통해서 월세 전환을 할 것인가?

2011년 이후, 이전에 경험하지 못했던 수많은 새로운 현상들이 우리 사회에 나타나고 있다. 지금까지 우리나라 주가는 3년을 주기로 움직였는데, 이번에는 3년 동안 계걸음이다. 아파트 가격은 떨어진지 7년이 지났는데 오를 생각을 하지 않는다. 반면, 전세 가격만 매매가에 거의 접근해서 오르고 있다.

현재 대한민국 경제는 무슨 일이 터질 것 같다. 이전에 없었던 현상들이 많은 나타나고 있다. 바로 이런 때 기회를 잘 포착하면 돈을 벌 수 있고, 잘못 허둥대다가 또 허구를 좇아 피해를 볼 수 있다. 과거의 경험과 지식이 별로 도움이 되지 않은 새로운 상황이 계속되고 있다. 이럴 때일수록 지혜를 모아야 한다.

여성들에게 꼭 당부 드린다

한국 사회에서 40대로 들어서면 취업판도가 완전히 바뀐다. 여성들의 일자리가 급격히 늘어나고, 남성들의 일자리는 급격히 줄어든다. 여성들의 일자리는 주로 식당 주방, 홀써빙, 할인점 포스, 간병인, 복지사, 요양사, 보험설계사 등 서비스 부문의 일자리가 급격히 늘어난다. 반면, 남성들은 기술직, 전문직을 제외한 일반 관리자들의 일자리는 급격히 줄어들어 40대 이상 남성들은 제대로 일자리를 찾지 못한다.

한편, 한국 사회에서는 내 집과 자가용과 자녀 없이 65세까지만 버티면 (현금 보유액과는 관계없이) 정부에서 모든 것을 다 책임져준다. 생활보호대상자에게는 생활비, 생필품, 의료혜택 등 모든 기초적인 사회 보장을 다해준다. 그러나 부모를 제대로 부양하지 않는 자식이 하나라도 있으면 이 혜택들은 고스란히 날아간다.

여성들의 입장에서는 어중간한 남성과 결혼해서 애 키우느라 고생하고, 그 자식 때문에 노후 보장도 제대로 못 받고 사느니 차라리 독신으로 살다가 정부의 혜택을 받겠다는 생각을 하기에 충분하다.

따라서 결혼재테크라 불리는 혼테크 시장에서는 여성들이 절대 유리한 입장에 있다. 그러다 보니, 수도권 여성들의 배우자 기본 조건이 '양호한 대학을 나와서 수도권에 있는 대기업 다니면서 전세 아파트 정도는 준비할 수 있는 남성'이 되어버렸다. 안타깝지만, 그런 남성은 흔하지가 않다. 그 정도 조건을 갖춘 남성이라면 좋은 직장이 있거나 예쁜 여자를 찾을 것이다. 이렇게 혼테크 시장에서는 남성과 여성 사이에 조건의 불일치가 발생한다. 그러다 보니 결혼이 늦어지고, 이혼율이 증가하고, 출산율이 줄어든다. 여성들 입장에서는 안전한 둥지에서 능력 있는 남성을 만나 새끼를 낳아 기르고 싶은 것은 본능이다.

90년대 이전 여성들의 경제력이 취약한 시절에는 나이가 차면 결혼이 어렵다는 조급함과 결혼은 꼭 해야 한다는 강박관념이 있을 때에는 여성들이 많이 양보하고 결혼을 했다. 그러나 외환위기를 거치면서 남성이 결코 안전한 울타리가 될 수 없고, 자식에 의해서 노후에 큰 불이익을 당할 수 있다는 것을 알고부터는 결혼에 대한 인식 자체가 바뀌었다.

나는 한국 땅에 사는 여성들에게 호소하고 싶다. 현재 대한민국 사회에서 여성의 지위가 높아진 부분은 긍정적인 부분이나 제발 결혼을 2순위로 미루지 않길 바란다. 결혼은 성인 남녀에게 1순위이다. 그리고 결혼상대를 신중하게 선택하는 자세는 바른 자세이나, TV 드라마에 등장하는 재력과 외모, 성격, 능력 등 모든 것을 다 갖춘 남자 주인공을 찾지 말길 바란다. 그런 사람은 없다고 보는 생각이 맞다. TV 드라마 속 남자 주인공도 드라마 속에서 연기를 하는 것일 뿐, 남자 주인공도 드라마가 끝나면 일반적인 대한민국의 남자로 되돌아간다. 그래서 대한민국 여성들에게 꼭 말하고 싶은 부분이 있다.

첫 번째, 수도권에 사는 남성들을 배려해 주길 바란다.

미혼 남성들 입장에서 수도권에 아파트 전세를 마련해서 결혼 준비를 하기는 너무 버겁다. 부모님의 지원 없이 본인 스스로 아파트 전세를 마련하려면 적어도 5년은 넘어 걸린다. 그 남성의 부모님들도 사교육을 시키려고 등골이 휘었다. 당신들 스스로 노후 준비를 해야 한다. 나의 경험을 보더라도 처음 8평짜리 다가구 전세에서 시작하여 아내와 같이 노력하여 13평, 22평, 40평으로 넓혀갔다. 이제는 부동산 가격도 안정되었다. 둘이서 같이 노력하면 충분히 가능하다. 같이 노력해주기를 당부한다.

일부 여성들은 취업하여 3~4천만 원을 저축하면 숙제가 끝났다고 생각하고 즐기기 모드로 돌입한다. 결혼을 꿈꾸며 지속적으로 재산 증식을 해가면 보다 좋은 남성을 만날 기회가 반드시 온다. 인과응보라고 공덕을 쌓는 만큼 결과로 나타난다. 이제는 여성들도 능동적이고, 적극적으로 결혼에 임했으면 좋겠다.

두 번째, 지방으로 내려간 기술 인력들을 배려해주었으면 좋겠다.

국가 산업 발전을 위해서 많은 기술 인력들이 지방 대기업 사업장으로 진출한다. 그런데 많은 사람들이 외로움과 결혼의 제약 때문에 좋은 근무 조건을 포기하고 수도권으로 다시 올라온다. 지방의 유력한 가문 출신의 직원들은 수도권 출신의 같은 직원들에게 여성을 소개시켜주지도 않으면서 어떻게 하나 관망하고, 서울 올라와서 선을 봐도 여성들은 지방 근무라고 기피하고, 결국은 수도권에 올라와서 바보가 되어 버린다. 정말로 이것은 국가적인 큰 낭비이다.

여성들도 전화기간식(전자, 화공, 기계, 간호, 식공)을 전공하여 같이 지방 내려가서 적극적으로 경제활동을 하든지, 지방 사업장 남성들과 결혼하여 지방에 살면서 누리면서 살든지 했으면 좋겠다. 앞에 경제 활동 편에서 이야기했지만, 여성들이 지방사업장으로 내려가면 결혼과 경제활동에 있어서 엄청난 혜택과 기득권이 주어진다. 대기업 지방 사업장에서 맞벌이를 하면 귀족으로 살 수 있다. 결혼해서 전업주부로 살더라도 지방에서는 주류로 살 수 있다.

수도권에서는 맞벌이를 해도 내 집 마련과 자녀들 사교육비 때문에 살아내기가 버겁다. 외벌이를 하면 남성이 아무리 좋은 직장에 다녀도 부모가 받쳐주지 않으면 서민으로 살 수밖에 없다. 한국 사회를 보다 넓게 보고, 가치 중심으로 보았으면 좋겠다.

이제 여성들이 주도적으로 나설 차례이다.

이제 결혼에 있어서도 여성들이 절대 유리한 입장에 있다. 40대 이후의 취업 시장에서도 기회는 더 넓게 열려있다. 여성들이 조금 더 남성들을 배려하고 양보한다면 훨씬 좋은 남성을 만나서 결혼을 해서, 훨씬 더 좋은 가정을 꾸리고, 가정의 주인으로서 행복한 삶을 살 수 있을 것이다.

6장

행복 프레임워크 사용설명서

초기 성과표와 평가표 작성하기

정기 성과표와 평가표 작성하기

행복은 올바른 자세를 갖추고, 올바르게 가치 활동을 하면서 행복 프레임워크에 성과를 채워 넣을 때 만족이 쌓여 행복이 된다. 이 내용도 중요하고 실천도 중요하지만 이 행복가치를 관리하는 것도 중요하다.

나는 인간의 생애주기로 행복가치를 관리하는 행복 프레임워크 관리표를 만들어보았다. 이 관리는 평생을 두고 해야 하며, 대를 이어서 해야 한다.

이것들을 잘 관리하면서 행복가치 활동을 한다면 매년 또는 10년 후, 20년 후에 아주 만족스럽고, 행복한 나와 가족들을 발견할 수 있을 것이다.

행복 프레임워크 관리표 개요

앞에 5장에서 간단하게 행복가치 활동 현황표를 작성해보았다. 예시로 들어봤지만, 결혼 1년차, 5년차, 10년차로 갈수록 가정이 채워지고, 행복이 채워지는 것을 느낄 수 있었을 것이다.

행복 프레임워크 관리표는 성과표와 평가표 그리고 현황표로 구성된다. 성과표는 행복가치 필요조건 성과표, 자세 성과표, 활동 성과표로 구성되고, 평가표는 초기 평가표와 정기 성과표로 구성된다.

성과표는 주관식으로 기술하는 표이다. 만족스러운 상태, 불만족스러운 상태, 성과를 내기 위한 활동, 이 활동을 통해서 얻어진 성과들을 기술하는 표이다. 초기 평가 때에 한번 작성하고, 다음 정기 평가 때까지 수시로 칸을 채워 넣는다.

이 성과표를 기술하고 나면, 그 상태와 활동과 성과를 근거로 평가표를 작성한다. 초기 평가표는 각 항목에 대해서 '전혀 아니다', '아니다', '그렇다', '매우 그렇다'는 4지 선다형으로 점수를 매기게 되어있는데, 몇 가지 조건이 붙지만, 주관적으로 점수를 매기게 되어 있다.

이 표가 작성이 되고나면 6개월이나 1년 단위로 정기 평가를 한다. 이때에는 성과표를 근거로 평가표에 전기 점수에서 가산점이나 감점을 하는 방식으로 평가한다. 따라서 초기 평가 때 점수를 너무 후하게 줘버리면 평생을 두고 별로 점수를 올릴 수가 없어, 행복 발전도가 아주 떨어지게 된다. 또한, 초기에 점수를 너무 박하게 주면 '만족' 이상의 점수로 올라가는데 상당한 시간이 걸리게 된다.

따라서 현재의 상태를 냉정하게 판단해서 초기 평가일 때 점수를 잘 매겨야 한다.

초기 성과표와 평가표 작성하기

행복가치 성과표 작성하기

먼저 행복 프레임워크를 관리하기 위해서는 행복가치 성과표를 작성한다. [표 1]~[표3]과 같이 필요조건 성과표, 자세 성과표, 활동 성과표가 있다. 이 표에는 (만족, 불만)상태, 활동, 성과 칸이 있다.

맨 위에는 작성한 가족과 작성자를 써넣는 칸이 있고, 작성날짜 칸이 있다. 가족의 전 가족 구성원이 작성해도 좋고, 아버지나 엄마가 대표로 작성해도 상관없다.

행복가치 필요조건 성과표

먼저, [표 1]의 필요조건 성과표를 보자. 1장에서 이야기했던 행복의 필요조건에 대한 성과표이다. 건강조건이 있고, 베풀 수 있는 관계, 만족 준비도, 희망 준비도가 있다.

건강조건 항목에서, 육체적인 건강 항에는 작성자(또는 그 가족)의 육체적 건강상태를 채우는 칸이 있다. 건강검진을 받은 결과나 병원에서의 소견, 또는 가족이 봤을 때의 건강상태 등을 객관적으로 기술하면 된다. 만족할 상태와 불만스러운 상태, 건강 증진이나 관리를 위해서 했던 활동, 그리고 그 성과 등, 여기서 중요한 것은 최근 1년 이내에 했던 '활동'이나 '성과'를 합쳐서 5개 이상 적어야 한다. 만약에 생각이 나지 않아서 이것들을 5개 이상 작성하지 못하면 평가표에서 2점을 부여해야 한다.

정신적 건강도 마찬가지이다. 정신적 건강을 지키기 위한 활동이나 성과를 써야 한다. 책을 읽었든, 강연을 들었든, 음악회를 갔든, 그림을 그리든 성과표를 적어서 마무리를 지어야 한다. 정신적 건강을 위한 활동도 내 것으로 만드는 과정이 바로 성과표를 적는 일이다. 설령 불만 항목이 많더라도 비관할 필요는 없다. 희망 조건 점수를 높게 줄 수 있고, 이 불만 사항을 줄여나가면 성과점수가 높아지기 때문이다. 즉, 행복 프레임워크에 있어서 현재의 상태는 크게 중요한 것이 아니다. 활동을 성과를 내고 만족을 채워 가면 되니까.

경제적인 건강은 뒤의 활동 성과표에서 경제활동, 재산활동, 거주활동에 대한 표를 작성하고 나서 작성하는 것이 좋다. 가족 건강은 앞의 '육체적인 건강'을 가족단위로 작성했다면, 부모와 형제들까지 포함한 가족 건강으로 확장해서 작성하면 될 것이다. 아버지나 어머니가 작성한다면 개인과 전체 가족의 건강을 구분해서 작성하면 될 것이다.

베풀 수 있는 관계도 상태에는 내가 베풀 수 있는 집단이나 개인, '활동', '성과' 사항에는 그들에게 했던 활동이나 성과를 적어야 한다. 종교단체든 동문회든, 동아리/동호회든, 봉사단체든, 가족과 직장을 제외한 대상이 된다.

만족준비도

얼마나 많은 만족을 얻었느냐는 것을 기술하는 것이 아니다. 얼마나 사소한 성과나 배려에 대해서도 감사하고 만족할 준비가 되어있느냐를 기술하는 것이다. 즉, 최근에 느꼈던 사소한 만족들, 그리고 그 활동들을 기술하면 될 것이다. 여기에는 긍정적인 사고가 중요하다. 같은 결과를 가지고도 만족하는 사람이 있는가하면, 불만을 갖는 사람도 있다.

현재의 불만 상태에 대해서 극복하거나 개선하려는 희망에 대한 준비가 얼마나 되어있느냐를 묻는 질문이다. 주관식이기 때문에 마음대로 기술하면 된다.

표 1	행복가치 필요조건 성과표	(가족)[20 . .]			
항 목		상태		활동	성과
		만족	불만		
건강 조건	육체적 건강				
	정신적 건강				
	경제적 건강				
	가족 건강				
베풀수 있는 관계도					
만족 준비도					
희망 준비도					

행복가치 자세 성과표 작성하기

[표2]는 행복가치 자세 성과표이다. 긍정적인 자세, 착각 없는 자세, 욕심 없는 자세, 희망 자세, 행동 자세의 6가지 항목이 있다. 이것들은 1장의 가치자세 16가지를 참고하여 성과표를 작성하면 된다. 다시 간단히 정리하면,

긍정적인 자세
1. 일이 되는 방향으로 생각하기.
2. 걱정할 시간에 고민하기.

착각 없는 자세

3. 아닐 수 있다는 생각하기.

욕심 없는 자세

4. 남의 탓 안하기
5. 운명 받아들이기
6. 욕심 버리기
7. 채권형 업보 쌓기
8. 천상천하 유아독존
9. 염치 챙기기
10. 불확실한 것은 없다고 생각하기

희망 자세

12. 현재의 만족한 삶보다는 미래의 희망이 있는 삶이 더 행복하다.

겸손 자세

12. 잘난 자에게 필요한 것은 겸손이요, 못난 자에게 필요한 것은 용기이다.
13. 돈 앞에서 겸손 하라.

행동 자세

14. 남에게 필요한 일을 하기.
15. 누울 자리를 보고 다리 뻗기.
16. 리스크 관리하기.

앞에 책에서의 내용을 보면서 만족/불만 상태, 활동, 성과를 주관식으로 정리하면 된다. 여기서 주의할 사항은 14, 15, 16번 행동자세가 배점이 월등히 높다. 행동

표 2	행복가치 자세 성과표		(가족)[20 . .]		
항 목	상태		활동	성과
	만족	불만		
긍정적인 자세				
착각없는 자세				
욕심없는 자세				
희망 자세				
겸손 자세				
행동 자세				

행복가치 활동 성과표

[표3]은 행복가치 활동 성과표이다. 필요조건이나 자세보다 점수가 훨씬 높은 것이 활동 평가표의 점수이다. 아무리 필요조건을 충족시키고, 자세가 잘 되어있어도 실제 가치 활동에서 성과를 내지 않으면 행복가치 점수가 크게 향상되지 않는다. 즉, 자세나 조건보다도 실천이 중요하다는 의미이다.

마찬가지로 경제, 재산, 거주, 교육 활동의 만족/불만 상태와 가치 활동 내역, 성과 등을 주관식으로 기입한다. 마찬가지로 활동 항목과 성과 항목은 합쳐서 5가지 이상을 기입해야 한다.

표 3	행복가치 활동 성과표		(가족)[20 . .]		
항 목	상태		활동	성과
	만족	불만		
교육활동				
경제활동				
재산활동				
거주활동				

행복가치 평가표 작성하기

지금까지 작성한 세장의 성과표를 근거로 [표4]의 초기 평가표를 작성한다. 필요 조건 평가표, 자세 평가표, 활동 평가표를 작성한다. 성과표의 '활동'과 '성과'를 합쳐서 5개 이상 채우지 못한 사람은 무조건 2점이다. 나머지는 주관적으로 생각해서 2~8점을 주면 된다. 단 2, 4, 6, 9 또는 4, 8, 12, 16 또는 20, 40, 60, 80으로 끊어진 숫자로 기입한다. 그 중간이나 미만, 초과 점수는 없다.

그리고 [그림 1]의 행복가치 활동 현황표를 작성한다. 행복가치 활동의 성과표와 평가표를 합쳐서 현황표를 작성한다. 가장 중요한 행복가치 활동에 대한 당기 현황을 정리하기 위해서다. 이것을 보면 행복가치 활동에 대한 당기 현황을 한눈에 볼 수 있을 것이다.

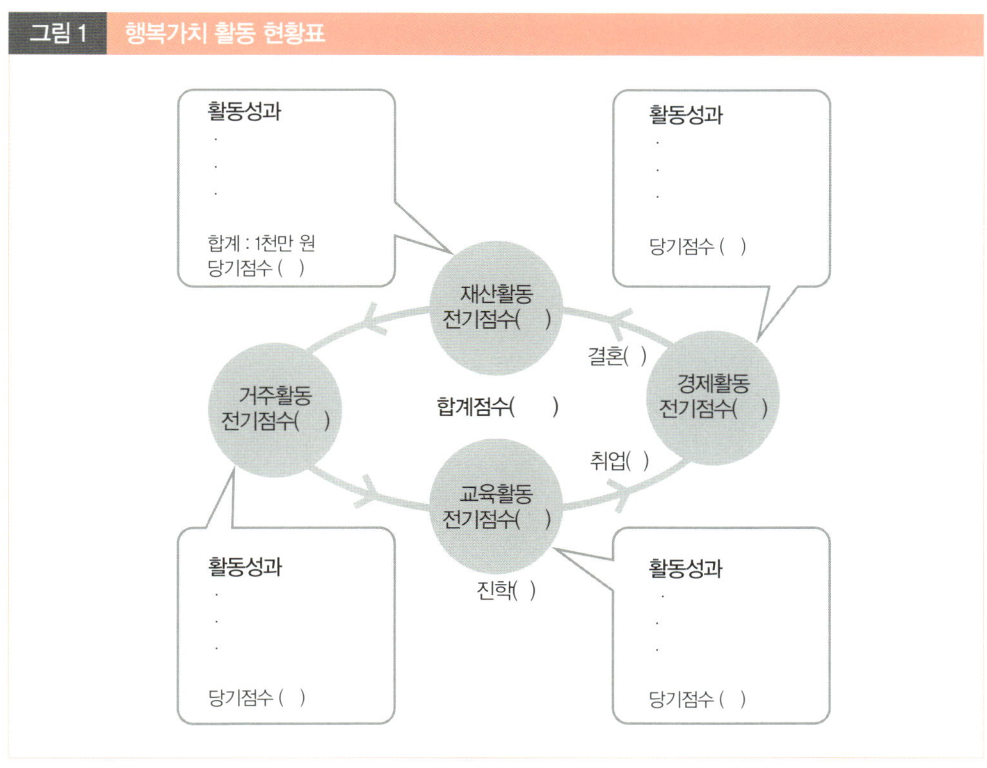

이렇게 만든 행복가치 성과표와 평가표는 행복가치를 관리하는데 기준이 된다. 처음에 너무 높게 점수를 주면, 아무리 노력해도 더 올라갈 점수가 없고, 반대로 너무 낮게 점수를 주면 아무리 노력해도 '만족' 점수에 도달하기가 어려워진다. 따라서 스스로의 현재 상태와 향후 목표로 하는 또는 희망하는 점수를 잘 감안하여 초기 점수를 매겨야 한다.

1. 행복가치 필요조건 평가표

항 목		가중치	점수	전혀 아니다	아니다	그렇다	매우 그렇다
건강조건	육체적 건강	10		2	4	6	8
	정신적 건강	10		2	4	6	8
	경제적 건강	10		2	4	6	8
	가족 건강	10		2	4	6	8
건강조건 총점		40					
관계조건		20		4	8	12	16
만족 준비도		20		4	8	12	16
희망 준비도		20		4	8	12	16
합 계		100					

2. 행복가치 자세 평가표

항 목	가중치	점수	전혀 아니다	아니다	그렇다	매우 그렇다
긍정적인 자세	10		2	4	6	8
착각없는 자세	10		2	4	6	8
인과응보 자세	10		2	4	6	8
희망 자세	10		2	4	6	8
겸손 자세	10		2	4	6	8
행동자세	50		10	20	30	40
합 계	100					

3. 행복가치 활동 평가표

항 목	가중치	점수	매우 불만족	약간 불만족	약간 만족	매우 만족
경제활동	100					
재산활동	100					
거주활동	100					
교육활동	100					
합 계	400					

4. 합계표

항목	행복가치 필요조건	행복가치 자세	행복가치 활동
가중치	100	100	400
점수			

정기 성과표와 평가표 작성하기

성과표 작성하기

행복가치 필요조건/자세/활동 정기 성과표는 앞의 초기 성과표와 같은 방식으로 작성하면 된다. 단 '활동'항과 '성과'항이 적어도 월 1개 이상은 되어야 한다. 6개월 단위로 평가하면 6개 이상 되어야 하고, 12개월 단위로 평가하면 12개 이상 되어야 한다. 이 말은 행복가치 성과표상에 적어도 한 달에 한 개 이사의 활동이나 성과를 내야한다는 의미이다.

평가표 작성하기

정기평가표

[표5]는 행복가치 정기 평가표이다. 항목과 가중치는 같고, 다른 것은 전기, 당기, 증/감으로 나누어져있다. 전기에 대한 상대적인 평가를 한다는 것이다. 성과표에 기술한 내용을 기준으로 전기에 대한 상대적인 점수로 평가하는 것이다. 즉, 성과가 얼마나 되기 때문에 평가 점수를 몇 점 더 주겠다/빼겠다는 의미이다. 이렇게 필요조건, 자세, 활동 평가점수를 주고나면 4.합계표에 의해서 총 점수가 계산된다.

1. 행복가치 필요조건 평가표

항 목		가중치	점 수		
			전기	당기	증/감
건강조건	육체적 건강	10			
	정신적 건강	10			
	경제적 건강	10			
	가족 건강	10			
건강조건 총점		40			
관계조건		20			
만족 준비도		20			
희망조건		20			
합 계		100			

2. 행복가치 자세 평가표

항 목	가중치	점 수		
		전기	당기	증/감
긍정적인 자세	10			
착각없는 자세	10			
인과응보 자세	10			
희망 자세	10			
겸손 자세	10			
행동자세	50			
합 계	100			

3. 행복가치 활동 평가표

항 목	가중치	점수		
		전기	당기	증/감
경제활동	100			
재산활동	100			
거주활동	100			
교육활동	100			
합 계	400			

4. 합계표

항목	가중치	점수		
		전기	당기	증/감
행복가치 필요조건	100			
행복가치 자세	100			
행복가치 활동	400			
합 계	600			

| 표 6 | 행복가치 평생 성과표 | | | | | | | (가족)[20 . .] | | |

년도	필요 조건 점수	자세 점수	활동 점수					총점	증감	기록일
			경제	재산	거주	교육	소계			

평생평가표

[표6]는 행복가치 평생 평가표이다. 이렇게 매 반기(또는 년) 단위로 평가한 평가 점수를 기(또는 년)별로 기록한다. 그러면 한 가정의 행복 연표가 만들어진다.

행복 프레임워크 관리의 의미

이렇게 행복 프레임워크의 의미는 지금까지 추상적이고, 주관적인 '행복'이라는 궁극적인 인간의 추구 가치를 '정량화', '구체화', '객관화'하여 관리할 수 있는 구조와 방법으로 만들었다는데 있다. 성과표의 주관적인 내용을 평가표상의 상대적인 점수로 정량화하여 정기적으로 상대적인 값으로 환산하여 만족 정도를 평가함으로써 행복 증진의 동기 부여를 한다는데 의미가 있다. 또한 그 일련의 과정에서 우리는 행복해질 수 있다. 우리는 결과에 의해서 행복해지는 것이 아니라, 과정에서 행복해지는 것이다.

그 외 시사점

– 지표상에 비중이 크진 않지만, '베풀 수 있는 관계' 점수 경우에는 이 지표를 통해서 전국의 2천만 가구가 한가구당 한 달에 한건만 남에게 베푸는 선행을 한다면 한 달에 2천만 건이

될 것이며, 1년이면 2억 4천 건이 된다. 우리 사회를 충분히 행복하게 만들고도 남을 숫자일 것이다.

– 6가지 자세 성과표에 의해서, 우리는 욕심과 이로 인한 조급함, 착각, 허구로부터 벗어나서 희망, 만족, 베풂, 건강, 감사라는 가치를 얻는 올바른 위치와 자세, 방향을 얻을 수 있을 것이다.

– 행복가치 활동과 그 성과에 의해 우리는 만족은 더 증가시키고, 불만은 감소시키며, 불만을 만족으로 바꾸는 희망을 가지고 살아갈 수 있을 것이다.

– 행복 성과표, 평가표, 행복편지를 쓰는 과정에서 가족들은 많은 대화를 하게 될 것이고, 행복을 목표로 같이 활동하게 될 것이다. 성과 점수를 얻기 위해서 더 많은 가족 활동도 하게 될 것이다. 온 가족들이 '행복'이라는 동일한 목표를 갖고 산다는 것도 매력적이지 않은가?

우리는 한권의 책으로 결코 행복해질 수 없다. 그러나 어떻게 느끼고, 실천하느냐에 따라서는 한 개의 단어, 한 번의 느낌, 한 번의 경험으로도 충분히 행복해질 수 있다. 바로 그 한 부분이 자신의 인생 자세를 결정짓고, 그 인생 자세를 선택한 자신으로 인해 진정 행복한 인생이 될 것이다.

중산층이 강해져야합니다. 건강해져야 합니다. 허약한 중산층들은 악에 대한 저항력을 잃어 불의를 보고도 외면하거나, 침묵하게 됩니다. 나 혼자만 살겠다고 발버둥치는 사이에 발은 점점 깊은 수렁 속에 빠져 나중에는 빠져나오지 못할 상황이 됩니다.

잘못된 위치에서 방향조차 잘못 잡으면, 허구가 시키는 대로 해도 똥을 밟고, 반대로 해도 똥을 밟고, 그 자리에 가만히 있어도 똥을 밟고 서있는 상황이 됩니다.

올바른 방향으로 목표를 정하고, 그를 위한 자세를 바로잡고, 올바른 활동을 통하여 가치 성과를 만들어내어야 만족이 쌓여 행복이 됩니다.

경제적으로 강해져야 마음의 여유가 생겨 주위도 둘러보고, 뒤도 보고, 하늘도 보며, 땅도 볼 수 있습니다. 주위의 어려운 사람도 돌볼 수 있으며, 국가와 나의 역사나 과거를 돌아볼 수 있으며, 하늘의 뜻과 발밑의 위험물을 발견할 수 있습니다. 파노라마 비전과 메타 비전을 가져야 합니다.

한 사람의 열 걸음보다 열 사람의 한 걸음이 훨씬 가치 있으며, 내 하나 잘 되는 것보다, 우리 모두가 잘되는 길을 찾아야 합니다.

소크라테스의 '배부른 돼지보다는 배고픈 인간이 낫다' 는 말씀이나, 이 책에서 이야기한 '현재의 만족한 삶보다는 미래의 희망이 있는 삶이 낫다'는 말처럼, 희망은 잘난자에게는 겸손을 주고, 못난자에게는 용기를 줍니다. 이 희망은 우리 함께 만들어가야 합니다.

나에게 책을 쓴다는 것은 큰 고통이었습니다. 나의 내면을 다 꺼내어서 진정성 있는 글을 써야하며, 독자들과 공감할 수 있고, 그러면서도 남에게 피해나 상처를 주지 않는 글이 되어야 한다는 생각 때문이었습니다.

살기 좋은 한국 땅에 태어나서 왜 그리도 많은 사람들이 힘들어할까요? '한국에 태어나서 행복합니다.'(?) 내가 처음 집필한 글의 제목이었습니다. 이 말이 우리에게 허구일까요? 우리 모두의 목표가 되고, 함께 이룰 수 있는 희망이 되었으면 좋겠습니다.

아무쪼록, 이 책이 우리 모두가 행복으로 다가가는 동기(東起: Sun Rise, 動機: Motive, 同期: Sync)가 되었으면 좋겠습니다. 신거로(新巨路)가 되었으면 좋겠습니다.

이과보다 2.5배 힘든

문과 학생의
대학 가기,
학과 찾기

'문과는 공부할 때 웃으면서 하지만 대학 갈 때 울고, 이과는 울면서 공부하지만 대학은 웃으면서 간다.'

문과가 왜 대학 가기 더 어려울까? 이 질문에 객관적으로 답하기 위해 각 대학의 홍보팀과 입시 기관의 자료를 토대로 분석해보았습니다. 이과가 대학 가기 쉽다고 하면 발끈하는 이과생들도 있겠지만, 문·이과별 공부량이나 난도 차이는 논외로 했습니다. 어차피 같은 계열 학생들의 경쟁이니까요. 진학 지도교사들도 문과가 공부는 상대적으로 수월하지만 입시 경쟁은 훨씬 치열하다는 점에 동의하고 있습니다. 입시가 치열해짐에 따라 전통적인 최상위권 대학의 경계도 점점 넓어지는 모습입니다. 이번 스페셜에서는 문과 학생들은 어떤 기준으로 학과를 선택하는지 짚어보고, 이과보다 학문 경계가 모호한 인문 계열의 학과 선택을 위한 가이드를 제시하고자 합니다. 적성(학과)이 우선이냐, 대학이 우선이냐 하는 갑론을박의 해답도 찾아보려 했습니다. 〈1박 2일〉, 〈꽃보다 할배〉의 나영석 PD와 SK텔레콤 인사담당 이호민 팀장이 문과 후배들에게 전하는 어드바이스도 기대해주세요.

진행 조진경 리포터 jijing87@naver.com 학생 모델 차정연 사진 전호성

들어가기 좁은 문,
이과보다
2.5배는 어려워

전통적으로 각 고등학교는 이과를 선택하는 학생보다 문과학생들이 많다. 대학 정원이 비슷하다면 응시자 수가 많을수록 대학 들어가기 힘든 것은 당연지사. 이과 최상위권이 의대 치대 포스텍 카이스트까지 지원하는 반면, 문과 최상위권은 선택의 폭이 좁다. 서울대 연대 고대 등 'SKY'에 들어가는 게 하늘의 별 따기라 불리는 배경이다. 문과 학생들, 대학 가기 어려운 이유를 조목조목 따져봤다.

2014학년 수시 원서를 쓴 엄마들은 문과 아이들이 대학 가기 너무 힘들다고 하소연한다. 김진민(46)씨는 "아이가 2학년 때 적성에 안 맞는다고 이과에서 문과로 바꿨는데 후회가 된다. 문과가 대학 가기 힘들다는 말은 주변에서 익히 들어 알고 있었지만 이번에 실감했다. 경쟁률도 이과보다 높은데다, 일단 남자아이들이 갈 학과가 상경 계열 외에는 별로 없어 난감했다. 수시로 지원한 인문과학 계열 경쟁률이 최고 55대 1이라니…." 라며 한숨을 쉬었다. 2년 전 아이를 미디어학부에 보낸 박수현(가명·45)씨도 "운이 좋게 우리 아이는 합격했지만, 주변에서 문과로 명문대 갔다는아이들을 찾아보기 힘들다"며 "입시를 치러보니 문과 간다고 하면 적극 말리고 싶다. 아이 성향이 반반이라면 문과대신 이과 가라고 추천하는 편"이라고 말했다. '문과는 공부할 때 웃으면서 하지만 대학 갈 때 울고, 이과는 울면서 공부하지만 대학은 웃으면서 간다'는 말이 있다.

문과 공부량이 이과에 비해 상대적으로 적어 공부하기 수월하지만, 대학 가기 훨씬 힘든 상황을 풍자한 말이다. 왜 문과는 이렇게 대학 가기 힘들까.

모집 인원 대비 응시자 수 많은 게 주요인

우선 문과 학생 수가 이과 학생 수보다 많다. 2014학년 수능 응시 지원자 현황을 보면 사회탐구 응시자는 36만8천 207명인 데 반해 과학탐구 응시자는 25만 966명이다. 전체 응시자 가운데 58%가 문과생이고, 39.5%가 이과생이라는 말이다.

문과 지원자가 이과 지원자보다 18%가량 많은데, 전국 4년제 대학의 계열별 모집 인원은 인문계열 44.37%, 자연계열 43.95%로 큰 차이가 없다. 모집 인원은 계열별로 차이가 없는데 응시자 수는 문과생이 많다 보니 문과생 경쟁률이 높다.

계열별 응시자 대비 모집 인원은 인문 계열 41.82%, 자연계열 60.77%. 즉 수치상으로 이과 응시자는 60%가 4년제 대학에 들어갈 수 있는 반면, 문과 응시자는 40%에 불과하다는 의미다.(표1, 표2 참조)

서울 소재 대학의 경우를 살펴보자. 서울 소재 대학은 인문계열로 3만7천여 명을,

〈표 1〉 2014학년 수능 선택 영역별 지원자 현황

구분	국어	수학	영어	사회/과학/직업탐구	제2외국어/한문
선택	A형 348,255(53.6%) B형 301,512(46.4%)	A형 447,245(72.6%) B형 168,909(27.4%)	A형 205,796(31.8%) B형 442,257(68.2%)	사탐 368,207(58.0%) 과탐 250,966(39.5%) 직탐 15,967(2.5%)	79,533(12.2%) 571,219(87.8%)
	649,767(99.8%)	616,154(94.7%)	648,053(99.6%)	635,140(97.6%)	
미선택	985(0.2%)	34,598(5.3%)	2,699(0.4%)	15,612(2.4%)	
계	650,752 (100%)				

주1 2014학년 수능에서는 과목별 수준별(쉬운 A형, 어려운 B형) 수능이 치러진다. 대다수 상위권 대학은 문과의 경우 BBA(국·영·수 기준)를, 이과는 ABB형 응시를 요구하고 있다. 수학은 이과 학생들 중에도 교차 지원 등을 노리고 학습 부담이 많은 B형을 피하는 현상을 보이고 있다.
주2 통상 문·이과 구분은 탐구 영역 선택을 기준으로 한다. 문과는 사회탐구, 이과는 과학탐구를 선택한다. 직업탐구는 전문계(실업계) 학생들이 응시한다. 제2외국어와 한자는 선택과목이다.
주3 미선택은 미대 지망 학생이 수학 응시를 선택하지 않는 것처럼 개인의 판단에 따라 해당 과목의 응시를 선택하지 않은 학생의 수와 비율이다.

<표2> 2014학년 4년제 대학의 정원과 수능 응시 인원 비교

	총 인원(정원/응시 인원)		인문 계열(정원/응시 인원)		자연 계열(정원/응시 인원)	
전국 4년제 대학	346,995 650,752	53.32%	153,967 368,207	41.82%	152,520 250,966	60.77%
서울소재 4년제 대학	74,655 650,752	11.47%	36,998 368,207	10.05%	28,480 250,966	11.35%

주1 %는 수능 응시 인원 대비 계열별 모집 인원 비율. 예체능계 제외.

자연 계열로 2만 8천500여 명을 선발한다. 계열별 응시자가 서울 소재 대학에 합격할 수 있는 비율은 문과 학생의 10%, 이과 학생의 11.35%다. 모집인원만으로 보았을 때는 인문 계열 정원이 1만 명 정도 많지만, 문과 응시자는 그 수가 더 많기 때문에 합격자 비율은 이과보다 낮은 것이다.

최상위권대, 이과 모집 인원 더 많아

범위를 상위권 주요 11개 대학으로 좁히면 그 격차는 좀더 벌어진다. 문과에서 가장 성적이 우수한 학생들이 지원한다는 서울대, 연대, 고대 전체 입학 정원은 4천 907명. 이들 대학에 입학하기 위해서는 전체 사회탐구 응시자 중 상위 1.3%에 들어야 한다. 반면 자연 계열은 전국의 의대, 치대와 카이스트, 포스텍 등 특성화 대학 인원을 포함해 8천626명으로 인문사회 계열 정원보다 2배 정도 많다. 이들 최상위권 대학에 입학하려면 전체 과학탐구 응시자 중 상위 3.5%에 들어야 하는데, 이는 문과 학생들에 비해 2.5배이상 높은 수치다(표4 참조). 특히 서울대는 인문사회 계열보다 자연 계열 인원을 600여 명 더 선발한다.

이투스청솔교육평가연구소 오종운 평가이사는 "전체 모집 정원은 인문·자연 계열이 반반이지만 지원자 수가 6대 4로 문과 학생이 많다. 게다가 최상위 학생들이 몰리는 의치한의대 정원만 해도 한 개 대학 정원과 비슷한 2천 500여 명에 이르러 최상위권 이과 학생들은 선택의 폭이 넓다. 단순 수치에 근거해 말하자면 문과 학생들이 최상위권 대학에 진학하는 것이 더 어렵다고 볼 수 있다"고 설명했다.

문과가 대학 가기 어려운 또 다른 이유는 이과에 비해 수능에서 성적 차이가 크지

〈표3〉 2014학년 주요 대학 계열별 모집 인원과 의학, 특성화 대학 입학정원

대학	입학 정원	인문사회 계열	자연 계열	예체능
서울대	3,124	1,123	1,716	285
연세대	3,408	1,810	1,432	166
고려대	3,793	1,874	1,789	130
서강대	1,644	1,036	608	
성균관대	3,775	1,688	1,778	309
한양대	2,915	1,191	1,442	282
중앙대	3,240	1,898	1,220	120
경희대	4,860	2,065	1,875	920
외국어대	1,676	1,676		
이화여대	2,989	1,467	814	588
시립대	1,768	812	820	136
전국 소재 의대/치대	1,496		1,496	
포스텍	323		323	
한국과학기술원	850		850	
광주과학기술원	170		170	
대구경북과학기술원	200		200	
유니스트	750	100	600	
계	36,981	16,740	17,183	2,936

주1 전국 소재 의대/치대 정원은 의치대 총 인원 1천770명 중 서울대 연세대 고려대 성균관대의 정원을 제외한 인원, 이화여대는 계열과 상관없는 스크랜튼 학부 120명 제외 인원.
자료 제공 각 대학 홍보팀 · 이투스청솔

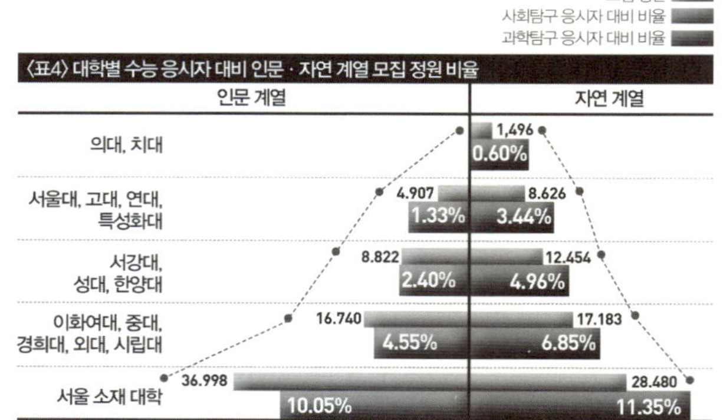

주 특성화 대학은 포스텍과 카이스트를 비롯해 광주과학기술원, 대구경북과학기술원, 유니스트를 말함. 상위권 인문계열의 명문대 입학 경쟁이 자연계열 에 비해 치열함을 알 수 있다.

않기 때문이다. 문·이과 학생들의 가장 큰 차이는 수학 공부량인데, 까다로운 수학Ⅱ를 배우는 이과 학생들은 수학 성적에서 차이가 크게 나타난다고. 반면 문과는 성적 차가 크지 않아 정시 기준으로 볼 때 한 문제로 학과가 갈리고, 두 문제로 대학군이 달라지는 상황이 벌어지기도 한다. 그만큼 문과에서는 실력이 비슷한 학생들이 촘촘히 몰려 있어 최상위권 대학에 진입하려는 경쟁이 치열하다는 말이다.

대학 간판 중시하는 문과 분위기도 한몫

전문가들은 이과에 비해 문과일수록 명문대 지향성이 강하다는 사실을 지적한다.

한국직업능력개발원 김상호 부연구위원은 "실

적과 결과가 정확히 드러나는 자연 계열 학과는명문대가 아니라도 자신의 능력을 증명할 수 있다. 문과는공부에 정답이 없고 실제로 맞는지 안 맞는지 따지기 힘드니까 종전의 명성(name value)에 의존한다. 즉 대학의 간판이 중요해지는 것"이라고 말했다.

인문 계열 학과의 경계가 모호하다는 점도 학과보다 대학을 중시하는 분위기를 만든다. 오 평가이사는 "일반 인문·사회 계열은 배우는 내용이 크게 다르다고 할 수 없다. 예컨대 인류학 사회학 철학 미학 등이 서로 연결되고 중첩된 부분이 많다. 학과의 전문성이 희미한 상황에서는 대학이름이 선택의 기준이 된다"고 설명한다. 또 고시나 로스쿨 같은 대학원 진학을 염두에 둔 문과 학생들은 고시 준비노하우가 있고 동문의 힘이 막강한 명문대를 선호할 수밖에 없다.

진로와 적성이 불분명한 문과 학생들에게는 대학 이름을보고 가라고 조언한다는 스터디코드 조남호 대표는 "꿈이 확실한 아이들은 그 길을 찾아가면 되고, 아직 모호한 아이들은 대학 이름을 보고 가는 것이 나중에 선택의 폭을 넓힐 수 있다는 점에서 현명하다고 생각한다"고 말했다. 구체적으로 뭘 해야 할지 모르는 학생이라면 일단 대학에 들어가 다양한 경험을 하면서 이중 전공이나 복수 전공, 전과 등을 활용하는 것도 좋은 방법이라는 것이다. 자연 계열에비해 성격이 분명하게 드러나지 않는 인문 계열 학과의 특징은 대학 보고 가자는 분위기를 이끌었고, 이런 분위기가 계속되는 한 문과 학생들의 대학 가기 경쟁은 누그러지지 않을 전망이다.

결국 이과에 비해 최상위권 학생이 빠져나갈 선택의 폭이 좁은데다, 대학 이름에 더 민감하고 성적 차이가 거의 없는 아이들이 오로지 명문대를 향해 돌진하는 상황. 그래서 문과 아이들의 명문대 진학은 '낙타가 바늘 구멍 지나기'에 비유된다.

취재 조진경 리포터 jinjing87@naver.com
도움말 오종운 평가이사(이투스청솔 교육평가연구소)
김상호 부연구원(한국직업능력개발원) · 조남호 대표(스터디코드)

스펙 모범생 그만 … 삼성, 공채 폐지 한발 다가서

[중앙일보] 입력 2014-01-16 12:50 / 수정 2014-01-16 12:50

삼성그룹이 '공채 고시' 폐지에 한발 다가섰다. 15일 발표한 삼성의 새 신입사원 채용 방식의 핵심은 수시로 '현장 스펙'이 탄탄한 인재를 뽑겠다는 것이다. 지식과 암기력을 주로 묻는 삼성직무적성검사(SSAT, SamSung Aptitude Test)에 대한 의존도도 낮췄다. 그러나 시작일 뿐이다. 대학 시험과 대기업 공채의 외길에 갇혀 있는 청년에게 새 길을 열어주기 위해선 더 과감한 변화가 있어야 한다는 목소리도 함께 나온다. 기업이 더 변해야 게임의 룰도 바뀐다는 지적이다.

　지난해 10월 서울 강남의 한 고등학교에서 삼성직무적성검사를 마친 응시자들이 학교를 나서고 있다. 이날 전국 83개 고사장에서 9만 명이 시험을 치렀다. [뉴시스]

삼성의 고민은 SSAT 과열에서 시작됐다. 지난해 10월 삼성그룹 하반기 대졸 공채의 필기전형인 SSAT는 전국 83개 고사장에서 9만 2000명이 응시한 가운데 치러졌다. 경쟁률은 16대 1을 넘었다. 학력·성별 대신 인성·적성을 보겠다는 도입 취지는 무색해지고 SSAT가 '삼성 고시'가 된 결과다. 수십만원씩 수강료를 받는 전문 학원이 등장했고, 대학에선 SSAT 대비반을 만들었다. 관련 수험서만 300종에 이른다. 1인당 4,269만 원인 스펙 쌓기 비용을 감안하면 4조 원을 이 시험에 쏟아부은 것이다. 당시 삼성그룹 미래전략실 이인용 사장은 "취업준비생과 사회가 부담해야 하는 비용이 너무 커서 우리도 고민."이라고 말했다.

　삼성은 이 고민의 답을 수시와 추천에서 찾았다. 누구든 준비가 됐으면 지원하라는 길 터주기다. 총장 추천은 스펙이 아니라 대학에서 인정하는 인재를 뽑겠다는 의미다. 지방 인재 채용 확대의 뜻도 담겼다. 삼성 관계자는 "영어 점수나 학점이 좋은 학생이 아니라 리더십과 지원 분야에 대한 현장 스펙이 뛰어난 인재를 찾을 것으로 기대한다."고 말했다. 박영범 한국직업능력개발원장은 "의미 있는 변화로 선진국형"이라며 "새 방식으로 뽑은 인재가 성과를 내면 이런 변화가 더 확산될 것."이라고 말했다.

　다른 대기업도 변화의 조짐을 보이고 있다. 현대차그룹은 지난해 6월 인사팀 직원이 대학, 길거리 등에서 인재를 수시로 캐스팅하는 '더(THE) H' 프로그램을 도입했다. '모

2013년 하반기 삼성직무적성검사 문제
※응시자들이 재구성한 것. 삼성은 문제 공개 안 함

1개의 텐트를 3명이서 쓰면 8명이 남고, 7명이 쓰면 3개가 남는다. 텐트의 개수는? (마지막 텐트에는 모든 인원이 다 들어가지 않아도 된다)

① 6개　② 7개　③ 8개　④ 9개

삼성직무적성검사 이렇게 바뀐다

● 지식·암기력 중심에서 논리력 중심으로
● 공간지각력 영역 추가, 상식 영역에는 인문학 지식과 역사 문항 늘려
● 삼성그룹 "오랜 기간 독서와 경험을 통해 개발된 논리적 사고력으로 풀 수 있는 문제를 낼 것"

집·서류전형·면접·선발'의 틀을 깨보겠다는 시도다. 현대차 관계자는 "스펙을 위해 특이한 경험을 일부러 만드는 등 입사 제도가 왜곡되고 있다."며 "올해도 기존 공채 방식을 벗어난 시도를 확대할 것."이라고 말했다.

그러나 이 정도의 변화만으론 '대졸·공채'의 틀을 완전히 깨기는 어렵다. 지난해 SSAT를 본 김모(27)씨는 "삼성이 제도를 바꾼다지만 얼마 가지 않아 맞춤형 삼성 수험 강좌가 생길 것."이라고 말했다. 조대엽 고려대 사회학과 교수는 "추천제가 제대로 되려면 기업은 대학을, 대학은 중·고교의 평가를 믿지 못하는 불신부터 해소해야 한다."며 "총장 추천을 받기 위한 대학 내 경쟁에 따른 부작용도 걱정."이라고 지적했다. 실제로 삼성은 이번 안을 만들며 SSAT 완전 폐지를 검토했으나, 공정성 문제에 대한 내부 반론으로 SSAT를 없애지 못했다.

근본적인 기준을 바꿔야 한다는 목소리도 나온다. 양세훈 생산기술연구원 수석연구원은 "청년층이 다양한 길로 가기 위해선 미국처럼 사회 초년병은 벤처나 중소기업에서 다양한 경력을 쌓도록 하는 쪽으로 채용 시스템이 움직여야 한다."고 말했다. 권대봉 고려대 교육학과 교수는 "장기적으로 고시 형태의 채용 방식은 없어져야 한다."며 "다른 기업도 함께 변해야 전체 채용시장이 바뀌고 대학교육도 바뀔 수 있다."고 조언했다.

김영훈·박수련 기자

4대그룹 채용 20:80 … 슬픈 인문계

[중앙일보] 입력 2014.03.12 01:32 / 수정 2014.03.12 11:05

5500명 뽑은 삼성, 인문계 6만명 지원 800명 합격

고교 · 대학생 인문계 1.5배 … 기업 수요와 미스매치

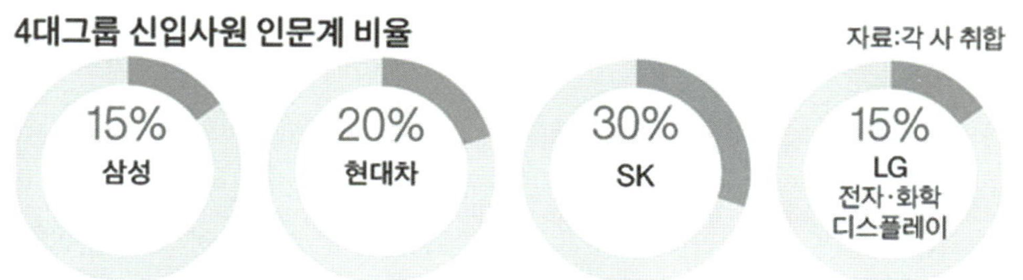

 2년째 대기업 입사를 준비하고 있는 최모(27 · 여)씨. 서울 소재 중위권 대학 사학과를 졸업한 그가 입사원서를 쓰면서 가장 고민스러운 사항은 학점도 자격증도 아닌 바로 전공이다. 최씨는 지난해 하반기 50곳의 대기업 · 금융회사에 공채원서를 냈지만 5곳을 빼고는 서류전형에서 낙방했다. 그는 "그나마 면접에 들어간 곳에서는 '전공으로 회사에 어떻게 기여할 수 있겠느냐'는 질문을 받았는데 말문이 막히더라"고 씁쓸해했다.

 대졸 취업준비생이 가장 선호하는 국내 4대 그룹의 신입사원 채용에서 인문계 출신 기피 현상이 수치로 확인됐다. 선발된 5명 중 4명은 이공계 출신이었다. 그러나 인문계 출신 지원자가 많다 보니 경쟁률은 이공계의 9배나 됐다. 중앙일보가 11일 삼성 · 현대자동차 · SK · LG그룹의 지난해 하반기 대졸 신입공채 합격자의 전공을

확인한 결과다. 취업시장에서 인문계 전공이 넘쳐나는 이 같은 '미스매치(수급 불균형)'가 해소 안 되면 복잡하게 꼬인 청년 실업문제를 근본적으로 풀기 힘들다는 우려가 커지고 있다.

삼성그룹의 경우 지난해 하반기 대졸공채 지원자(총 10만 3000명) 가운데 인문·이공계 비율은 6대 4 정도로 이공계 출신이 약간 더 많았다. 문과 출신 지원자가 최대 50%까지 지원할 때도 있다는게 삼성그룹의 설명이다. 하지만 삼성은 하반기 대졸 신입사원(약 5500명)의 85%를 이공계로 채웠다. 산술적으로 계산하면 인문계 출신의 입사 경쟁률은 약 75대 1로 이공계(약 8.8대 1)의 아홉 배 수준이다. 다른 그룹도 비슷하다. 현대차그룹과 LG그룹 전자 3사(LG전자·LG디스플레이·LG화학)의 인문·이공계 비중은 2대 8이다. SK그룹의 인문계 채용 비율(30%)이 그나마 높았다.

한 대기업 인사담당 임원은 "사실 대졸 공채 지원자 비중은 인문계 60%, 이공계 40% 정도로 어느 기업이나 비슷하다"며 "인문계 출신의 대기업 입사는 바늘구멍을 통과하는 것이나 다름없다"고 말했다. 국내 대기업은 수출 위주의 제조업이 핵심이다. 세계시장에서 경쟁할 기술 개발이 중요한 만큼 이공계가 아무래도 쓸모가 많다. 산업이 고도화하고 융·복합이 강조되면서 비즈니스 성격이 변하고 있다는 점도 이공계 쏠림을 부채질한다. 무역업으로 출발한 LG상사는 글로벌 자원개발 전문기업으로 변신했고, 삼성물산의 상사 부문도 지금은 화학·철강·그린에너지로 먹고산다.

한 대기업 채용담당 임원은 "이공계의 경우 수도권 대학에서 전자·화학·기계공학과 등을 전공하면 취업률이 사실상 100%"라며 "반면 인문계는 상경 전공자가 아니면 서울 중위권 이하 졸업자는 문전박대당하기 일쑤"라고 귀띔했다. 다른 대기업 채용담당 임원도 "영업에서도 제품과 기술에 대한 전문지식을 지닌 이공계가 더 유용하다"고 전했다.

채용시장에서 인문계 출신의 설 자리는 계속 줄고 있다. 이미 주요 그룹은 노골적으로 '이공계 우대'를 선언했다. 현대차 그룹은 공채 지원자격을 사실상 이공계 출신으로 한정했다. 인문계 출신은 상시채용을 통해 '필요할 때 조금씩 뽑겠다'는 게 주요 내용이다. 정치권과 대학의 반발로 백지화됐지만 '서류심사 실시, 찾아가는 채용' 등을 내세웠던 삼성의 채용 개편안도 공모전·실습·인턴 등에서 가점을 받을 수 있는 이공계에게 유리한 조치였다. 최근에는 인문계가 상대적으로 입사에 유리했던 금융회사도 금융공학·파생상품을 다룰 줄 아는 이공계에 눈길을 돌리고 있다.

그러나 교육현장의 미스매치는 여전히 개선되지 않고 있다. 현재 고등학교의 경우 문과 대 이과 비율이 대략 6대4다. 4년제 대학 정원 역시 문과가 많다. 교육부에 따르면 지난해 전국 188개 대학의 입학정원 중 48.4%가 인문·사회·교육계열, 38.5%가 공학·자연과학계열(의·약학 포함)이다. 지난해 대학 졸업자 29만여 명 중 공학·자연과학계열 학생은 40.3%로 10년 전(47.0%)보다 되레 줄었다. 양정호 성균관대 교육학과 교수는 "인문·교양 관련 학과 중심으로 발전해 온 한국 대학들은 기존 학과의 반발 등으로 산업계나 사회의 수요에 제때 대응하지 못하고 있다"고 말했다. 그는 이어 "학문별 특성화나, 규모에 따른 차별화를 통해 사회적 수요에 부응하는 선진국 사례를 참고해 한국의 대학 구조를 개혁해야 할 것"이라고 강조했다.

김영민·천인성 기자

CEO 이공계 전성시대 … LG는 28명 중 16명

[중앙일보] 입력 2014.03.14 01:53 / 수정 2014.03.14 03:28

산업계 전반에 퍼진 '이공계 우세'

은행 "금융자격증 없으면 문과 탈락"

두산중, 이공계 초봉 300만 원 높아

인문계 강세였던 유통업도 바뀌어

박동건 삼성디스플레이 사장은 지난 12일 연세대 공학원을 찾아 공대생들을 대상으로 특별 강연을 했다. 이날 특강은 사실 최고경영자(CEO)인 박 사장이 직접 이공계 인재를 '입도선매'하기 위해 나선 자리였다. 올 1월 취임 이후 첫 외부 행보이기도 하다.

본인 역시 공학도 출신(서강대 전자공학과)인 박 사장은 "이공계 출신은 사회에서 다 필요하다"며 "사회가 복잡해짐에 따라 기업들은 전자공학뿐만 아니라 컴퓨터공학·물리학·화학·수학 등 다양한 이공계 수요를 가지고 있다"고 설명했다. 그 다음날인 13일 구본무 LG 회장도 "연구원 한 사람 한 사람이 시장 선도의 출발점"이라며 '이공계 역할론'을 강조했다. LG그룹은 이날 연구개발(R&D) 부문 인재 46명을 임원급 연구·전문위원으로 대거 승진시켰다.

이 같은 '이공계 우대' 분위기는 비단 삼성·현대차 등 대기업 그룹 채용뿐만 아니라 금융·통신·유통 등 산업계 전반에서 불문율처럼 적용되는 추세다. 이와 반대로 기업들의 인문계 홀대 분위기는 더욱 뚜렷해지고 있다. 그나마 대학에서 경제·경영학을 전공한 구직자들은 상황이 다소 낫지만 어문·사회과학 등 비(非)상경 계열 취업 준비생들은 채용 시장에서 사실상 벼랑 끝에 서 있다.

　대학에서 언론정보학을 전공한 '취업 재수생' 최모(25·여)씨의 경우, 지난해 하반기 시중은행 두 곳에서 최종면접까지 올랐다가 낙방했다. 그는 "총 세 차례 면접을 치렀지만 그때마다 '왜 금융 자격증을 따지 않았느냐'는 질문을 받았다"며 "해당 은행에서 1년간 대학생 홍보대사를 했지만 결국 면접 당시 옆에 앉았던 경제학과 학생만 합격했다"고 말했다.

　하지만 인문계열 입사 지원자를 대하는 기업들은 생각보다 훨씬 냉정하고 단호하다. 문과 취업준비생들이 실무 능력뿐만 아니라 기본적인 지식도 턱없이 부족하다는 인식이 확 퍼져 있다. 대학에서 경제일반이나 재무·회계 등을 공부하지 않아 숫자감각이나 영업능력이 부족하다는 기류도 강하다.

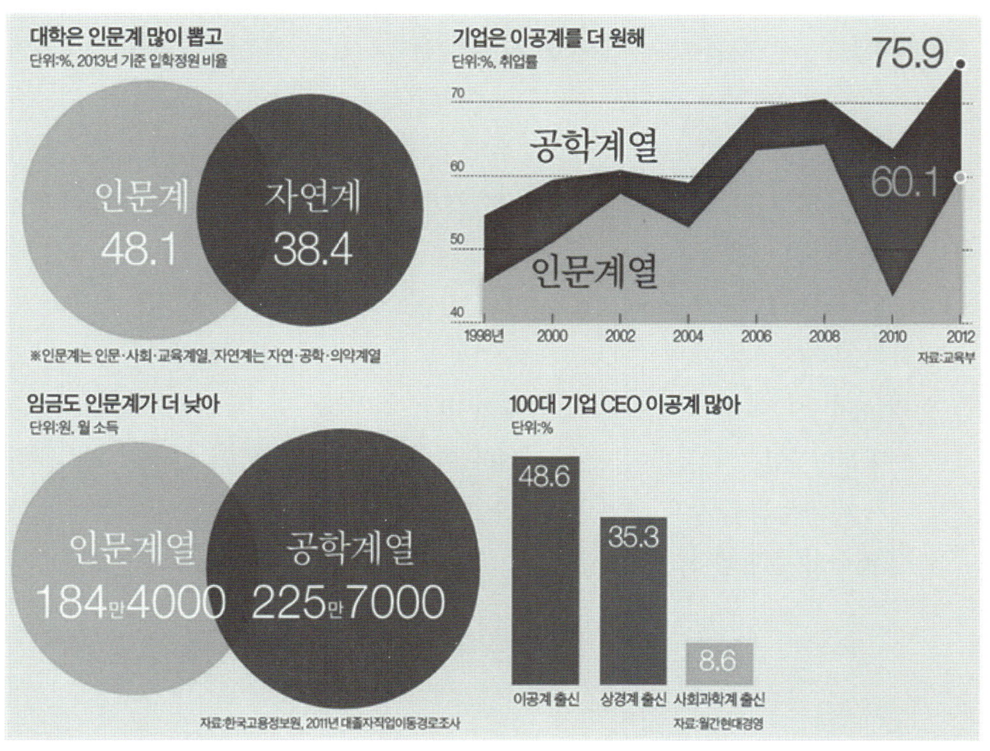

한 시중은행 인사담당 임원은 "은행 입사를 희망하는 구직자라면 적어도 경제학 원론이라도 수강해야 하지 않느냐"며 "비상경 인문계 학생이 '금융 3종 자격증(증권투자상담사·펀드투자상담사·파생상품투자상담사)' 중 하나라도 없을 경우 솔직하게 말해 신입 행원으로 뽑을 수 없다"고 잘라 말했다.

이는 다른 업종에서도 엇비슷하다. 한 통신업체 인사팀장은 "올해 전체 채용규모는 지난해와 비슷하지만 문과 비중은 10% 이내로 줄였다"며 "반면 이공계 출신이 필요한 분야를 중심으로 이공계 채용 인원을 지난해보다 20% 정도 더 뽑을 계획"이라고 말했다.

심지어 유통업 등 전통적으로 인문계 출신을 많이 뽑던 서비스 분야조차 이공계 수요가 급증하고 있다. 오프라인보다 온라인 마케팅이 갈수록 중요해지기 때문이다. 신세계는 올해 초 쇼핑채널별로 흩어져 있던 온라인 쇼핑몰을 통합하며 컴퓨터 공학 등 이공계 출신 엔지니어를 집중 스카우트하고 있다. 화장품 업체인 아모레퍼시픽도 연간 채용인원의 33%가 이공계 출신이다.

문·이과 신입사원 연봉이 입사 직후부터 갈리는 경우도 있다. 두산중공업은 인문계열 출신 신입사원에게는 연봉으로 4,350만 원을 주지만 이공계열 출신에게는 이보다 300만 원 많은 4,650만 원을 주고 있다. 경영 직군에서도 이공계 우세는 두드러지게 나타나고 있다. 삼성그룹 사장급 임원 54명 중 이공계 출신은 25명(46%)에 달하며, LG그룹은 28명 중 16명으로 이공계 출신이 57%다. 현대자동차도 사장급 임원 33명 중 16명(48%)이 이공계 출신이다. 김기령(인사 컨설턴트) 타워스왓슨 코리아 대표는 "인문계 직무 공채는 기업에 이득이 없는 게 됐고, 산업구조가 변화함에 따라 문과생들의 주요 취업 루트였던 대기업 대졸 공채도 결국 사라질 수밖에 없을 것"이라고 설명했다.

글=김영민·조혜경 기자
사진=송봉근 기자

대학이 채용 미스매치 불렀다

[중앙일보] 입력 2014.03.14 02:04 / 수정 2014.03.14 03:28

"인문계 학과, 분필만 있으면 개설" … 실험장비 돈 드는 이공계는 꺼려

지난 2월 연세대 정보산업공학과를 졸업한 박모(27)씨는 현대자동차에 입사했다. 대학 합창단 활동과 미국 1년 교환학생을 빼곤 별다른 '스펙'이 없었다. 요즘 '필수'가 되다시피한 기업 인턴도 한 적이 없다. 삼성전자 · 현대차 · 현대중공업 · 두산중공업 · 대우조선해양에 지원해 모두 합격한 그는 관심 분야에 가장 가까운 회사를 최종 선택했다. 박씨는 "인문계 친구 중에는 나보다 영어도 잘하고 인턴도 했지만 40~50곳에 원서를 내고도 취업 못한 경우가 있다"고 전했다.

삼성 · 현대차 · SK · LG그룹의 지난해 하반기 대졸 신입공채에서 선발된 5명 중 4명이 이공계인 것으로 확인(본지 3월 12일자 1면)된 데 이어 다른 기업에서도 이공계 출신 강세가 뚜렷한 것으로 파악되고 있다. 서미영 인크루트 상무는 "4대 그룹 외에 다른 대기업에서도 이공계와 인문계 출신 신입사원 비중이 7대 3 정도"라며 "과거 인문계가 가던 영업 · 마케팅직에서조차 제품 · 기술에 대한 전문 지식을 갖춘 이공계를 선호하는 분위기"라고 말했다.

이 같은 현상의 원인으로 전문가들은 수요(기업)와 공급(대학)의 미스매치를 꼽는다. 기업에선 이공계 출신을 필요로 하는데, 대졸자 비중은 인문계 출신이 높고 고교에서도 문과 학생이 많은 것이다.

국내에선 광복 이후 오랜 기간 문과를 택하는 고교생이 훨씬 많았다. 경희대 김중백(사회학) 교수는 "사농공상(士農工商)이라는 유교적 전통에다 공직을 중시하는 의식이 퍼져 있어 문과보다 이과를 낮게 보는 경향이 있었다"고 설명했다. 하지만 정부가 중화학공업 중심의 경제성장 정책을 펴던 1970~80년대부터 역전 현상이 나타났다. 서초고 이대영 교장은 "당시 남고에서는 이과반이 8대 2나 7대 3 정도로 많았다"고 전했다. 대학수학능력시험이 시작된 93년 무렵 비슷해진 문·이과 비율은 97년 외환위기 이후 급격한 변화를 겪는다. 이공계 지망생이 급감한 것이다. 대기업이 연구개발(R&D) 인력을 우선 감축하는 것을 본 학부모와 학생들이 이공계 진학을 꺼린 탓이다. 자연계 수험생은 2002년 26.9%까지 줄었다.

기형적인 대학 전공 구조도 인력 미스매치 현상을 심화시키는 주 요인이다. 87년 대학 입학정원은 인문계(50.4%)가 자연계(41.4%)보다 많았다. 26년이 흐른 지난해에도 48.1% 대 38.4%로 큰 차이가 없다. 국민대 유지수 총장은 "인문계 학과는 교수만 확보하면 돈이 들지 않아 '분필만 있으면 된다'는 얘기가 회자되곤 했다"며 "이공계는 실험실습 장비에다 공간까지 필요해 증설하기가 쉽지 않다"고 했다.

대학들은 쉽게 만들 수 있는 학과를 늘렸고, 한번 생긴 학과는 소속 교수 때문에 줄이기 힘든 구조가 됐다. 국내 사립대의 94.7%가 영어 관련 학과를 개설해 미국·영국 사립대(81.8%)보다 많다는 조사 결과도 있다.

경영학을 전공한 경영진 밑에서 공대 출신 직원이 일한다는 얘기도 옛말이 됐다. 지난해 '월간현대경영'이 100대 기업 CEO(152명)를 조사한 결과 이공계 출신(48.6%)이 상경·사회계열 출신을 앞질렀다. 한양대 김우승(기계공학) 교수는 "지식 기반 사회로 진입하면서 '기술을 아는 사람이 경영·영업을 배우는 게 경영·영업직이 기술을 배우는 것보다 낫더라'는 인식이 퍼졌다"고 말했다.

산업 고도화로 이공계 수요가 갈수록 늘어날 것으로 전망되면서 대학 변화의 필요성은 더욱 커지고 있다. 경희대 김중백 교수는 "제조업이 성장 동력인 한국 경제의 현실을 감안한다면 국가가 수요를 파악한 뒤 대학 구조조정에 반영해야 한다"며 "이공계 비중을 약 70% 이상으로 늘려야 한다"고 제안했다.

학생들의 이공계 기피를 개선하는 방안도 필요하다. 오종운 이투스청솔 평가이사는 "고교생이 문과를 선호하는 건 주로 수학 과목에 대한 부담 때문"이라며 "진로 선택에까지 영향을 미치고 있으므로 지나치게 어려운 심화학습은 대학으로 넘기는 게 낫다"고 했다. 현재 문·이과 통합형 교육과정을 마련 중인 교육부의 한 관계자는 "통합형 교육 과정이 도입되면 수능 수학의 출제 범위가 줄어 학습 부담도 덜어질 것"이라고 말했다.

천인성·김기환·신진 기자

"기업들 대부분 왜 이공계만 선발하나"
"현실적으로 필요… 인문계도 늘릴 것"

[중앙일보] 입력 2014년 03월 14일

"오늘 참가한 기업체는 대부분 이공계를 주로 뽑는다. 인문·사회계를 많이 뽑을 계획은 없나."(권영훈·부산대 법학과 4년)

"창의적인 아이디어를 가진 인문·사회 전공자도 적지 않다. 앞으로 더 많이 뽑을 생각이다."(포스코 박진태 인사담당 과장)

13일 오후 대통령 직속 청년위원회 주최로 '톡톡 스펙 초월 채용간담회'가 열린 부산대 본관 대회의실. 여기서도 '인력 미스매치'의 현실이 드러났다.

이날 채용 방식을 설명한 곳은 포스코와 한국남동발전·중소기업진흥공단이었다. 학점이나 토익(TOEIC) 점수 같은 각종 '스펙'을 넘어 채용하는 대표 기업이라고 했지만 이공계의 벽은 높았다. 한국남동발전 김홍민 인사담당 차장은 "기계·전기 전공이 많고 인문·사회계는 10% 정도"라고 전했다.

이보다는 덜했지만 중소기업진흥공단 역시 채용에서 이공계가 유리한 위치를 점했다. 중진공 윤태성 과장은 "필요성 때문에 이공계를 30% 뽑고, 나머지는 전공제한 없이 선발한다"고 했다. 이공계 전공자에게 일종의 '기득권'이 있는 셈이다.

간담회에 참석한 홍창권(부산대 경영학과 2년)씨는 "상경계열 전공자는 낫다지만 이공계에 비하면 소외감을 느끼기는 마찬가지"라고 말했다.

행사의 본래 주제인 '스펙(Spec·각종 자격) 초월 채용'에 대한 얘기도 오갔다. 기업·기관들은 "스스로의 아이디어를 펼쳐 보이는 오디션이나 집단면접을 통해 역량과 앞으로의 가능성을 주로 평가한다"고 밝혔다.

"토익 점수는 보지 않으면서도 스스로 어학 실력을 입증해 보이라는 데 어떻게 할 수 있느냐"는 질문도 나왔다. 이에 대해 스펙 초월 채용을 통해 중진공에 입사한 손혜미(23) 사원은 "아예 토익 공부를 하기보다 각 나라와 하는 문화교류 프로그램에 많이 참여했다. 외국인과 인터뷰한 내용을 소셜네트워크서비스(SNS)에 올려둔 게 어학 실력을 입증하는 데 도움이 됐다"고 말했다.

스펙 초월 채용이 갑자기 확산되면 차근차근 스펙을 쌓아둔 이들이 오히려 불이익을 받을 수 있다는 걱정도 나왔다. 이에 대해 청년위원회 이욱재(44) 위원은 "스펙에 자신 있다면 스펙으로 입사하고, 스펙이 없더라도 제대로 평가받도록 하자는 게 스펙 초월 채용의 본뜻"이라고 설명했다.

스펙 초월 간담회는 이날 부산대를 시작으로 오는 5월 28일까지 전남대·한림대 등 전국 10개 대학에서 열린다. 삼성전자·현대자동차·LG·SK·KB국민은행·한국산업은행·한국산업인력공단 등이 참여한다.

부산=김상진 기자

강남 고교 이과반 역전 …
휘문고 문과반 9개서 4개로

[중앙일보] 입력 2014.03.14 01:55 / 수정 2014.03.14 03:28

혼란에 빠진 학교 · 학부모
고2 자녀 둔 부모, 이과 전환 고민
"문과 과잉, 90년대 외고 붐도 한몫"
인문계 위주 대학 구조 고쳐야

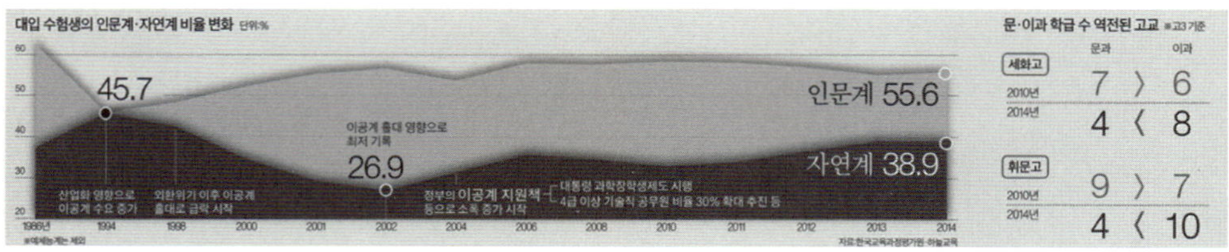

"올해 고교에 입학한 딸이 수학에 자신 있는 편이 아니라 내년에 문과를 택하려 했는데, 취업에 이공계가 훨씬 유리하다는 보도를 보고 심각하게 고민하고 있다. 취업 잘되는 학과로 가는 게 우선 아닌가."(이건호씨 · 45 · 경기도 고양시)

"문과가 불리하다곤 알았지만 이 정도라니 진이 빠진다. 취업컨설팅 받는 것도 인문계 학과 출신뿐이다. 이공계 친구는 '대학원 가든 취직하든 고르면 된다'고 편하게 말하더라."(서울 사립대 서어서문학과 재학생 조모씨 · 24)

대졸 취업준비생이 가장 선호하는 삼성 · 현대자동차 · SK · LG그룹의 지난해 하반기 신입공채 합격자의 80%가 이공계 출신이라는 본지 보도(3월 12일자 1면)에 대학가는 물론이고 일선 고교와 학부모까지 촉각을 곤두세웠다. 특히 이런 현상이 4대 그룹뿐 아니라 산업계 전반에 걸친 것으로 나타나면서 학부모들은 당장 자녀 진로문제로 혼란에 빠졌다.

고2 딸이 문과를 선택한 김성기(51 · 서울 성동구)씨는 "지금이라도 이과로 바꿔야 하는 게 아닌지 아이와 얘기하고 있다"고 말했다. 인터넷에도 파급효과를 예상하는 글이 줄을 이었다. 학부모 7만 6000여 명이 활동하는 교육카페 '국자인'에서 한 학부모는 "큰아이 입시를 치르며 문과로 대학 가기가 힘들다는 걸 많이 느꼈다"며 "취업까지 어렵다니 걱정"이라고 했다.

대학가에선 인문계 학생들의 취업준비 양상이 달라져야 한다는 목소리가 나온다. 한동대 주병창 학생경력개발팀장은 "인문계 학과 출신은 눈높이를 조절하거나 저학년 때부터 특기를 살려 취업에 대비하는 장기 계획을 세워야 할 것"이라고 했다. 중앙대 최재훈 인재개발센터 주임도 "인문계는 3~4학년이면 이미 늦다"며 "저학년 때부터 동문 CEO 특강이나 인사담당자 특강, 진로탐색 같은 프로그램에 적극 참여해야 한다"고 조언했다.

이 같은 인력 수급 미스매치의 원인과 대안을 찾아야 한다는 지적도 쏟아졌다. 학부모들부터 "대학의 인력양성 체계가 이공계 인력을 필요로 하는 사회 구조와 괴리돼 있는 게 근본적인 문제"라고 말했다. 중학생 자녀를 둔 김명진(47 · 서울 서초구)씨는 "제조업체에서 경영이나 회계 등 필수 인력을 빼면 이공계 출신을 선호할 수밖에 없지 않으냐"며 "인문계 위주인 대학 구조를 고쳐야 한다"고 했다.

대학 구조를 수술해야 할 필요성은 교수들도 인정했다. 성균관대 양정호(교육학) 교수는 "대학이 인문학에서 출발했다고 해도 사회가 이공계 인력을 원하면 해당 학과 정원을 늘렸어야 한다"며 "하지만 이미 교수가 배정돼 있는 다른 학과를 줄이기가 쉽지 않다"고 말했다. 그는 "1990년대 후반부터 외국어고 붐이 일었다"며 "중학교 때부터 외고를 준비한 학생이 많아진 것도 인문계 학과 과잉의 한 원인이 됐다"고 진단했다.

　서울 강남·서초·노원구 등 '교육 특구'나 자율고에선 이미 '이과 부활' 현상이 뚜렷하다. 2010년 3학년 문과반이 9개였던 강남구 휘문고(자율고)는 올해 4개로 줄었다. 반면 이과반은 7개에서 10개로 늘었다. 서초구 세화고(자율고)도 올해 문과반이 4개인데, 2010년에 비해 3개 줄었다. 이과반은 6개에서 8개로 늘어 문과반보다 두 배나 많다. 임성호 하늘교육 대표는 "교육 흐름에 발 빠른 강남 지역이나 자율고부터 이과 선호 현상이 수년 전부터 시작됐는데, 점차 다른 곳으로 확산될 것"이라고 내다봤다. 휘문고 신종찬 진학부장은 "중상위권 대학을 노리는 학생 사이에서 이과 선호도가 강하다"며 "이공계 출신 대기업 CEO가 느는 등 사회 분위기가 영향을 미친 것 같다"고 전했다. 세화고 주동식 교사는 "요즘은 문과 비율이 특히 높았던 여고에서도 이과반이 느는 추세"라고 말했다.

윤석만·김기환·신진 기자

happiness
frame
work